Field Theory in Social Science

社会科学中的场论

[美] 库尔特·卢因 著

都宁 何芳 樊星 译

江苏大学出版社
JIANGSU UNIVERSITY PRESS

镇江

图书在版编目(CIP)数据

社会科学中的场论 /（美）库尔特·卢因著；都宁，何芳，樊星译. -- 镇江：江苏大学出版社，2025.1.
ISBN 978-7-5684-2418-9

Ⅰ. C

中国国家版本馆 CIP 数据核字第 20257NL160 号

社会科学中的场论
Shehui Kexue zhong de Changlun

著 者/	（美）库尔特·卢因
译 者/	都 宁 何 芳 樊 星
责任编辑/	梁宏宇
出版发行/	江苏大学出版社
地 址/	江苏省镇江市京口区学府路 301 号（邮编：212013）
电 话/	0511-84446464（传真）
网 址/	http://press.ujs.edu.cn
排 版/	镇江市江东印刷有限责任公司
印 刷/	镇江文苑制版印刷有限责任公司
开 本/	710 mm×1 000 mm 1/16
印 张/	17
字 数/	322 千字
版 次/	2025 年 1 月第 1 版
印 次/	2025 年 1 月第 1 次印刷
书 号/	ISBN 978-7-5684-2418-9
定 价/	69.00 元

如有印装质量问题请与本社营销部联系（电话：0511-84440882）

序

多温·卡特赖特

（Dorwin Cartwright）

在撰写 20 世纪思想史时，库尔特·卢因无疑会被视为从根本上改变了社会科学发展进程的少数几个人之一。在他三十年的职业生涯中，社会科学从思辨体系的构建阶段、过度的经验主义阶段（在这一阶段，人们仅仅出于内在兴趣而收集事实），最后发展到一个更为成熟的阶段（在这一阶段，人们为了系统理论的意义而积极寻求经验数据）。卢因的工作极大加速了社会科学第三个阶段的发展。尽管他主要作为一名心理学家，在心理学领域作出重要贡献，但其工作所产生的影响却远远超出了传统心理学的范畴。

卢因影响如此广泛的一个原因是，他的大部分工作都集中于确定人类行为科学成熟所需的概念和方法论的先决条件。他在柏林的早期工作关乎科学的比较理论，这让他在年轻时就弄清楚了成熟的人文科学需要具备的形式特征。之后，他始终为建立这样一门科学而系统性地开展工作。卢因早期就开始关注科学进步的必要条件，因此后来其涉及面广泛的专题工作均有一致的方向性，对社会科学产生了突出的影响。

卢因对社会科学影响巨大，但在有生之年，他的工作并未以一种容易理解的形式被完整、系统地阐述过。英语世界的社会学家大多通过《人格动态理论》（*A Dynamic Theory of Personality*）和《拓扑心理学原理》（*Principles of Topological Psychology*）来认识卢因。虽然这两部著作精辟地概述了其工作的大致框架，但也只是暗示了卢因在一些相对鲜为人知的出版物中提出的更为系统的发展类型，如《物理学中的起源概念》（*Der Begriff der Genese in Physik*）、《生物学及发展史》（*Biologie, und Entwicklungsgeschichte*）、《心理力量的概念表达及测量》（*The Conceptual Representation and the*

Measurement of Psychological Forces），以及他在合作出版物中的几篇介绍和零散发表在各类期刊上的论文。此外，这两部著作都没有包含他移居美国后的工作成果。许多有关他的系统性立场的争论都源于他的作品只是部分地为人所知这一事实。

本书所汇集的文章有助于阐明卢因对心理学和社会科学的系统性贡献。这些创作均出自他生命最后大约十年间。把它们汇集在一起，可以全面地反映他的主要贡献。即使是熟悉其中某篇文章的人也会发现，按顺序重读它们，会获得新的洞见，能够更深刻地理解卢因。

对本书主题的深入阐述有助于全面、细致地解答"社会科学中的场论（field theory）是什么"这一问题。"场论可能最好被界定为一种方法：一种分析因果关系和进行科学构建的方法。"本书以不同的方式讨论了这个问题，使用了许多来自不同领域的例证。本书清楚地表明，场论与其被视为一个关于数据领域的理论，不如说是一种完成科学任务的方法。

广义而言，卢因在本书中分析了卓有成效的社会科学家（无论其理论取向如何）的工作方法的主要特征。换句话说，他探讨了所有社会科学家都必须面对的科学方法的基本问题，并提出了解决方案。这些方案并非基于绝对的"对与错"，而是基于何种方法能使科学研究最富成效。他坚信科学是持续的事业，需要通过不断地接近"真理"，不断地探索未知领域来实现进步。一位成果丰硕的研究者如此关注科学生产力问题，这绝非偶然。同样重要的是，尽管卢因的个人经历非常突出地说明了政治和社会对科学生产力的影响，但他觉得有必要承认，在科学哲学领域，科学家的个人信念对生产力会产生普遍影响。他清晰地认识到，即便是最实证的科学家也无法避免做出形而上学和认识论方面的假设，而这些假设将决定其使用的描述性概念的性质、观察到的现象、收集数据的方式。

虽然本书涵盖诸多主题，但某些原则或明或暗地引导着讨论的推进。有必要简要地审视卢因对其中三个基本问题的处理。第一个问题涉及社会学中"构建"（construct）的本质和概念化过程。第二个问题涉及基本概念"场"（field）的定义。第三个问题揭示了在科学发展的不同阶段，如何在建构严谨正式的系统与使用不太精确但更流行的概念之间保持平衡。

一、构建在社会科学中的地位

在卢因看来，科学家工作的核心在于将现象恰当地转化为概念。他认为，这个概念化的过程包含科学家所面临的最关键的问题。为了建立一个令人满意的概念系统，科学家必须特别注意自己建立概念的方式。在该系统能够充分发挥作用之前，需用以下方式对其中的概念进行定义：一是允许在一个系统中对现象进行定性和定量处理；二是充分表示现象的条件—遗传（conditional—genetic）属性（或因果属性）；三是便于对这些属性进行测量（或进行操作性定义）；四是既能概括普遍规律，又能具体进行个案处理。

强大的概念是如何形成的？卢因在建构方法（method of construction）中找到了指导原则，这一方法最早在数学领域得到发展：

将性质各异的几何实体（如圆、方、抛物线）视为由某些建构要素（如点和移动）组合而成的结果，这是自古以来，尤其是古希腊时期，这一方法的秘密所在。这种方法有时被称为"遗传定义"（genetic definition）。它既能联系，又能分离；既不会抹除质的差异，又能揭示其与一般定量、变量的关系。卡西尔展示了同样的方法在经验科学中的有效性。其中，他的建构要素是以数学方法描述的经验实体（如力、离子、原子）。

在心理学和社会科学领域，同样有必要发展适当的建构要素并探索将这些要素组合成概念系统的方法。在第二章，卢因对这一过程涉及的问题进行了深入讨论。对致力于概念系统发展的人来说，第二章对构建概念维度的讨论助力颇多。构建的维度特征决定了建构要素如何结合，以及如何对其进行测量。这一讨论的意义和实用价值尚未被大多数人文科学理论家充分利用。

这种对概念化本质的分析虽然十分抽象，但对我们理解卢因的工作具有重要意义。卢因在原理的具体应用方面作出卓越的贡献。他的工作的精髓是对现象的本质进行概念分析，而这些现象以前仅仅被贴上流行的标签。卢因一次又一次地选取一些流行概念，如冲突（conflict）、挫折（frustration）或学习（learning），对其进行分析，包括确定其建构要素。一经确定，那些长期以来被认为无法用科学方法处理的现象，就变成了富有成果的实验研究课题。正如卢因在第九章中指出的那样，对现象本质的恰当分析使科学家赋予这些现象的现实（reality）意义发生了变化。这类例子贯穿本书，特别值得注意的是对意图（intention）、挫折、学习、回归（regression）、青春期（adolescence）、抗拒改变（resistance to change）的研究及对冲突的经典分析。

二、场的定义

卢因认为场是最基本的构建概念。他将所有的行为（包括行动、思考、愿望、奋斗、重视、实现等）都视为在给定时间单位 $\left(\dfrac{\mathrm{d}x}{\mathrm{d}t}\right)$ 内场的状态的变化。在讨论个体心理学时，科学家必须研究的场是个人的生活空间（life space）。生活空间由个人和他所处的心理环境组成。群体心理学或社会学中也有类似的提法。在讨论群体或组织所存在的场时，生活空间的含义与个人心理学中个人生活空间的含义保持一致。可见，群体生活空间由群体及其所处的环境共同构成。科学家的任务是发展用于观察和测量的技术，以充分描述特定时间内特定生活空间的特性，并阐明支配特性变化的规律。

在执行这项任务时，有必要确定特定时间内的生活空间所包含的内容。这个问题相当于确定将科学中的"存在"或"现实"归属于现象的标准。它也和界定特定科学的边界问题密切相关，因为它提出了"什么是心理事实、经济事实、政治事实"这样的问题。在定义一个特定的场或生活空间时，描述它的特征至关重要，以便对其各部分之间的依赖关系进行令人满意的解释。最后，还要明确其在时间上的位置和深度。

（一）存在

生活空间被定义为在特定时间内被研究的个体或群体所有存在的事实，同时排除那些不存在的事实。"个体或群体的存在"被赋予实用主义的定义。卢因选择将存在（existence）归因于任何具有可证实影响的事物。个体心理学通常会将个体有意识地感知到的环境和个人纳入生活空间。此外，无意识状态也会被纳入生活空间，只要科学家通过直接观察或推断能够确定这些状态具有一定的影响。有趣的是，许多心理学的重要发现都证明了生活空间中存在着先前未被包括在内的影响因素。一个著名的例子是弗洛伊德（Freud）对无意识影响（unconscious influence）的发现。

在第三章、第八章和第九章，卢因详细讨论了个人生活空间应该包括哪些内容。他指出，人们很容易把需求、目标、认知结构等包括进去，而把其他许多事情排除在外，如发生在远方的对个人没有直接影响的事件。存在一个是物理、经济、政治、法律等领域的事件和过程的边界区域（boundary zone），因为确实对个人行为有直接的影响，所以这些事件和过程必须被纳入个人生活空间。卢因对理解人类行为的重要贡献在于，他指出必须将越来越广泛的决定因素视为单一的、相互依赖的场的一部分，将传统上划分给不同学科的现象在单一的、连贯的构建系统中进行研究。在生命的最后几个月里，卢因开始大幅调整动机概念，减轻了对需求的强调，转而更多地强调群体成员资格、个人能力、经济资源和政治资源、社会渠道等因素，以及通常被心理学动机理论忽略的其他因素。

（二）相互依赖

相互依赖（interdependence）是场论的一个基本论断。它与格式塔心理学（Gestalt psychology）的密切关系显而易见，即在某种程度上，特定生活空间的各部分相互依赖。很可能，在该空间中，任何符合存在标准的事物都不可能完全独立于同一生活空间中的其他事物。各部分之间的相互依赖引发了在研究方法和概念化方面的许多特殊问题，进而引起了卢因极大的兴趣。在本书附录中，卢因用形式数学的方法对"相互依赖"这个概念进行了细致分析。卢因坚信，只有用空间的数学概念，以及张力（tension）、力（force）等动态概念，才能充分处理相互依赖的事实。本书几乎每一章都在一定程度上阐述了这样的观点。生活空间各部分相互依赖的方法学后果在第三章（探讨了单位大小和时间单位长度的相互依赖关系）、第七章（讨论了对社会事件的观察和分析）、第十章（描述了许多必须被视为相互依赖整体属性的现象）得到了详细阐述。

（三）同时性

卢因声称，在某一特定时间内，行为的唯一决定因素是同一时间的场的属性。这一观点引起的争议多于他提出的其他系统性原则。卢因认为，生活空间会随着时间的推移而持续存在，会被各种事件改变，是历史的产物，但只有同时存在的系统才能在这个时间或那个时间产生影响。在许多人看来，因果关系的同时性（contemporaneity）原则似乎是对精神分析理论的攻击（精神分析理论认为幼儿期对人格的影响极其重要），同时否认了学习的重要性。事实上，这两种解读都不是卢因的本意。第三章的讨论表明，基本问题包含两个方面：一个是保持概念的严谨性，另一个是设计适当的研究技术。第五章关于回归的讨论提供了一个很好的例子，说明了在时间维度上保持概念严谨性的益处。正是出于这种考虑，第五章对回归和倒退（retrogression）进行了区分。同时性原则在方法论上的影响显而易见，具体可参见第三章关于确定个人现状的方法的抽象讨论和第七章关于群体文化和历史研究的详细论述。

三、形式化与发展

卢因高度重视科学构建的形式属性，坚持认为人类行为的决定因素可以用严谨的数学术语来表述，这导致一些人夸大和误解了他在人文科学中对形式化（formalization）的重视程度。的确，他把大量精力投入诸如发展霍道罗基（hodological）空间和对有差异整体的数学处理等工作中。他确实相信，这些工作比他许多与经验有关的研究具有更持久的意义。他对科学最基本的态度是实践性的，担心对形式系统的热衷可能导致用纯粹的语言来替代经验描述性的理论。

在第一章中，卢因讨论了形式化在科学发展中的地位，认为研究者的任务是采取下一步可能的措施，来解决大自然呈现给他的难题。他令人信服地把科学事业比作在未开发的土地上修建公路和高速公路。这就像经验丰富的建筑专家尝试了各种建造工具，因此知道每种工具的价值和功能。他断言，如果过早地进行形式化和数学化，可能会导致逻辑上的高速公路最终变成"死路"。他的总结性发言揭示了经验丰富、卓有成效的科学家的基本智慧："是否热衷理论？是的，心理学确实可以运用众多理论。然而，如果我们忽视了数学化和形式化只应在特定时间内，在所研究材料的成熟度允许的范围内进行，那么就会产生空洞的形式主义。"

卢因认为，连续接近（successive approximation）是提高科学生产力的关键。他从不吝于为年轻的研究者出谋划策："在研究中，只提出那些你可以用自己能够使用的技术来回答的问题。如果不能学会忽略那些自己尚不能处理的问题，你将无法回答任何问题。"

这种态度促使卢因引入了许多半流行的概念，包括抱负水平（level of aspiration）、群体决策（group decision）和守门人（gate-keeper）三个概念。这些概念只代表着向严格的概念化迈出的一小步，但影响了许多研究。他从弗洛伊德（以及其他一些人）那里借用了类似性质的术语，并将其进一步细化。这包括他对替代、冲突和回归的研究。

那些与卢因密切合作过的人，反复强调他能够轻松自如地从实践、经验和直觉转向抽象、严谨和形式化的思考方式。我清楚地记得，在他去世前不久，我们在谈话中讨论了关于建构的技术问题。在提出一个问题的过程中，他兴致勃勃地打断自己，说道："明年，我们就能真正实现对心理力量的测量了。"他一直在追求严谨和精确，不断利用现有的形式进行构建，但拒绝让形式化本身成为目的。

许多认识库尔特·卢因的人都想知道，他丰富的产出有多少来自他的理论和信念，又有多少来自他敏锐的感知力和深刻的洞察力。他的热情和善于接受意见无疑也促成了他的多产。通过多年的密切接触，我自己得出的结论是，卢因之所以具有不同寻常的生产力，是因为他认真对待并不断实践他在本书中所倡导的科学思维和方法论原则。

库尔特·卢因觉得自己在学术上欠了恩斯特·卡西尔很大的债。卢因对科学建设的基本态度，或许在他描述卡西尔的一段文字中得到最好的体现：

他揭示了科学的基本特征，即永恒地试图超越在所有时期被认为科学可及的东西。为了超越已有的知识水平，研究者通常需要打破方法论上的禁忌，这些禁忌将那些后来被证明是下一个重大进展的基础的方法或概念指责为"不科学的"或"不合逻辑的"。

前　言

多温·卡特赖特

这是库尔特·卢因两部文集中的第二部，旨在收录他在美国生活的十五年间发表的一系列论文，以便于读者查阅。这两部文集相互关联，但侧重点不同。第一部《解决社会冲突》（*Resolving Social Conflicts*）面向社会的实际问题，第二部《社会科学中的场论》（*Field Theory in Social Science*）涉及更多的理论问题。《解决社会冲突》的重点是建设一个更美好的世界，《社会科学中的场论》关注如何通过建构一个科学体系来理解人类和社会。更具体地说，本书深入探讨了社会科学家的工作，并对其概念和方法论工具进行了系统研究。

本书分为三部分。前三章和附录共同构成对科学哲学中若干基本问题的探讨。这些章节确立了一系列指导原则，为理解并研究更具体问题的方式打下坚实的基础。第四章到第九章探讨了这些原则，并展示了它们在学习、发展与回归、社会心理学、群体动力学（group dynamics）等领域的应用，以及在文化人类学（cultural anthropology）、社会学和经济学等多个学科中的应用。第十章简明扼要地总结了由卢因直接指导的研究获得的主要发现。

这两部文集，连同《人格动态理论》《拓扑心理学原理》《心理力量的概念表达和测量》，为英语读者提供了库尔特·卢因主要著作的全面资料。然而，还有几篇重要的德文论文尚未被翻译，希望能尽快见到它们。卢因的许多工作散见于众多期刊和专著中，他的学生和同事发表了一些他的研究成果。尽管他对这些研究的贡献是明确且无可争议的，但他仍谦逊地坚持不将自己列为这些出版物的共同作者。那些希望全面研究卢因作品的人可以参考各章末尾的参考文献（尤其是第十章），也可以参考他为《心理学研究》（*Psychologische Forschung*）编辑的大量研究报告，以及《艾奥瓦大学儿童福利研究》（*University of Iowa Studies in Child Welfare*）推出的系列专题《拓扑和向量心理学研究》（*Studies in Topological and Vector Psychology*）。

　　找出所收集论文的关联脉络是难得的智力挑战，而仅仅把以前只是熟悉但是没有按顺序阅读过的长篇论文进行简单的汇集，就能看到系统而完整的结构，这实在令人兴奋。大部分论文都没有经过编辑修改，除了有些重复内容必须删除，有些过渡段落需要补充，这些材料几乎能构成一部完整的专著。在形式上有实质性修改的是第二章、第七章和第八章。第七章摘录了卢因社会问题心理研究学会的主席致辞，以及论文《心理学和心理生态学中的构建》（"Constructs in psychology and psychological ecology"）的一节。第八章介绍了卢因的社会渠道理论。他在三个不同的地方提出了这一理论，因此编辑工作的难点在于如何将这些资料汇集在一起进行完整的阐述。事实证明，从篇幅更长的论文《饮食习惯背后的力量和变革方法》（"Forces behind food habits and methods of change"）中提取连贯表述的方法十分可行。此外，第八章还从《心理学和心理生态学中的构建》和《群体动力学前沿（二）》（"Frontiers in group dynamics, Ⅱ"）中摘录了一些简短的表述。

　　非常感谢原始论文的出版商允许我们在此刊印这些论文。以下是各章节的资料来源。

　　第一章：Formalization and progress in psychology, *University of Iowa Studies in Child Welfare*, 1940, 16, No. 3, 9-42。

　　第二章：Constructs in psychology and psychological ecology, *University of Iowa Studies in Child Welfare*, 1944, 20, 1-29。

　　第三章：Defining the "field at a given time", *Psychological Review*, 1943, 50, 292-310。

　　第四章：Field theory of learning, *Yearbook of the National Society for the Study of Education*, 1942, 41, part Ⅱ, 215-242。

　　第五章：Regression, retrogression, and development (Chapter 1), *Frustration and Regression* by Roger Barker, Tamara Dembo, and Kurt Lewin. *University of Iowa Studies in Child Welfare*, 1941, 18, No. 1, 1-43。

　　第六章：Field theory and experiment in social psychology: concepts and methods, *American Journal of Sociology*, 1939, 44, 868-897。

第七章：Psychology and the process of group living, *Journal of Social Psychology*, 1943, 17, 113-131; Constructs in psychology and psychological ecology, *University of Iowa Studies in Child Welfare*, 1944, 20, 23-27。

第八章：Forces behind food habits and methods of change, *Bulletin of the National Research Council*, 1943, 108, 35－65; Constructs in psychology and psychological ecology, *University of Iowa Studies in Child Welfare*, 1944, 20, 17-20; Frontiers in group dynamics, Ⅱ, *Human Relations*, 1947, 1, 143-153。

第九章：Frontiers in group dynamics, *Human Relations*, 1947, 1, 2-38。

第十章：Behavior and development as a function of the total situation, *Manual of Child Psychology*, published by John Wiley & Sons, Inc. , 1946。

附录：Analysis of the concepts whole, differentiation, and unity, *University of Iowa Studies in Child Welfare*, 1941, 18, No. 1, 226-261。

在此，我向艾伯特·佩皮通（Albert Pepitone）博士表示衷心的感谢，他在本书编辑的各个阶段都提供了极大的帮助。

1950 年 6 月 5 日于密歇根州安娜堡

目录

第一章

心理学的形式化和发展

（1940）

一

近年来，美国心理学界发生了十分明显的变化。20 世纪 20 年代及 30 年代初，心理学家总体上是反对理论的。在一种天真的形而上学信念的支配下，他们倾向于认为"发现事实"是科学心理学的唯一任务，尤其对感知和记忆领域以外的需求（need）、意志（will）和情绪（emotion）的规律持怀疑态度。

如今，人们对心理学理论产生了明确的兴趣，这在一定程度上归功于一些心理学家［特别是动物心理学领域的托尔曼（Tolman）和赫尔（Hull）］的努力。为了更紧密地融合心理学的各个分支，需要有更合适的工具。心理卫生和教育则需要能够进行预测的概念工具。

不过，有必要指出理论化过程中存在的某些风险。是否热衷理论？是的，心理学确实可以运用众多理论。然而，如果我们忽视了数学化和形式化只应在特定时间内，在所研究材料的成熟度允许的范围内进行，那么就会产生空洞的形式主义。

从哲学角度来看，似乎只存在非此即彼的情况：倘若科学事实，特别是所谓动态事实（dynamic fact），并非仅仅是"给定的数据"，而是与理论假设密不可分地交织在一起，那么，除了将心理学中的每一个陈述都建立在理论假设之上，似乎别无选择。

对作为实证科学家的心理学家来说，情况则截然不同。心理学家发现自己置身于一片富饶且广袤的土地，土地上出现了各种各样的现象：有人自杀；有孩子玩耍；有孩子张着嘴试图说出人生第一个字；有人坠入爱河，变得不幸，却不愿意或找不到出路；有人处于神秘的催眠状态，意志似乎受他人支配；有人追求更高更难的目标；有人忠于团体；有人在做梦；有人在规划；有人在探索世界。这是一片充满魅力的土地，到处都是从未有人涉足的地方。

心理学的目标是征服这片土地，找出其隐藏的财富，探测其危险地带，掌控其巨大力量。

如何才能达成这个目标呢？起初，在所谓推测时代（speculative epoch），人们试图深挖地下。据推测，地下蕴藏着奇特的能量源，人们称之为"联想"（association）。研究者在不同的地方挖掘，发现了一些不同的东西，他们称之为"本能"（instinct）。还有探测者报告发现了另一种实体，即力比多（libido）。所有人都声称找到了地基。心理学家开始对各种说法感到厌倦。显然，这片土地比最初猜测的要大得多，可能存在多个能量源。整个探测过程已经变得相当可疑，因为似乎没有一个探测者能够把他的材料带到地面接受检验。如何验证假设中地下存在的实体与地面上正在发生的事情之间确实存在真实的联系呢？众目睽睽之下，有趣的现象出现了。心理学家转而在这片土地的表面进行广泛探索，渴望发现新的现象，然后进行准确的描述、计算和测量。

但是，这并不完全令人满意。毕竟，心理学家的研究对象是人类。儿童需要帮助和教育；犯罪者需要引导；处于困境中的人需要治疗。对他们的悲伤进行测量、计算和分类，并不能带来什么实际帮助。显然，人们必须深入"表面之下"。怎样才能在深入的同时不陷入推测时代的谬误呢？这是当今处于"伽利略时代"（Galilean period）开端的心理学主要的方法论问题。

答案大致如下：要想掌握这片广袤的科学之地的力量，就必须完成一项相当特殊的任务。心理学的最终目标是构建一个由普通道路和高速公路组成的网络，这样，任何一个地点都可以很容易地与其他地点相连接。这种网络必须适应地形，能反映出土地的结构和资源的位置。

道路系统的建设必须部分以假设为基础，而这些假设不可能完全正确。勘探矿藏时进行的钻探试验并不总能得到可靠的结果。此外，在征服新的土地，尤其是涉足新的科学领域时，会面临一种奇特的悖论。为了进行适当的试验，必须运输一些机器。这种运输或多或少以规格统一的道路为先决条件，而道路的建设又取决于试验的结果。换句话说，要想了解自己想了解的东西，需要先对它有所了解。

科学应该如何化解这一矛盾呢？如果科学是明智的，它会遵循系统探索新大陆资源时所采用的程序：在未知领域开辟小路；用简单原始的仪器进行测量；很多事情只能依靠假设和直觉。慢慢地，一些道路被拓宽；猜测和运气逐渐被经验和用更精密的仪器进行的系统探索取代。最后，公路建成了，高度机械化的流线型车辆得以快速、高效地到达固定轨道上的每一个重要地点。

总的来说，科学的实际发展似乎遵循着这种普遍的模式。然而，经常有人自以为知道重要资源的所在，不考虑该地区的自然结构就试图修建一条通往该地的高速公路。人们为修路投入了巨大的热情和努力，但事后明显发现这条路是一条"死路"。

如果过早地将心理学形式化和数学化，可能会修建出根本行不通的道路。心理学要成为一门被接受的科学，就必须实现形式化，并且现在就得朝着这个方向迈出明确的步伐。如果不坦诚地探讨如何规避危险（危险部分来自哲学和逻辑学最近的发展趋势），那么，希望很快就会变成失望。

我觉得有必要讨论一下这个问题，因为我有两部作品①主要涉及心理学的概念工具。有些批评家没有意识到这些概念工具已经应用于多个领域的研究，似乎认为我对心理学的主要兴趣在于形式化或数学化。这是非常错误的。作为心理学家，我对发现关于心理过程的新知识、深入了解心理过程抱有浓厚的兴趣。这是心理学家的指导原则，而且一直如此。理论化、形式化和数学化只是为了达到这一目的而使用的工具。它们对心理学的价值仅存在于它们作为一种手段，推动心理学科取得了富有成效的发展。和许多复杂的工具一样，它们只有在有助于而不是阻碍发展的时候和地方才应该被使用。

二

一些对严格逻辑推导感兴趣的心理学家批评我们的实验没有用以下形

① Kurt Lewin, *Principles of Topological Psychology* (New York：McGraw-Hill Book Co., 1936)；Kurt Lewin, "The Eonceptual Representation and the Measurement of Psychological Forces," *Contr. Psychol. Theor.* 1, no.4 (1938).

式书写：一是定义；二是假设；三是结论。弗伦奇（French）写道：

在五十年的时间里，精神分析已经形成一个庞大的科学概念体系。这些概念一步一步发展起来，是弗洛伊德试图在以往令人困惑的、无人能够理解的混乱的心理事实的过程中，将自己定位为"精神分析"理论的必然结果。由于概念与事实联系密切，一组概念被用来解释一组事实，而一个新问题又会引发一组新的概念……拓扑心理学则是从一个自洽的数学学科开始，去寻找与之相适应的事实。①

作为回应，我将回顾一下真实的历史发展脉络。我的心理学研究工作始于对联想和决定倾向（determinierende Tendenz）的实验探索。② 我的目的并不是批评联想主义，而是完善阿赫（Ach）提出的意志强度（strength of the will）的测量方法。我认为，阿赫当时的研究是意志与联想领域最精确的理论研究。我用了三年时间对数百个无意义音节序列进行实验，并且对反应时间进行了数千次测量（当时必须以 1/1000 秒为单位进行测量），开始确信，试图提高这种测量的精确性毫无意义。所有这些尝试都是基于穆勒（G. E. Müller）等人提出的经典联想定律展开的。然而，与我的预期相反，实验结果似乎确凿地证明，必须放弃或果断修改这一假设。有必要区分两种不同类型的习惯：需求习惯（如酗酒）和执行习惯（如把杠杆往上推而不是往下拉）。需求习惯代表一种张力（能量源），一种需求，如饥饿，它要求直接或通过替代得到满足。执行习惯本身并不是行动的源泉，它相当于一种约束力（restraining force）模式，决定了某条路径（path）。没有需求或准需求，执行习惯是不会引发行动的。

第一次世界大战中断了相关研究，之后，人们再次开始系统性地验证对联想定律的批评所产生的积极假设。第一步是尝试进行更精确的概念分析。从动态上看，联想类似于一根链条中的一个环，即一种具有约束力量但没有固有倾向引发变化的模式。另外，引发行动的倾向是需求的基本特征。将需求或准需求的属性与处于张力状态的系统相协调，可以表征这种属性。通过认真对待这个构建并使用特定的操作性定义，特别是通过将

---

① Thomas M. French, "A Review of *A Dynamic Theory of Personality* and *The Principles of Topological Psychology*," *Psychoanalytic Quarterly.* 6 (1937): 122-128.

② Kurt Lewin, "Die psychische Tätigkeit bei der Hemmung von Willensorgängen und das Grundgesetz der Assoziation," *Ztschr. f. Psychol.* 77 (1917): 212-247.

"张力的释放"与"满足需求"或"达到目标"相关联，以及将"张力的建立"与"意图"或"饥饿状态下的需求"相关联，可以得出大量可验证的结论。

这些基本结论主要通过蔡加尼克（Zeigarnik）和奥夫相基娜（Ovsiankina）的实验得到证明。[①] 之后，该理论被扩展到心理饱足（psychological satiation）、现实和非现实层面的替代（substitution），以及游戏情境中的替代价值测量（measurement of substitute value）、抱负水平（level of aspiration）、成功和失败后的转变、距离目标对心理力量强度（strength of psychological forces）的影响等问题。如今，人们正在使用一系列相关概念来研究众多问题，包括人格（personality）和人格发展、认知结构、社会和文化关系等。

如果按照我们发表文章的先后顺序进行审视，就可以发现各种理论假设和构建均呈现出逐步且渐进的发展态势。这些假设在初始阶段具有试探性，并伴有相当程度的犹豫。只有当越来越多的经验证据可以通过实验相互关联起来时，理论才会变得更加牢固，并出现更加具体的表述。

这种渐进式发展以经验证据和大量实验为基础，尤其适用于数学领域。拓扑概念和向量概念的应用最初以一种模糊的方式呈现，无法确定其是单纯的教学手段，还是真正的科学表述。只有当这些概念工具被证明对提出问题很有价值，并能进行可以通过实验来检验的推导时，它们才成为理论及其动态构建的重要组成部分。

弗伦奇对《拓扑心理学原理》的评论忽略了这样一个事实，即该书首次尝试对我们研究中所使用的概念工具进行系统调查，这一调查建立在多年的实证研究的基础上。弗伦奇所说的精神分析是从心理事实中逐渐演化而来的，同样适用于场论中拓扑概念和向量概念的应用。在早期的实验研究中，之所以没有使用严格的、形式主义的推导方法，主要是因为我们认为理论化有必要缓慢谨慎地进行。这并不意味着我认为那些推导缺乏严密性，或者轻视数学逻辑语言的价值，相反，我发现这种语言在处理科学比

---

① B. Zeigarnik, "Über das behalten von erledigten und unerledigten Handlungen," *Psychol. Forsch*. 9 (1927): 1-85; M. Ovsiankina, "Die Wiederaufnahme von unterbrochenen Handlungen," *Psychol. Forsch*. 11 (1928): 302-389.

较理论（comparative theory of science）问题时很有助益。① 然而，以"更几何化"（more geometrico）的方式来呈现某些思想，即通过提出形式定义、假设和推论，而不用明确的数学符号、方程或类似的函数依存关系的表现形式来完成这些工作，这种做法尚不成熟。如果一个人在使用挫折、需要、学习等日常用语时不能将数学实体与它们联系起来，那么还不如使用普通的推理形式。用更几何化的方式来表述非数学的构建，意味着推导需要精确，而这恐怕是这些类型的构建通常无法达到的。即使这些概念相当模糊的构建在操作层面得到了明确的定义，情况仍然如此。我们稍后会谈及这一点。

我们甚至可以更深入地进行讨论。例如，蔡加尼克的研究所使用的动态构建可以说属于那种很容易进行严格数学表述的类型。然而，更明智的做法是等这些构建被更彻底地证明富有成效后再进行形式化表述。形式化程度过高很可能危及可塑性（plasticity）。

心理学不能试图仅通过单一的构建，如联想、本能或格式塔来解释一切。必须使用多种构建，并且这些构建应以逻辑严谨的方式相互关联。此外，理论陈述如果要解释某些经验数据，就不仅应在这些数据的基础上进行检查，还应在心理学的全部经验数据和理论陈述的基础上进行考虑。换言之，应该避免提出特设性理论。将整个心理学领域进行整合，并以逻辑一致的方式做到这一点，很可能被视为我们的研究方法的基本目标之一。对构建的概念属性提出新的精确度要求，以做出严格的数学表述，只是实现这一目的的一种手段。人们已经认识到，从长远来看，如果没有这种数学化，就不可能发展出一种连贯的科学心理学。

三

偶尔有人会提出批评，认为某些实验被试数量不足。在某些实验中，增加更多的案例很可能会提高可靠性；当然，进行更多的验证总归是有益的。如果其他研究者能以熟练的方式重复我们的实验，那么我们的研究总体上是可靠的。此外，较为可取的办法是对不同类型的问题采用不同类型

---

① Kurt Lewin, *Der Begriff der Genese in Physik, Biologie, und Entwicklungsgeschicbte* (Berlin: Springer, 1922).

的验证方法。例如，如果想探究恢复活动的频率如何取决于活动中断的时间点，就必须使用相对多的案例，因为这涉及在特定情境中，一个因素的渐进性变化如何定量地影响另一个因素。在这种情况下，测量的准确性至关重要，因此大量的案例非常必要。

还要考虑意图的效果是联系（联想）还是创造准需求（相当于张力系统）。如果后一种理论正确，那么预期在中断之后会有相当程度的恢复。奥夫相基娜对大约 100 次中断的研究表明，恢复率确实达到了 80%。开展另一组包含 100 次中断的实验也有一定的意义。如果这一组再次显示出 80% 左右的恢复率，则可以遵循两条路线。要么尽量准确地确定实际的恢复率，要么主要关注是否可以充分理解意图的效果是创建一个张力系统。对于后一个问题，恢复率是 75%、80% 还是 85% 并不重要，因为这些数据都符合一般假设。为了验证或反驳张力系统理论，即使在实验初期测试数量较少，也应尽可能寻找不同的推导，并对这些推导进行尽可能多的检验。

四

为了说明这一点，我们不妨详细回顾一下上述系列研究中的第一项实验研究，即蔡加尼克在 1924 年至 1926 年进行的有关回忆已完成和未完成动作的实验。让我们借助已被开发的符号和方程式框架，重新梳理蔡加尼克的推导过程。

（一）基本假设和主要推导

上文提到的关于联想和意志力测量的实验提出了这样一个理论，即意图的效果等同于产生了一种内在的张力。蔡加尼克的实验目的是为这一理论提供实验检验。该理论包含两个基本假设。

（A_1）达到某一目标 G（实施导致 G 的行动）的意图对应于人体内某一系统（S^G）中的张力（t），使 $t(S^G) > 0$，这一假设使动态构建（处于张力状态的系统）与通常被称为"意图"的可观察综合征相协调。

（A_2）若达到目标 G，则释放张力 $t(S^G)$。

$$若 P \subset G，则 t(S^G) = 0$$

蔡加尼克把回忆与处于张力状态的系统的相关活动的这一倾向当作张力存在的迹象。对这种系统的预期基于以下假设：

（A_3）与对目标的需求相对应，存在一个作用在个体身上的力 $f_{P,G}$，引起朝向目标的移动倾向。

$$若 t(S^G) > 0，则 f_{P,G} > 0$$

这一假设明确了需求与移动的关联性，意味着个体内部的张力构建和环境中的移动力构建。

（A_1）、（A_2）和（A_3）在性质上相当普遍，已作为基本假设被用于各种推论和实验。［可以在一定程度上取消（A_3），代之以（A_1）和（A_2）的组合。可以说，如果 $t(S^G) > 0$，那么根据（A_2），应该产生改变生活空间的倾向，使得 $t(S^G) = 0$。然而，我们更倾向于将（A_3）作为一个单独的假设进行表述。］

（A_{3a}）需求不仅导致向目标区域实际移动的倾向，还导致对这类活动的思考。换句话说，力 $f_{P,G}$ 不仅存在于行动（现实）层面，而且存在于思考（非现实）层面。

$$若 t(S^G) > 0，则 f_{P,R} > 0$$

其中，R 的意思是回忆。

蔡加尼克的最后一个假设在性质上更为具体，可以被视作（A_3）的特例。蔡加尼克的推导需要的是（A_{3a}）而不是（A_3）。

根据（A_1）、（A_2）和（A_{3a}），可以推导出以下结论：

（D_1）回忆中断活动的倾向应该大于回忆完成活动的倾向。这一推导过程如下：我们用 C 表示已完成的任务，用 U 表示未完成的任务，用 S^C 和 S^U 表示相应的系统。然后，可以指出：

$$根据（A_1），有 t(S^U) > 0$$

$$根据（A_2），有 t(S^C) = 0$$

因此根据（A_{3a}），在思考层面上 $f_{P,U} > f_{P,C}$。换句话说，比起已完成的任务，个体更倾向于自发地回忆未完成的任务。

实验证明：蔡加尼克的第一个目标是对这个结论进行实验验证，结果发现这一结论是正确的，商数 $\left(\dfrac{回忆的未完成的任务}{回忆的已完成的任务} = \dfrac{RU}{RC} \right)$ 约为 1.9。在实验中，某些任务先被中断，后来又被允许完成，这证明了导致这个结果的原因并不是与中断本身有关的经历，而是达到或未达到目标。在这个实验中，回忆的频率并不比在没有中断的情况下完成任务的频率高。

在确定了主要结论后，有两种方法可供选择。一种是认为已经为证明主要假设做了足够多的工作，可以进行更精确的定量测量；另一种是尝试根据基本假设进行新的推导，并通过实验来加以验证。蔡加尼克主要采用了第二种方法。

（二）张力的场论含义

使用"处于张力状态的系统"这一构建来表示心理需求，无疑以场论作为前提。从概念上讲，张力是指一个系统相对于周围系统的状态。这一构建的本质包含一种向相邻系统状态均衡方向变化的趋势。因此，该构建假设了个体的几何表征，区分了个体的功能子部分或系统之间明确的位置关系。从形式上说，可以用以下方式表达相邻张力系统之间的基本关系：

（C_1）如果 $t(S^1) \neq t(S^2)$，$b_{S^1} \cdot b_{S^2} \neq 0$，那么存在一种变化的趋势使得 $t(S^1) = t(S^2)$。在这个公式中，b_{S^1} 和 b_{S^2} 表示系统 S^1 和 S^2 的边界，$b_{S^1} \cdot b_{S^2}$ 表示它们的公共部分。

此外，张力这一构建还对场的动态特征有明确的假设，例如，与不同需求或准需求相对应的系统应该能够在某个时间段内保持不同程度的张力，因此必须假定场的流动性不大。如果场的流动性很大，局部张力引起的均衡趋势就不会遇到阻力，各个系统之间的张力水平差异会在很短的时间内消失。换句话说，如果个体一种准需求与一个张力系统相协调，而这个张力系统甚至可以在相当长的时间间隔内显示出它的效果，那么就必须假定，从动态上讲，该个体不是完全流动的。不过，个体也不能被视为完全僵化。否则，就无法解释一个需求对其他需求及对整个个体的张力水平的影响。因此，个体必须被认为在张力系统的沟通方面具有中等程度的流动性。这种流动性可能因人而异，也可能因情境而异。假设一组特定系统的结构关系恒定（并假设这组系统周围环绕着暂时不能被渗透的边界），可以用以下方式进行表达：

（C_2）让我们标出相邻系统 S^1 和 S^2 的张力 $t(S^1)$ 和 $t(S^2)$ 在张力形成时的绝对差值，用 Ti 表示从那时起经过的时间，用 $|t(S^1) - t(S^2)|^{Ti}$ 来表示此时的张力差，流动性是 fl：

$$|t(S^1) - t(S^2)|^0 - |t(S^1) - t(S^2)|^{Ti} = F(Ti, fl)$$

其中，F 表示单调递增函数。

这意味着，相邻系统张力差的变化取决于时间间隔和流动性。当然，只有在这些系统的张力不被其他因素（如通过达到目标释放张力）改变时，上述推导才成立。

在我看来，（C_1）和（C_2）是构建张力的必要概念要素。因此，将需求、准需求与这种张力协调起来，或许能推导出与主要研究的问题相距甚远的事实。如果没有这种特定的动态理论，则几乎无法进行预测。如果这些预测能够得到证实，它们对于确认该理论就具有特殊的价值。

（三）关于场的流动性和张力系统关系的推论

（D_2）未完成任务和已完成任务相对应系统之间的张力差随着张力系统创建时间的增加而减小。

推导：通过（C_2）的右侧，结合（A_1）和（A_{3a}），可直接推导得出。

实验证明：如果回忆测试推迟一天，蔡加尼克商数将从约 1.9 下降到约 1.2。

如果我们的假设正确，即个体的部分系统之间张力差的维持取决于介质足够固化，那么个体的流动性越强，张力下降得越快。为了在实验中证明这一结论，蔡加尼克需要找到一个可以合理地被描述为流动性增强的状态（fl）。疲劳的一般症状似乎证实了以下假设：

（A_4）fl（疲劳）$> fl$（非疲劳）

（D_3）疲劳被试的蔡加尼克商数小于非疲劳被试的蔡加尼克商数。

推导：根据（A_1）、（A_{3a}）、（A_4）和（C_2）的分母，可直接推导得出。

实验证明：在完成任务和回忆过程中感到疲倦的被试的商数为 0.7；在完成任务的过程中感到疲劳，但在回忆过程中没有感到疲劳的被试的商数为 0.6；在完成任务的过程中没有感到疲劳，但在回忆时感到疲劳的被试的商数为 1。之所以如此，是因为个体在流动的状态下可能无法建立起相当大的张力差。最后一种变化表明，即使在不疲劳的状态下建立了张力，如果被试在回忆过程中感到疲劳，商数也会变小。（商数小于 1 的问题可用未在此处讨论的因素加以解释；蔡加尼克在论文中对此进行了讨论。）

一些实验数据和观察结果表明，与现实层面（行动层面）相比，非现实层面（愿望和梦想层面）更具流动性。由此可推断，与非现实层面相关的需求和准需求在张力释放时扩散得更快。

（A_5）$fl = F$（非现实程度）

（D_4）在特定时间间隔内，蔡加尼克商数的降速随着所涉及活动的非现实程度而增加。

$$\left(\frac{RU}{RC}\right)^o - \left(\frac{RU}{RC}\right)^{Ti} = F \text{（非现实程度）}$$

推导：由（A_1）、（A_{3a}）、（A_5）和（C_2）直接推导出（D_4）。

实验证明：布朗表明，回忆被打断的非现实活动的能力比回忆更现实的活动的能力下降得更快。[①]（布朗的实验可能不涉及现实程度的差异，而是涉及在大致相同的现实水平上更边缘的活动与更中心的活动之间的差异。在这种情况下，布朗指出，一个人的较边缘区域需被视为更具流动性。）

破坏个体内部区域各系统的张力差异的方法之一，似乎是产生高度的情绪张力，或者更具体地说，快速转换情绪张力的上升和下降。将个体内部的情绪张力调整到与实验中产生的相对较弱的准需求对应的不同级别，可以预期会使这些张力相互均衡。这种突然的变化可能会破坏许多系统之间的壁垒，或者带来另一个相当于分化降低（dedifferentiation）的过程，并以此均衡张力。目前渗透性（permeability）和弹性（elasticity）的构建还不够详尽，不足以进行形式化表示，因此我们更倾向于用文字进行以下表述：

（A_6）强烈的情绪张力波破坏了与表面需求相对应的张力的差异。

（D_5）在情绪激动和放松之后，蔡加尼克商数在完成任务和回忆方面比没有这样一个过程介入时要小。

推导：根据（A_6）、（A_1）和（A_{3a}）推导得出。

实验证明：在实验中产生情绪波后，蔡加尼克商数降低到 0.6。那些在实验过程中因为总的生活状况而情绪激动的被试的商数降低到 0.75。

本组推导主要基于各系统之间的空间关系和它们之间的沟通量。作为这组推导的最后一个例子，我们将提到以下几点：与已完成的任务和未完成的任务相对应的系统之间存在差异的一个条件是，与实验中每个单独任务相对应的系统从一开始就在个体内部被充分分离。因为，如果这些不同的系统是一个综合单位的子单位，没有太多的分离，就不可能维持巨大的张力差。在这种情况下，较大单位的张力水平可能存在差异，但较大单位内的各个子系统之间没有差异。系统之间足够强的边界是张力持续存在的前提，这已包含在（C_1）和（C_2）中。

（D_6）如果 S^u 和 S^c 没有充分分离，则蔡加尼克商数约为 1。

---

① J. F. Brown, "Über die dynamische Eigenshaften der Realitäts und Irrealitäts-schichten," *Psychol. Forsch.* 18（1933）：143-190.

推导：根据（C_1）、（A_1）和（A_{3a}）的关系，可以直接推导得出。

实验证明：在实验开始时建立一个认知结构（其中的单项任务无论完成与否，都没有很大的分离），进而创建一个更大的单位。根据这个认知结构，单项任务作为更统一的系列的一部分出现。在这种情况下，蔡加尼克商数约为 0.97。

（四）关于准需求强度的推导

我们可以通过将张力的强度与需求的强度相关联，来阐述关于心理需求与张力系统之间关系的基本假设。

（A_{1a}）$t(S^G) = F(n^G)$，其中 n^G 表示与目标 G 相关的需求强度。

相应地，我们可以把关于移动和回忆之间的张力和力量关系的基本假设（A_3）和（A_{3a}）进一步说明为定量关系。

（A_{3b}）$|f_{P,G}| = F|t(S^G)|$，其中 $|f_{P,G}|$ 表示移动或回忆方向上的力量强度。

（D_7）$\dfrac{RU}{RC} = F(n^U)$

推导：由（A_{1a}）、（A_{3a}）、（A_{3b}）推导出（D_7）。

实验证明：可以预见，那些特别有参与感的被试会表现出特别强的准需求，那些活动参与度特别低的被试则会表现出特别弱的准需求。蔡加尼克将那些根据其在实验中的一般行为可以被描述为"雄心勃勃"的被试单独分组（不考虑蔡加尼克商数），发现他们的商数为 2.75，而普通被试的商数为 1.9。还有一组被试仅仅"按照实验者的要求去做"，商数为 1.03，远低于平均值。根据蔡加尼克的研究，参与程度最高的一组被试是儿童，商数为 2.5。可能还有其他因素导致了这一结果。马罗（Marrow）以一种特别谨慎的方式研究了需求强度与蔡加尼克商数之间的关系。[1] 他将对照组的被试与处于竞争环境中的另一组被试进行了比较，并通过表扬或责备进一步加剧了竞争。即便马罗使用了不同类型的活动，但对照组的蔡加尼克商数也不过是 1.9，而在竞争的情况下，被试的需求被极大地强化，蔡加尼克商数明显上升（在鼓励的情况下达到 2.17，在责备的情况下达到 2.10）。马罗的研究表明，在紧随表扬或责备经历之后的任务中，被试的蔡加尼克商

---

[1] A. J. Marrow, "Goal Tensions and Recall（Ⅰ & Ⅱ），" *J. Gen. Psychol.* 19（1938）：3–35, 37–64.

数特别高。

（五）关于任务的心理特征与非心理特征的推导

心理学理论的一个普遍前提是，必须谨慎地使用心理学范畴，而不是客观的社会学或物理学范畴。在有些情况下，从被试的角度来看，一项活动已经完成，尽管它可能被实验者归类为中断。有些表面上已经完成的活动，在心理上对被试来说却是未完成的。

根据（A_2），张力的释放是与目标的实现相协调，而这种目标的实现必须从心理层面进行理解。由此可以得出：

（D_8）在中断时刻，如果 $P \supset G$，则 $\dfrac{RU}{RC} = 1$

推导：可直接从（A_2）、（A_1）和（A_{3a}）的联系中得出。

实验证明：蔡加尼克报告了一些表面上未完成但心理上已完成的活动的具体案例，其中蔡加尼克商数约为 1。马罗则使用了一种特殊的实验装置。被试被告知，实验者只关注被试是否能够完成任务，并且一旦得到完成的印象，就会立即中断任务。在这种情况下，中断的任务在心理上似乎已经完成。马罗发现，实验中蔡加尼克商数为 0.74。

在此，我们不妨提一下连续任务（continuous task）和结束任务（end task）的区别。结束任务，如写一首诗或用橡皮泥做一把椅子，都有相当明确的结束动作，因此，在中断的情况下被试没有达到目标，而后又能通过完成任务达到目标。在这种情况下，蔡加尼克商数大于 1，为 1.8。在连续任务的情况下，如把珠子串在绳子上，被试在完成后并没有达到明确的目标，如果中断，也没有明确离开目标区域。因此，这种情况下的张力不会有太大的不同。实际上，其蔡加尼克商数是 1.1（蔡加尼克发现，无论表面上是中断还是完成，连续任务在心理上都是完成的）。

（D_9）在完成时刻，如果 $P \subset G$，则 $\dfrac{RU}{RC} = 1$

推导：在这种情况下，由于没有一项任务在心理上是完成的，所以 S^U 和 S^C 的张力 $t>0$。（D_9）可直接从（A_2）、（A_1）和（A_{3a}）的关联中得出。

实验证明：对于有趣的任务，蔡加尼克商数等于 1。

（六）关于附加场力的推导

根据一般的场论，实际行为与当时作用在个体身上的合力（resulting

force）有关。因此，除了实验中明确建立的那些力之外，了解哪些力可能影响个体的行为始终很重要。在蔡加尼克的实验中，回忆方向的力有两个来源：实验者给出的回忆指令产生了一个准需求，以及相应的张力 $t(S^R)$ 和力 $if_{P,R}$（符号 if 表示的是"诱导力"，而不是与自身需求相对应的力）。这只是（A_1）和（A_3）在回忆活动中的进一步应用。此外，根据（A_{3a}），由于中断任务对应的张力 $t(S^U)$，在自发回忆方向上存在一个力 $f_{P,R}$。

因此，完成任务的回忆是由力 $if_{P,R}$ 引起的，而未完成任务的回忆是由 $if_{P,R}+f_{P,R}$ 引起的。

由此可得：

（D_{10}）回忆越失去自发性，越成为实验者指示的结果，蔡加尼克商越接近 1。

$$\frac{RU}{RC} \to 1$$

推导：可以假设，平均而言 $|if_{P,RU}| = |if_{P,RC}|$。

根据（A1）、（A3）和（A3），可得

$$f_{P,RU}>0 ; \quad f_{P,RC}=0$$

因此

$$\frac{RU}{RC}=F\left(\frac{if_{P,RU}+f_{P,RU}}{if_{P,RC}+f_{P,RC}}\right)$$

如果自发力保持恒定，而诱导力增加，这个比例会趋向于 1。

实验证明：蔡加尼克发现，将实验视为记忆测试并且因此具有相对较高的 $if_{P,R}$ 的被试的蔡加尼克商数为 1.5（整个被试组的平均值为 1.9）；那些在自发的情绪下进行回忆的被试蔡加尼克商数非常高，为 2.8。

五

心理学家一致认为，在实证科学中，构建和理论的价值取决于它们在解释已知事实和预测未知事实方面的成果。经常有人说，仅仅解释已知事实的理论没有特别的价值。但我并不认同这一观点。如果该理论将先前需要通过独立理论处理的已知事实组合成一个逻辑体系，那它具有明显的组织优势。此外，与已知事实的一致在一定程度上证明了这一理论的充分性。然而，如果能够根据理论做出预测，并通过实验证明这些预测，那么就能更清楚地检验该理论的充分性。造成这种差异的原因似乎在于经验数据通常允许多种不同的解释和分类。表 1 表明，蔡加尼克使用的大多数证据都具有预测未知事实的特点。这些事实通常无法在日常经验中被预料到。事实上，在进行实验时，根据其所接受的联想和情感定律，被试本该预测出与主要实验相反的结果。而且，这些预测之所以更有意义，是因为它们涉及广泛的心理学数据：将记忆问题、疲劳问题、瞬间情绪状态等，与通常被认为属于人格领域的问题相关联，还与知觉结构化（将任务视为单独的任务或作为一个系列来看待）、发展问题和人格恒定性相关联。在心理学的不同领域，有哪一项单一的实验研究能够凭借少数构建和定理，做出更多可通过实验验证的预测呢？在我看来，蔡加尼克的研究充分证明，心理学构建和理论富有成效，值得继续研究。此后，关于饱足、抱负水平、成功与失败、替代、习惯、情绪、环境结构与力量、社会权力场、社会压力、低能（feeblemindedness）、发展与回归的研究层出不穷，而所有这些研究都基于场论。这些研究部分由我的同事完成，相当大一部分由其他研究者独立开展。相关研究者证实并详细阐述了这些结果，从而间接证明了其所使用的构建的价值。这些实验几乎都是定量研究，与当今的心理学研究情形相同。当然，问题已经出现。以后可能会出现更大的问题，不过目前还都是小问题，比较容易回应。可能有人认为，没有这些构建，所有这些结果也都可以被预测。这在逻辑上也许成立；但实际上，正是这些构建导致了这些预测的产生。此外，据我所知，目前还没有任何其他理论能够全面解释这些结果。

以数学方式定义的构建和定理为基础发展场论的尝试还处于早期阶段。因此，尽管似乎有着令人惊讶的应用范围，我们还是必须为重大变革做好准备。正如赫尔（Hull）恰当地指出的，实证理论的优点应该是不拒绝做出可能事后证明是错误的明确假设。[①] 当下，还没有必要做出重大改变，我主要将此归功于方法论程序的一个方面，即渐次接近（gradual approximation）的方法。我们尽量避免建立复杂的模型，而是试图通过足够的普遍性来表示心理事实之间的动态关系。只有在逐渐进行的实验工作中，我们才能够尝试对构建进行具体说明。

①　C. Hull, "The Problem of Intervening Variables in Molar Behavior Theory," *Psychol. Rev.* 50 (1943): 273-291.

表 1 对蔡加尼克的一些构建、假设和推导的摘要及验证

术语	构建的操作性定义	概念属性 (C)	基本定理假设 (A)	推导出的定理 (D)	验证
心理张力 (t)	表明一种"需求"的经验综合征	向邻近系统传播的倾向 (C_1)	意图与需求（张力）之间的关系：(A_1)、(A_{1a}) 和 (A_2)	(D_1) 根据 (A_1)、(A_2) 和 (A_{3a})，蔡加尼克商数>1	被预测
心理力量 (f)	心理运动能力	向量 (C_3)	张力和力之间关系：$f_{P,G}=F \mid t \mid (S^G) \mid (A_3)$、$(A_{3b})$	(D_2) 根据 (A_1)、(A_{3a}) 和 (C_2)，自需求产生以来，随着时间的推移，蔡加尼克商数降低	被预测
			思维层面张力和力之间的关系（回忆倾向）：$f_{P,G}=F \mid t \mid (S^G) \mid (A_{3a})$	(D_3) 根据 (A_1)、(A_{3a})、(A_4) 和 (C_2)，疲劳受试者的蔡加尼克商数较小	被解释
流动性 (fl)		影响与邻近系统拉平张力速度的因素 (C_2)	疲劳对流动性的影响 (A_4)	(D_4) 根据 (A_1)、(A_{3a})、(A_5) 和 (C_2)，更边缘系统的蔡加尼克商数较小	被布朗预测
			流动性作为非现实程度的函数（逆中心性） (A_5)	(D_5) 根据 (A_1)、(A_{3a}) 和 (A_6)，情绪动荡后蔡加尼克商数降低	被解释
			通过情绪波动来平衡不同系统的张力 (A_6)	(D_6) 根据 (C_1)、(C_2)、(A_1) 和 (A_{3a})，如果与已完成和未完成任务对应的系统没有分离，那么蔡加尼克商数为 1	被预测
				(D_7) 根据 (A_{1a}) 和 (A_{3b})，蔡加尼克商数随需求的强烈程度增加而增加	被马罗解释、预测
				(D_8) 根据 (A_1) 和 (A_{3a})，如果已完成的任务在心理上被认为已完成，那么蔡加尼克商数为 1	被马罗解释、预测
				(D_9) 根据 (A_1)、(A_2) 和 (A_{3a})，如果未完成的任务在心理上被认为为未完成，那么蔡加尼克商数为 1	被马罗预测
				(D_{10}) 根据 (A_1)、(A_2) 和 (A_{3a})，根据指令照确定的顺序回忆，则蔡加尼克商数降低	被解释

在我看来，无论是在所使用的构建方面，还是在实验中的技术测量方面，这种渐次接近的方法都是迄今为止最为谨慎和最为实证的，可以将假设减到最少。

数学家往往容易忽视，心理学中的数学问题实际上属于应用数学问题。心理学家的任务不是发展新的数学命题，也不是寻找特别复杂的数学定律。相反，他必须对使用尽可能简单的数学工具感兴趣。此外，数学家还必须认识到，在实证场域应用数学概念体系时，并不一定要逐一直接验证该体系基本数学公理的充分性。也可以证明这个数学体系的一些推导命题对于所讨论的场的经验性质的表示是否富有成效。如果要求必须先逐一证明欧几里得几何公理同样适用于物理空间，那么物理学恐怕永远不可能使用欧几里得几何。我们只能说：如果将某些物理过程与某些几何实体相协调，就能做出某些物理预测。这种将某些物理过程与这种几何实体而不是那种几何实体协调起来的结果，就是人们所说的某种几何类型对物理空间成立或不成立的全部含义。如果将某些心理过程（如社会移动）与某些拓扑几何或霍道罗基几何（hodological geometry）实体（如路径）相协调，所遵循的是完全相同的程序。几何学对心理学的适用性，除了基于这种协调做出富有成果的预测之外，别无其他含义，也别无其他证明。

有研究者指责我们使用高深的数学或物理概念。其实，使用空间几何概念并不一定意味着使用物理概念。在逻辑推理方面，数字概念和几何概念在原理上没有区别。似乎有必要强调两点，一是不要过早地进行形式化，二是更精确地描述数学化在心理学这样的实证科学中的目的可能更有益。

六

近年来，人们，特别是赫尔及其学生，非常强调心理学理论应该以定义、假设和结论的形式呈现。这种论证应逐步进行，以便轻松地检查其逻辑的严谨性。在相当长的一段时间里，我们也一直强调心理学必须依赖严格的逻辑推理，而朝着这个方向迈进是目前最紧迫的任务之一。赫尔试图完成这一任务。据我所知，赫尔大体上保留了条件反射的传统概念，对它们进行详细阐述，并按照定义、假设和结论的顺序来加以呈现。

应该承认，以如此严格的体系呈现心理论证的价值在于它可能有助于发现不太正式的推理的不足之处。然而，我们在这里讨论的不是心理学发展最基本的方面。心理学是一门使用基于明确定义的构建进行逻辑推理的科学。心理学推理所使用的条件反射、抑制（inhibition）、兴奋倾向（excitatory tendency）、挫折等术语，在操作上或多或少都有明确的定义。然而，很少有人试图澄清这些构建的概念特性。人们不会问，某个构建在数学上是否具有向量（vector）、标量（scalar）或张量（tensor）的性质，它是场的一个区域、区域的一个模式还是区域内发生的变化。我们没有试图接近物理学的构建维度。简而言之，这些构建的概念属性，即它们之间逻辑上的相互依赖关系，与实验所揭示的经验上的相互依赖关系，完全模糊不清。一个突出的例子是"智能"（intelligence）这一构建。它在操作上的定义非常明确，但在概念上的定义非常模糊，以至于几乎没有可能进行逻辑推理。从长远来看，似乎不能既在心理学中达到令人满意的逻辑水平，又在概念上模糊那些在推导框架中起着重要作用的动态构建。

仅仅以更加形式化的方式重复现有心理学派别（如条件反射或精神分析）的陈述，并不能实现对心理学必要的概念化。在实证科学中，逻辑形式和内容密切交织在一起。形式化应该包括构建的发展，每一个构建从一开始就被认为既是形式蕴含的载体，又充分代表了经验数据。这意味着，操作性定义和概念定义不是随意关联的，而是显示出内在的一致性（例如，在操作上将心理力量与移动协调起来，在概念上把心理力量与向量协调起来，这种可能性主要基于它们具有共同的定向特征）。也就是说，各种构建应该以这样一种方式组建起来，成为逻辑上一致、经验上充分的系统的组成部分。

如果不发展这种类型的动态构建，仅仅将传统构建形式化，这在精确性上尽管可能有所提高，但也有很大可能阻碍心理学的进步。有心理学家认为，联想是真实存在的，而力比多或格式塔只是故弄玄虚的词语；有心理学家则坚信，力比多或本能是真实存在的。哪些心理构建被接受，哪些心理构建被否定，主要取决于心理学家被灌输的思维系统语言。显然，将这种语言形式化为一个复杂的系统很可能会产生冻结效应（freezing effect）。即使找到了定义明确的概念，也最好推迟形式化进程，直到这些概念得到充分证实。

七

心理学在利用拓扑和向量表征心理关系方面取得了哪些进展？下一步

的目标应该是什么？当然，这个问题只有在心理学未来的发展进程中才能得到恰当解答。如果允许我对上述问题表达个人感受，我想强调以下几点。

第一，在行为、情绪和个性等领域，场论的可能性已经确立。场论的基本命题是：

（1）行为必须从共存事实的整体推导得出；

（2）这些共存事实具有动态场的特性，因为这个场中任何一部分的状态都取决于该场的其他部分。

命题（1）包含这样一个陈述，即在心理学中，我们必须处理一个多元体系，不能在没有空间概念的情况下表示其相互关系。[1] 事实上，各种心理学派都含蓄地同意这一说法，如使用接近（approach）、退缩（withdrawal）、社会地位等概念。尽管仍有一些例外情况，但人们逐渐认识到，心理数据的空间关系无法用物理空间来充分表述，至少在目前，必须将其视为一种心理空间。人们普遍认为，这个空间包括个人环境和心理环境。

关于命题（2），情况类似。即使是基于孤立的刺激与孤立的反应相协调的理论，也朝着至少使它们非常接近命题（2）的方向发展。赫尔的理论就是一个很好的例子。赫尔没有将反应与单一刺激（如光学刺激）相关联，而是将反应与包括目标刺激和驱动刺激在内的刺激模式联系起来。原则上，人们普遍认为，行为（B）是个体（P）和环境（E）的函数，$B=F(P, E)$。在这个公式中，P 和 E 是相互依赖的变量。

第二，对于心理学领域的科学表征，第一个前提是找到一种适合表征心理事实空间关系的几何学。基于物理学的历史，我们知道，经验空间可以用不同的几何学来表征：最初物理学使用欧几里得几何，最近则使用黎曼几何。可以预见的是，在心理学中也能找到多种有用的几何学。如今，至少有一种几何学可以保证在对"接近""退缩"等术语进行数学解释时不失其心理学上的意义。霍道罗基空间[2]就属于这样一种几何学。霍道罗基空间是一个有限结构的空间，即它的各个部分并非无限可分，而是由特定的单位或区域组成。方向和距离由"可区分的路径"（distinguished paths）定义，这些路径很容易与心理移动相协调。霍道罗基空间可以充分反映大多

---

①　具体参见本书第九章。

②　Kurt Lewin, "The Conceptual Representation and the Measurement of Psychological Forces," *Contr. Psychol. Theor.* 1, no. 4 (1938).

数心理过程循序渐进的特征，并且能够充分解释一个令人困惑的问题，即如果心理移动的目标不同，如何赋予相同物理方向上的心理移动不同的心理方向。这对于解决迂回路线（roundabout route）问题尤为重要。霍道罗基空间允许对个体内部及心理环境中的结构关系进行描述。例如，可以定义个体与边缘层和中心层的分化程度。霍道罗基空间对描述群体的结构及其变化同样有用。当我们处理动力学问题时，它的最大价值能得到显现。

第三，19 世纪后半叶，科学心理学中动态概念的发展受到担忧陷入"目的论形而上学"（metaphysics of teleology）的制约。认为行为不是源于未来，而是源于过去，这种观点是发展联想主义的主要动机之一。当时，任何与方向概念有关的事物都被认为是目的论的。目标这个概念是可疑的，必须用不涉及方向概念的事物来替代。目的论的其他方面同样受到怀疑，如避开障碍的"预见"及考虑到整体环境的"意识"。联想主义极力避免所谓不科学因素，试图发展不涉及逻辑方向的联想概念。联想应该是盲目的，是完全基于过去的（这意味着联想主义必须建立在重复这一概念上）。

当然，目标、需求和意志等因素同样非常重要，不容忽视。在心理学受到"目的论"或"过去的因果关系"的影响时，那些深刻认识到目标追求和定向重要性的心理学家除了诉诸明确的目的论理论，似乎别无选择。麦克杜格尔（McDougall）就是这种方法的典型代表。联想主义者也不能完全忽视目标导向和有意义的行为。他们尝试将目标、意图和意志融入其体系，有趣的是，通过这样的尝试，我们可以观察到联想主义的特征所发生的转变。桑代克（Thorndike）的效果定律和阿赫的决定倾向概念，将那些与目标的某些方面（达到目标或建立意图）有关的重复类型，归因于特别强烈的联想的产生。赫尔认识到目标和需求的重要性，将目标刺激和需求刺激作为关键元素纳入刺激模式，并假定它们是引发反应的原因。联想主义（条件反射）越来越多地受到尝试在不假设定向动态因素的情况下推导定向活动的影响。

根据场论，行为既不取决于过去，也不取决于未来，而是取决于现在的场（现在的场具有一定的时间深度，包括心理过去、心理现在和心理未来）。这既与目的论认为未来是行为的原因形成对比，也与联想主义认为过去是行为的原因形成对比。此外，将定向因素的假设视为目的论的特征是错误的。物理学中的因果解释当然不能避免这种假设：物理力是一个定向的实体，是一个向量。心理学绝不是借助于心理力等具有向量性质的构建而变得形而上学的。这样就可以直接解决定向行为的问题。此外，通过用霍道罗基空间这样的概念定义方向，可以充分且恰当地表述目的论其他主张中有意义的内容。目的论中具有神秘色彩的知识和动力学之间的关系，至少在一个基本点上变得可以理解：为什么缺乏知识会产生障碍效应。动物具有选择迂回路线的神秘能力，这可以合理地与一个事实联系起来，即霍道罗基空间中的平衡取决于场中所有的关系。

第四，利用现有的概念工具，可以比较充分地研究各种心理过程。[1]这包括需求的基本特征及满足需求的各种方式，包括替代。一种活动对另一种活动的替代，其价值是可以测量的，并且可以推导出替代价值的一般条件。替代涉及设定新的目标、抱负水平等。在这一领域，推导出有些自相矛盾的倾向，即更喜欢困难的目标而不是容易的目标（这种倾向似乎与简约原则相矛盾），就意味着向前迈出了重要的一步。许多与努力达到既定目标的过程相关的问题都可以得到解决，特别是认知结构（学习、顿悟、迂回路线）与心理力量的方向和强度之间的关系。许多与冲突情境有关的问题也是如此。特别值得一提的是对氛围问题的处理，由它可以推导出不同程度的压力对瞬时人格分化程度的影响。关于挫折对生产力和回归的影响的预测已经在实验中得到证实。我们还测量了个体的各子部分之间的僵化程度或动态交流程度（除了分化程度之外，这也是人格的基本因素之一）。最后，有一项在我看来意义重大的成果：至少在某些情况下，那些在特定时间内具有未分化单位特征的区域是可以测量的。[2] 关于这些单位的大小对动物行为的影响的许多预测已经得到证实。[3]

接下来，我们希望心理力量的量化测量能够尽快实现。这将为心理力量的组合规律（合力）提供答案，并有助于张力的测量。其中迫切需要改进的领域之一是社会心理学。在我看来，如今已经可以对群体和群体目标进行操作性定义。在我们所提到的这些构建的帮助下，研究者对社会氛围

---

[1]　更详细的研究描述，参见本书第十章。

[2]　Dorwin Cartwright, "Relation of Decision-time to the Categories of Response," *Am. J. Psychol.* 54（1941）: 174-196.

[3]　Claude Buxton, "Latent Learning and the Goal Gradient Hypothesis," *Contr. Psychol. Theor.* 2, no. 2（1940）.

对群体生活的影响做出了预测，并在实验中得到了证实。然而，社会心理学中的一些基本构建，包括诱导场（动力场）在内，仍需进一步完善。

迄今为止，心理学在概念发展方面所取得的进展值得我们保持期待。用几何概念或其他数学概念来表示希望或友谊，这种想法在几年前似乎不切实际，如今则很有可能实现。我毫不怀疑，拓扑和霍道罗基空间，或者类似的概念，将在心理学各个领域的表征和预测中被证明富有成效。此外，一门科学想要稳步发展，重要因素之一就是具有良好的判断力，以决定哪些问题已经准备好着手攻克，哪些问题最好推迟到该科学发展到更成熟的阶段时再去研究。

第二章

场论中的构建

（1944）

一、心理学中的质与量

自韦伯（Weber）和费克纳（Fechner）以来，心理学就一直趋向于量化和数学化，且愈演愈烈。然而，关于如何实现数学化一直存在很多争议。起初，人们对"心理学是一门定性科学，其定量应该仅限于知觉心理学（psychology of perception）"普遍持反对意见。如今，人们认为，许多以前被排除在外的领域，如动机心理学，也必须采用数学方法。

卡西尔详细描述了物理和化学发展过程中定性方法和定量方法之间的争议。[①] 尽管相隔几个世纪，但在方法论上，当今心理学的一些理论问题与这些争议仍有很多相似之处。卡西尔认为，解决这些争议的基本理念体现在数学本身及物理数据的数学处理中，即定量方法和定性方法不是相互对立的，而是彼此互为补充。

卡西尔一再指出，数学化并不等同于量化（quantification）。数学处理的是数量和质量问题。这在几何学的某些分支中尤为明显，这些分支在位置和其他几何关系方面提出了非定量但精确的陈述。

如果心理学对数学能够处理定量问题和定性问题这一事实有更多的了解，会受益颇多。正确的定性分析是充分的定量处理的先决条件，这一点在心理统计学中得到了充分体现。然而，人们似乎不太清楚的是，质性差异本身可以并且应该用数学方法来处理。

---

① E. Cassirer, *Substanzbegriff und Functionbegriff*, *Untersuchungen über die Grundfragen der Erkenntniskritik* (Berlin：B. Cassirer, 1910).

从场论角度思考问题的心理学家和从刺激—反应角度思考问题的心理学家一致认为，心理学解释离不开构建，心理学理论必须具有数学本质。但是，在数学化的含义及如何继续发展理论方面，二者似乎存在分歧。

下面我们以挫折这一概念为例进行说明。

二、日常概念与科学构建

挫折这一概念是由弗洛伊德提出的。他将挫折与性、文化、升华、梦境及整个精神病理学领域的基本问题联系起来。这些概念并非只用于严格的实验或作为定量程序的基础。虽然取自日常用语，但是它们在精神分析系统中的定位在某种程度上使其含义有所强化和具体化。

在 1920 年之前，心理学一直沉浸在感知和记忆的"纯科学氛围"中，不认为研究者应该考虑生活中"更黑暗和神秘的方面"。每当这些问题出现时，他们都小心翼翼地加以处理。那时，在实验心理学中谈论挫折、替代、攻击或爱，似乎是非科学的，就像今天的一些心理学家认为使用"群体氛围"（group atmosphere）这个词似乎是非科学的。

从一开始，关于挫折的讨论就具有高度的分析性。各种情况被区分开来。例如，把在奖励环境中的挫折与惩罚威胁环境的挫折进行比较；把渴望朝向某个活动领域的挫折与渴望远离该领域的挫折进行比较；把只有一个限入区域的挫折与四面都是障碍、类似处于监狱环境的挫折进行比较。

这些区别本质上具有定性特征，然而可以通过拓扑和向量概念来表示，从而使每种情况都可以被定量处理；不将这些性质不同的情况作为完全独立的实体来处理，而是将它们视为某些数量变化或力的分布变化的结果。

这种看似自相矛盾的成就可以通过建构的方法来实现，而这种方法最早在数学领域得到发展。将性质各异的几何实体（如圆、方、抛物线）视为由某些建构要素（如点和移动）组合而成的结果，这是自古以来，尤其是古希腊时期，这一方法的秘密所在。这种方法有时被称为"遗传定义"（genetic definition）。它既能联系，又能分离；既不会抹除质的差异，又能揭示其与一般定量、变量的关系。卡西尔展示了同样的方法在经验科学中的有效性。其中，他的建构要素是以数学方法描述的经验实体（如力、离子、原子）。

对挫折的场论分析通过"心理力量"（psychological force）、"心理区域"、"权力场"（power field）等构建，实现了类似的对定性和定量特征的描述，即概念上的分离和联系。借助这些概念手段，可以进行一些推导。例如：挫折在什么情况下会导致迂回路线，在什么情况下会导致离开场，在什么情况下会导致社会攻击？不安运动（restless movements）的形式是什么？这些预测部分针对不同类型的环境做出，部分与同一环境中的定量条件（如力的相对强度）有关。

预测是设计和分析实验的基础。[①] 例如，在挫折情境中，研究个体的情绪和攻击性；在不同年龄层和重复挫折条件下，对坚持力进行研究；在目标挫折的环境中，测量各种类型的游戏行为和非游戏行为的替代价值；研究不同强度的挫折对游戏中建构性的影响，并测量单个儿童和成对朋友的回归程度；研究在监狱中影响挫折效果的因素；进行有关群体氛围的实验，对有组织和无组织的群体进行研究。

对挫折的原因和影响的研究包含相当多的主题，如希望和时间透视（time perspective）、活动类型和群体组织、安心和胆怯、生产力、情绪张力、友谊和战斗、合作和攻击、发展和回归、奖励和惩罚、工具和障碍、领导力、对他人目标的接受程度。然而，对各种各样现象的研究仅采用了少量的基本概念（如力场、权力场、张力、简单依赖和组织依赖）。这些概念作为建构要素，可以对大量的定性现象和定量问题进行具体分析、处理并提供相应的遗传定义。在我看来，能够做到这一点，就充分说明了这种方法的有效性及这些概念所取得的丰硕成果。

刺激—反应理论也遵循类似概念构建的方法。近年来，这种方法的应用领域已经从学习中的死记硬背扩展到包括挫折在内的一般性问题。[②] 可能会有人问：在这个问题领域里，场论方法和刺激—反应方法有什么相似之处，有什么不同之处？

三、挫折是什么

刺激—反应理论常常面临的一个批评是，场论并未遵循物理方面的定义。例如，"期望"一词一直被视为禁忌，就和"接受程度"（degree of acceptance）或"归属感"（feeling of belonging）一样。即使在今天，仍有研

---

① 有关这些实验的详细讨论，参见本书第十章。

② J. Dollard, et al., *Frustration and Aggression* (New Haven: Yale University Press, 1939).

究刺激—反应理论的人坚持这样一种观点，即科学的心理学意味着从物理学的角度进行定义。[1] 对挫折和攻击性的研究似乎明显背离了这一立场。大多数术语，如"挫折"或"合作"，都是在心理学层面进行定义的。换句话说，从物理主义定义转向心理学定义的趋势（自从"目标"这一术语被接受以来，这种趋势日益明显）似乎占了上风。

在用定量方法来分析挫折的趋势方面，两者没有什么区别。当然，在可靠性问题或类似的技术性方法论问题方面，两者也没有什么区别。在对心理概念进行操作定义的必要性方面，两者也没有什么分歧。

一个重要的区别似乎在于以下方面：在刺激—反应理论中，挫折被视为一个概念，一种建构要素。人们试图对这个概念进行操作定义，并从中得出定量理论，如探究挫折与攻击性的关系。当遵循场论路线的心理学家谈到挫折、学习、希望、友谊和攻击性时，他会意识到自己在使用所谓流行术语。这些术语在开始阶段很有助益，甚至很有必要。然而，在场论中，它们并不被视为科学建构要素意义上的心理学概念。原因在于，像"挫折"这样的术语缺乏通过与数学概念相协调而形成的概念性定义。它们可模糊地指多个情境，而不是一个概念上可定义的情境。[2]

如果这种说法正确，那么在科学上，就无须试图将挫折的强度与任何特定的效果（如攻击性）联系起来；因为人们只有知道挫折的类型和具体的情境，才能做出明确的推导。实验表明，"挫折导致友谊增进、互不侵犯"[3] 和"挫折导致攻击性变强"同样正确。挫折既会导致生产力提高，也会导致生产力降低；既会导致积极努力，也会导致消极怠工。[4]

值得注意的是，耶鲁大学最近的研究越来越认识到有必要区分各种设

① C. Hull, "The Problem of Intervening Variables in Molar Behavior Theory," *Psychol. Rev.* 50 (1943): 273-291.

② 有些研究将"挫折"一词用作中断目标导向活动的事件的名称。在这种情况下，"挫折"并不指"情境"结构，而是指一种"事件"，即与行为具有相同概念维度的事物。因此，需要先区分和定义挫折的类型，然后制定明确的规则。通常情况下，不考虑事件发生的情境就无法将这些表型定义的事件与相同概念一致地联系起来。这是一项基本的方法论公理，是科学构建发展的主要原因之一。

③ M. E. Wright, "Constructiveness of Play as Affected by Group Organization and Frustration," *Charact. and Pers.* 11 (1942): 40-49.

④ R. Barker, T. Dembo, K. Lewin, "Frustration and Regression," *Univ. Iowa Stud. Child Welf.* 18, no. 1 (1941).

置，也变得更善于分析。然而，他们似乎尚未放弃尝试把挫折当作一种可定义的心理实体，将其与某些影响（如攻击性）合理地联系起来。互不侵犯的情况被视为附加因素发挥作用的结果，在特定情况下，这些因素所产生的现象在表面上与一般规律所预期的不同。

在这一点上，场论方法更为激进。它对概念提出了更高的要求：心理学应该既关注挫折的影响，也关注挫折在心理学上是什么这一问题。事实上，场论认为，如果不同时研究挫折、希望、友谊或专断的心理学含义，就不可能找到它们的规律。

我很清楚，很多关于物体或事件之本质的问题已经被滥用。心理学在摆脱了早期的哲学猜测时，非常合理地禁止了"心理现象如智力的本质是什么"这类问题。唯一允许的回答是采用操作性定义的回答，如"智力是通过智力测试来衡量的"。

这样一来，孩子和洗澡水就被一起泼了出去。事物的本质问题蕴含着对心理学和一般科学来说至关重要的意义。如果一个化学家发现了某种材料，他可以通过指出在哪里可以找到它，并说明它的颜色和重量（weight），给它下操作性定义。在研究这种材料时，化学家的第一个问题是"这种材料的化学性质是什么"。他可能会发现它是一种元素或化合物，或者它的化学构成每部分都不同（就像挫折的心理性质因场合而异一样）。在这种情况下，从化学家的角度来看，尽管在操作上有明确的定义，但这种材料并不代表"一种类型"。衡量这种单一性的标准是能否通过"概念构建元素"（如离子、原子）的组合，用一个化学式来表示。

化学和物理学的历史显示出从火、水、土这样的区分（它们与容易观察到的明显但表层的特性有关）到基于概念构建方法的分类的缓慢变化。概念构建方法经常推翻"共同表象"的证据，把看似不同的东西称为同一，把看似同一的东西称为不同。化学家之所以采用这种方法，是因为他感兴趣的是材料的化学行为，而不是其外观。从概念构建的角度来看，如果知道手头的材料是各种类型的任意集合体，化学家就不会试图去寻找共同的规律或共同的效果。

毫无疑问，在有关学习和挫折的心理学及有关水、火、土的物理学中，可以建立起"描述性经验定律"（仅基于操作性定义）。

利用现有的科学工具，可以收集到许多有价值的数据。每当心理学进入一个新领域，都需要用这些工具奠定基础。概念的完善不应被视为心理学进步的唯一方面。最重要的是，心理学能够以自己的方式从水、火、土的层面发展到更高级的概念层面。如果心理学不能达到以概念构建表示事件的心理本质的水平，那么心理学或其应用的任何部分的发展就不能超越其明确的局限性。

四、心理构建的概念维度

在科学建构中，如果涉及水、火等层面之上的领域，一个征兆是有可能定义其概念类型或最终定义其概念维度。以物理学为例，速度和加速度的概念维度不同，因为速度是距离除以时间（d/t），加速度是距离除以时间的平方（d/t^2）。此外，所有可以表示为速度的事物都具有相同的概念维度。同样，所有可以表示为物理力（在数学上表示为向量）的物理现象都具有相同的概念维度。然而，力与能量在概念维度上存在差异。

了解一个构建的概念维度对方法论来说具有重要意义：只有那些具有相同概念维度的实体才能在大小方面进行比较。具有相同概念维度的所有事物都可以进行定量比较，且原则上可以使用相同的尺度（度量单位）来测量。

在心理学中，似乎有必要也有可能将概念维度应用于构建。要做到这一点，需要将每个构建与概念构建的基本心理学要素联系起来。

一方面，当前心理学的发展尚未达到能够通过一个定量方程系统将每个构建与其他构建联系起来的程度。另一方面，我倾向于认为，心理学离能够以精确的方式将许多基本构建关联起来并不遥远。（刺激—反应理论和场论理论实际上都为某些构建设立了这种明确的关系）。但是，我们还没有习惯于从概念维度的角度来思考，或者使用一个更通用也更适合当前情况的术语——概念类型。

如果我们迟迟不使用这种方法，而坐等心理学发展到每个构建都指定可以定量测量的现象的阶段，那将大错特错。要实现所有心理规律都能通过定量方程来表达的目标，我们必须认识到，这些方程的前提条件是方程两侧在心理学上具有相同的概念维度。意识到这些方面的重要性，并至少学会仔细区分不同的概念类型，有利于我们朝着上述目标迈进。

每当出现心理测量问题，都应该问一问：我们要测量的现象的概念类型是什么？测量程序与这种特定类型有什么关系？对测量的这一方面的关注大大有助于澄清心理构建的概念定义与其操作性定义（症状、测量）之间经常存在的模糊不清的关系，还有助于开发测量尚未测量的构建的方法。

有迹象表明，某些类型的问题只能通过特定类型的构建来回答。例如，"预测个体在特定情境中的行为"似乎必须以力场或概念等效的构建为基础。如果其他概念类型（如权力场、位置、张力、力量）不足以进行这种预测，那么其在方法论上的积极影响和消极影响显而易见。

总体而言，概念类型问题与心理测量问题及表达心理规律的数学方程问题密切相关，也与系统地关联所有心理构建的任务密切相关。因此，我们必须讨论科学心理学的一个基本的永久性的问题。

我不打算详细阐述概念维度。这项工作需要深思熟虑和仔细推敲。然而，我想通过几个例子来说明不同的和相同的概念类型的动态构建及非动态构建。

（1）心理学的一个基本概念是"心理位置"（psychological position）。位置是"区域的空间关系"。例如，区域 A 的位置可以用它与区域 B 的位置关系来表征。具有位置概念维度的心理学概念包括个体的群体归属感、职业地位等。

（2）移动与位置具有不同的维度，指的是"不同时间的位置关系"。任何可以表现为移动的心理现象（适用于大多数行为）都具有相同的概念维度。

（3）认知结构可能被认为与位置具有相同的维度，因为涉及场域中不同部分的相对位置。然而，结构并不是指一个点的位置，而是指多个点或区域的位置。

（4）力或移动趋势在概念层面与实际移动存在本质区别，尽管移动被视为力量丛（constellation of forces）中合力大于零的一种表现（操作性定义）。有人会说，"力"这个词相当于刺激—反应理论中的"驱动强度"。如果"驱动强度"指的是在数学上具有向量特征的心理实体，那么这种说法成立。如果"需求"指的是张力（张力与力的维度不同），那么"驱动强度"就必须与"需求"的强度区分开。刺激—反应理论必须明确，驱动强度是否应被理解为向量。

（5）目标。尽管目标和力有着密切的关系，但并不具有力的维度。目

标具有力场的概念维度，即在空间中力的分布。目标［或在场论术语中称
"正价"（positive valence）］是一个具有特殊结构的力场，即所有的力都指
向同一区域的力场。以这种方式设想目标，就赋予了目标在所有可能的力
场模式中的明确位置。与朝向一个区域的力的分布相对应的是远离一个区
域的力的分布。这相当于"厌恶"（aversion）这个概念。其他类型的力场
相当于"困难"或"障碍"。将目标、困难、厌恶等日常概念转化为不同类
型的力场，就有可能以一种揭示其功能相似性和差异性的方式，将这些在
本质上截然不同的实体联系起来。

（6）冲突指的不是单一力场，而是至少两个力场的重叠。挫折与冲突
具有相同的维度。因此，系统探究挫折或冲突的可能类型，应分析力场如
何重叠，从而在力场的某些点产生同样强大但方向相反的力。这样的分析
可以系统地处理冲突的条件和影响。平衡与冲突具有相同的维度，指的是
重叠力场的特定丛。

（7）恐惧似乎与厌恶具有相同的维度。然而，在大多数情况下，恐惧
与心理未来有关，与时间透视的某些方面有关。在这方面，恐惧类似于希
望、计划、期望等概念。期望指心理未来在现实层面上的心理结构及其力
的分布状态。希望指现实层面的结构与心理未来的愿望层面的关系。内疚
指现实结构和心理过去的愿望层面的关系。

（8）权力与心理力量的维度不同。A 的权力大于 B 的权力并不意味着
A 实际上对 B 施加了压力。权力指在另一个体身上诱发一定量级力量的潜在
能力。因此，权力场与力场的概念维度并不相同。在使用攻击、防御、攻
击性、友谊等概念时，人们必须意识到它们处在不同的维度。

（9）价值观。与"思想意识"一词相似，"价值观"一词在心理学中
同样是一个模糊的概念。价值观影响行为，但不具有目标（力场）的特征。
例如，个体并不试图"达到"公平，而是公平在"指导"着个体的行为。
或许可以这样说，价值观决定了在特定情境中哪些类型的活动对个体具有
正价，哪些类型的活动对个体具有负价。价值观并不是力场，但却能诱导
力场。这意味着，价值观是与权力场具有相同心理维度的构建。从这个角
度来看，精神分析理论认为价值观是"内化的"父母。这一观点颇为有趣。
无论关于价值观起源的这一观点是否正确，我们至少可以认为，价值观和
人是等同的，因为两者均可通过权力场进行表征。

五、总　结

在这里，没有必要讨论不同概念类型的关系，即狭义上的概念维度问题。这些例子足以说明构建的概念类型或维度问题对当今心理学非常重要。根据我的经验，这是最有帮助的方法论工具，可以用于探索心理学新的问题领域。在新的场域开展有价值的实验，一个主要的困难是不能巧妙地、充分地制定实验和理论问题。对概念类型的研究是朝着制定这类问题的方向迈出的最有帮助的第一步。

举例来说，如果价值观的概念类型就是权力场的概念类型，这就意味着提出了对各种权力场进行系统调查的问题。它以精确的方式将价值观与其他心理构建（如力量、行为）联系起来，至少从总体上指明了对价值观的影响进行测量的方向。它提出了大量的实验问题。例如，如果一种价值观等同于一个权力场，那么任何价值观的改变都必须被构想为一个过程，这个过程取决于存在于该情境的各种权力场，包括社会、政治和个体的权力场。在此基础上，可以对一个群体内部的思想意识变化与权力的关系进行系统的实验探究。

最后，概念类型或维度概念赋予"心理现象是什么"这一问题以科学意义。它有助于确定一个心理学术语指的是不是只能在概念的水、火层面上被视为一个单位的现象的集合体，或它在以具有明确定义的概念维度的构建为基础的心理学中是否值得保留。

第三章

定义"特定时间内的场"

（1943）

一、场论与相空间

新理论获得认可的过程通常包括以下阶段。首先，新观念被视为无稽之谈，不值一顾。随后，在一段时间内，会出现大量相互矛盾的反对声音。例如，认为新理论太过花哨，或者仅仅是一个新术语；认为新理论没有成果，甚至从根本上就是错的。最后，似乎每个人都声称自己一直遵循这个理论。

心理学向场论发展的趋势在近期的精神分析变体和条件反射理论中表现得尤为明显。这种趋势使得澄清场论的意义变得更加重要，因为像我这样多年来一直支持场论的心理学家也没能成功揭示其本质。据我所知，唯一的解释是，这件事并不简单。物理学和哲学在场论意义方面的探讨似乎并没有为心理学家提供太多有益的见解。此外，要真正理解场论，只能采取与掌握手工艺相同的方法，即通过实践来学习。

希尔加德（Hilgard）和马奎斯（Marquis）引用了赫尔来信中的一句话："在我看来，当一个人以非常概括的方式将行为的各种可能性表述为取决于一个或多个变量的同时状态时，他已经掌握了目前所谓场论的实质。"[1]

场论强调事件是多种因素相互作用的结果。认识到有必要公正地表述相互依存的众多因素，即朝着场论方向迈出了一步。然而，这还不够。

例如，某项运动的成绩可能取决于肌肉力量、运动速度、快速决策能

---

① E. R. Hilgard and D. G. Marquis, *Conditioning and Learning* (New York: D. Appleton-Century, Co., 1940).

力、对方向的感知能力和对距离的感知能力。这五个变量中的任何一个发生变化，都可能在一定程度上改变结果。我们可以将这些变量表示为图表的五个维度。这些因素中任何可能的丛对成功率的影响都可以在图中被标记为一个点。这些点的总和就是对依赖关系的图示。换句话说，可以用图来表示经验规律。

物理学经常使用这种方法来表示影响事件的多种因素。物理学对温度、压力、时间、空间位置等有一个协调维度。在物理学中，这种表示方法被称为"相空间"（phase space）。如果必须考虑二十个因素，这样的相空间就可能有二十个维度。相空间不同于物理对象在其中运动的三维物理空间，不同于发生心理移动或结构变化的心理空间、生活空间或心理场，也不同于那些维度仅仅意味着属性等级的图表。

在与一位知名理论物理学家讨论这些问题时，我们一致认为，将众多因素视为决定事件的因素，甚至将它们表示为相空间，并不必然以场论为前提。在心理学中，瑟斯通（Thurstone）的因子分析处理的就是各种因素的这种关系。任何性格特征都能识别出多种因素。场理论家和非场理论家都可以利用这些工具。

什么是场论？场论是一种普遍的理论吗？在物理学中，如果从一个特殊的定律或理论（如自由落体定律）延展到比较普遍的理论（如牛顿定律）或者更为普遍的理论（如麦克斯韦方程组），那么场论并不必然出现。换句话说，场论很难被称为通常意义上的理论。

当我们考虑一个理论正确与否和作为场论的性质的关系时，这一事实会变得更加明显。物理学或心理学中的一个特殊理论可能是场论，但也可能不是。此外，汉斯·费格尔（Hans Feigl）所说的"最低层次的实证理论"即使不是场论，也可能是正确的（虽然我不认为，在心理学中，构建的更高层次理论在不是场论的情况下也可能是正确的）。

因此，场论很难像通常意义上的理论那样被称为正确的或不正确的。场论可能最好被界定为一种方法：一种分析因果关系和进行科学构建的方法。这种分析因果关系的方法可以用某些关于变化条件的性质的一般性陈述来表达。至于这样的陈述在多大程度上具有分析性（逻辑性、先验性），以及在多大程度上具有经验特征，在此我们不做讨论。

二、同时性原则，以及过去与未来的影响

心理场论的基本表述之一如下：心理场中的行为或变化仅取决于当时的心理场。

这一原则自提出之初就被场理论家强调。然而，它经常被误解为场论者对历史问题或以往经验的影响漠不关心。这无疑是错误的。事实上，场理论家最感兴趣的是发展和历史问题，这也为扩大心理实验的时间范围作出贡献。

对场论的同时性原则进行澄清，非常有助于心理学各流派之间的理解。

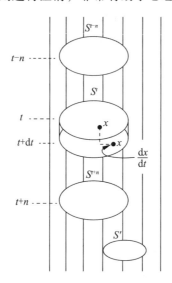

图1 S 在 $t-n$ 至 $t+n$ 期间是封闭系统；S 与 S' 并不同源；$\dfrac{dx}{dt}$ 表示 x 的速度

这一意义深远的原理可以通过参考其在经典物理学中的应用轻易表达出来。在物理世界中，x 的变化通常被描述为 $\dfrac{dx}{dt}$，即在一个微分时间段 dt 内 x 位置的微分变化。场论表明，时间 t 的变化仅取决于当时的情况 S^t（见图1）。

（1）$\dfrac{dx}{dt} = F\ (S^t)$

此外，它也不取决于过去或未来的情境。换句话说，公式（1）是正确的，但公式（1a）是不正确的：

（1a）$dx = F\ (S^t)\ + F^1\ (S^{t-1})\ + \cdots + F^2\ (S^{t+1})\ + \cdots$

当然，物理学中也有这样的情况，即可以陈述一个变化与过去情境 S^{t-n} 之间的关系（其中，$t-n$ 不是紧接在 t 前面的时间；$|t-n|>dt$）。换句话说：

（2）$\dfrac{\mathrm{d}x}{\mathrm{d}t}=F\left(S^{t-n}\right)$

不过，这仅在知道后续情境 S^t 如何依赖于前面的情境 S^{t-n} 时才有可能。

（3）$S^t=F\left(S^{t-n}\right)$

在公式（3）中，函数 F 已知。其成立的前提通常是：其一，这两种情境都是"封闭系统"，同源①；其二，已知涉及前一情境 S^{t-n} 所有点变化的规律，以及涉及前一情境 S^{t-n} 和后一情境 S 之间变化的规律。

可以通过与公式（2）类似的方式将变化与未来情境 S^{t+n} 联系起来，写成：

（2a）$\dfrac{\mathrm{d}x}{\mathrm{d}t}=F\left(S^{t+n}\right)$

只要必须在 t 至 $t+n$ 的时间段内处理一个封闭系统，并且知道其间正在发生的变化的规律，就可以做到这一点。写出这个函数方程的可能性并不意味着未来情境 S^{t+1} 被认为是当前变化 $\dfrac{\mathrm{d}x}{\mathrm{d}t}$ 的条件。实际上，如果封闭系统在时间 $(t+n)$ 之前被摧毁，同样的情况也会发生。换句话说，变化 $\dfrac{\mathrm{d}x}{\mathrm{d}t}$ 只取决于当时的情境（S^t）［与公式（1）一致］。将这种变化用数学函数的形式表达为未来或过去时间在技术上的可能性，并不能改变这一事实。②

如果我们把"行为"一词理解为心理场中的变化，那么心理学中的同时性原则就意味着，在 t 时的行为 b 仅仅是此时情境 S 的函数（S 包括个体及其心理环境）。

（4）$b^t=F\left(S^t\right)$

行为 b 不是过去情境 S^{t-n} 或未来情境 S^{t+n} 的函数（见图 2）。可以间接地将行为 b 与过去情境（S^{t-n}）或未来情境（S^{t+n}）联系在一起，但前提是

---

① K. Lewin, *Der Begriff der Genese in Physik*, *Biologie und Entwicklungsgeschichte*（Berlin：Springer，1922）.

② 经常有人说某个事件是由"之前的条件"引起的。心理学家似乎误解了这一术语，将其指代为遥远的过去情境（S^{t-n}），尽管它应该指的是当前情境，或者至少是紧挨着的前一情境（S^{t-dt}）。后文会继续探讨这个问题。

这些情境是封闭系统，且中间时期的变化可以用已知的规律进行解释。心理学家似乎越来越意识到这个公式的重要性。

三、如何确定特定时间内场的属性

如果要从当时的情况推导出行为，就必须找到一种方法来确定"特定时间内的情境"的性质。这种确定意味着一系列问题，而这些问题在心理学和哲学领域相当有趣。

要确定当前情境的属性，或者用医学术语来说，要对当前情境进行诊断，可以遵循两种不同的程序：一种是基于历史（回忆）得出结论；另一种是进行诊断测试。

举个简单的例子。如果想知道阁楼的地板是否足够结实，那我可以尝试查明建造房屋时使用了什么材料。如果有可靠的报告证明使用了优质材料，并且建筑师是可靠之人，那么我可能会得出承重安全的结论。如果能找到原始设计图，我也许还能做一些精确的计算，从而更加安心。

当然，也有可能工人没有按照设计图施工，或者昆虫使木材变得脆弱，或者房屋进行过重建。因此，我可能会直接测试当前地板的强度。这样的测试不会得出绝对确定的数据；数据的可靠程度取决于现有测试的质量和测试的细致程度。然而，从方法论的角度看，当前测试的价值高于回忆。回忆在逻辑上包括两个步骤：一是测试过去的某些属性（木制品的质量、尺寸和结构），二是证明在此期间不受任何未知因素干扰。换句话说，我们必须处理一个封闭系统。即使不受外界影响，系统的内部也会发生变化。因此，如果要通过回忆来确定情境的属性，就必须知道支配内部变化的规律。

医学、工程学、物理学和生物学习惯采用调查过去和测试现在的方法，并且更倾向于后者。①

心理学在很大程度上滥用了回忆式诊断，尤其是在经典精神分析和其

---

① 在有些情况下，历史程序更为可取。一只老鼠的饥饿感可能更适合通过饥饿的持续时间来确定，而不是通过对当时饥饿感的生理或心理测试来确定。然而，这种从过去到现在的结论只能在一个"封闭系统"（不受外界干扰）可以强制执行的时期和环境中得出。例如，已知在此期间完成相同工作量的动物的饮食。这种类型的控制困难导致斯金纳（Skinner）将驱动强度与当前消耗的属性联系在一起。

他解决人格问题的临床方法中。知觉心理学和记忆心理学相对不那么依赖历史类型的诊断。总的来说，实验心理学呈现出一种对当前情境进行测试的趋势。

在时间 t 中对情境（S^t）的属性进行测试的方法避免了历史结论的不确定性。然而，这并不意味着这种方法排除了对时间周期的考虑。实际上，"特定时间内的情境"并不是指没有时间延伸的时刻，而是指某个特定的时间段。这个事实对心理学来说具有重要的理论意义和方法论意义。

回顾一下物理学中的程序也许会有所帮助。如果图 1 中的垂直线代表物理"世界线"，那么"情境"指的是在特定时间 t 对这些线的切割。对这种情境的描述必须包括：当时场各部分的相对位置；当时发生的变化的方向和速度。

第一个任务需要通过赋予不同的实体一定的标量值来完成；第二个任务需要通过赋予不同的实体一定的向量来完成。下面我想讨论第二个任务包含的一个难题。

要描述某一时间正在发生的变化的方向和速度，就必须参照某一时期的事件。理想情况下，时间差应该足以进行这种确定。实际上，人们必须观察一个宏观的时间间隔，或者至少观察这个时间间隔开始和结束的位置，这样才能确定时间差。在最简单的情况下，可以假定特定时间的速度等于该宏观时间间隔内的平均速度。我不会详细讨论物理学中这一过程的细节。如果已知足够的规律，某些间接方法，如基于多普勒效应的方法，就可以采用不同的程序。

一个基本事实是，如果没有对某个时间段的观察，就不可能对某一时间的情境做出充分的描述。这种观察必须以能够将其转化为对"时间 t 的事态"的描述的方法进行（根据最合理的假设和我们对物理规律的认识）。

心理学中存在类似的问题。一个人在特定时间可能正在说"a"。实际上，这样的陈述意味着观察到了一段特定的时间间隔。否则，只能记录嘴巴和身体的某个位置。通常情况下，心理学家并不满足于对正在进行的过程进行这样的描述。他想知道这个"a"是属于单词"can"还是属于单词"apple"，或者属于其他哪个单词。如果是"can"，心理学家就想知道这个人是要说"我回不来了"还是"如果有必要，我可以倒立"。心理学家甚至想知道，这句话是作为关于个人未来计划的谈话的一部分对一位亲密朋友说的，还是政治演讲的一部分，具有试图从一个站不住脚的政治立场中撤退的含义。

换句话说，对正在进行的过程的性质和方向进行充分的心理描述，可以而且必须在微观层面和宏观层面进行。对于每一种行为单位，都可以协调不同的"情境"。例如，在上述例子中，可以确定这个人正在说"a"，而无需考虑太多个体周围的情况。然而，如果要将这个语句定性为政治撤退的一部分，就必须考虑更多个体周围的情况。

在不改变同时性原则作为场论基本命题之一的前提下，为了确定行为的心理方向和速度（通常所说的心理事件的"含义"），我们必须像在物理学中一样，在心理学中考虑到一定的时间段。在心理学中，这一时间段的长度取决于情境的范围。一般来说，需要描述的情境越宏观，需要观察的时间段就越长，这样才能确定特定时间内行为的方向和速度（见图2）。

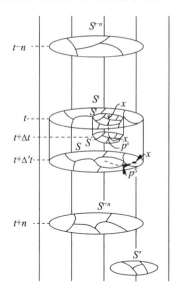

图2　S 在 $t-n$ 至 $t+n$ 期间是封闭系统；S 与 S' 并不同源

$S^{t,t+\Delta t}$ 是一个小的时间场单位，延伸到一个相对较小的区域，包括相对较小的时间段 t，直到 $t+\Delta t$。$S^{t,t+\Delta't}$ 是一个大的时间场单位，覆盖更大的区域，包括更长的时间段 t，直到 $t+\Delta't$。p^s 和 p^S 表示 x 在小时间单位和大时间单位的位置变化。

在心理学中，我们处理的是情境单位，而这些情境单位必须在其场维度和时间维度上具有延伸性。如果没有弄错的话，对现代物理学来说非常重要的时空量子问题，在方法论上与心理学中的时间场单位问题存在相似之处。

事实证明，不同范围情境的概念非常有助于解决一些令人费解的问题。托尔曼（Tolman）①、穆恩辛格（Muenzinger）② 和弗洛伊德·奥尔波特（F. H. Allport）③ 强调，心理描述既要包括宏观事件，也要包括微观事件。巴克（Barker）、登博（Dembo）和卢因用数学方法区分与处理了三种大小的过程单位和相应的情境。④ 他们通过参照两种不同大小的时间、场、单位的重叠情况，解决了测量较长时间内的挫折强度的一些问题。利皮特（Lippitt）和怀特在对社会氛围的研究中，区分了更大时间范围的事件。⑤他们的研究表明，可以相当精确地确定一些宏观单位的起点和终点。

四、特定时间内作为心理场组成部分的心理过去、心理现在和心理未来

对过去和未来的澄清被大大延后，因为在特定时间内存在的心理场也包含个体对自己未来和过去的看法。个体不仅能看到自己当下的处境，对自己的未来也会有一定的期待、愿望、恐惧和幻想。个体对自己的过去及物质世界和社会世界其他部分的过去的看法往往不正确，但在他的生活空间中，这些看法构成了过去的现实层面。此外，还可以观察到他过去的愿望水平。心理过去的愿望水平或非现实层面结构与现实层面结构的差异会导致内疚。例如，心理未来的结构与希望和规划密切相关。

根据弗兰克（L. K. Frank）的定义，时间透视包括现实层面及各种非现实层面的心理过去和心理未来。⑥ 特定时间内存在的时间透视对个体的抱负水平、情绪、建设性和主动性等非常重要。法伯（Farber）的研究表明，囚

---

① E. C. Tolman, *Purposive Behavior in Animals and Men* (New York: D. Appleton-Century Co., 1932).

② K. F. Muenzinger, *Psychology: The Science of Behavior* (Denver: World Press, 1939).

③ F. H. Allport, "Methods in the Study of Collective Action Phenomena," *J. Social Psychol.* 15 (1942): 165–185.

④ R. Barker, T. Dembo, K. Lewin, "Frustration and Regression," *Univ. Iowa Stud. Child Welf.* 18 (1941): 1–314.

⑤ R. Lippitt, "An Experimental Study of the Effect of Democratic and Authoritarian Group Atmospheres," *Univ. Iowa Stud. Child Welf.* 16, no. 3 (1940): 44–195.

⑥ L. K. Frank, "Time Perspectives," *J. Social Phil.* 4 (1939): 293–312.

犯的痛苦程度更多地取决于他对获释的期望程度，而不是目前的生活状况。①

重要的是，要意识到心理过去和心理未来是同时存在于特定时间 t 的心理场的。根据场论，任何行为类型都取决于当时的整个场，包括时间透视。

从场论的角度简要讨论与条件反射理论的一个基本概念"消退"（extinction）相关的方法论问题，或许能够说明问题。一个饥饿的人多次在经历某种刺激（如铃声）后发现食物，那他在听到铃声后会表现出进食的准备动作。于是，我们可以说，这个人被"条件化"了。现在，实验者改变了这种情况，铃声出现后没有食物了。经过一段时间，这个人在铃声响起时不会再表现出进食的准备动作。这个过程被称为"消退"。

一个人在特定时间内的习惯可以并且必须被视为现在场的一部分。它们应该被部分表述为认知结构或认知结构变化的阻力，部分被表述为效价（valence）的建立或固定。行为习惯及思维习惯都是场理论的研究对象。

正如托尔曼、希尔加德和马奎斯等人指出的那样，条件反射和消退都与心理未来现实层面的变化有关。场理论家必须在条件反射和消退方面区分两类问题。一类问题涉及如何期望一方面受到知觉的影响，另一方面又受到记忆的影响。心理现在的知觉结构的哪些变化会导致心理未来知觉结构的变化，又有哪些规律支配着心理场这两个部分的相互依存关系？对抱负水平的研究已经帮助我们认识到一些影响未来现实水平结构的因素。例如，科尔施-埃斯卡洛纳（Korsch-Escalona）用数学方法研究未来的现实层面对支配当前行为的力量的影响。② 对抱负水平的研究也使我们对心理过去（以前的成功或失败）之于心理未来的影响有了相当深入的了解。

这类问题在方法论上的地位显而易见：它们涉及存在于特定时间 t 的心理场的各个部分之间的相互依赖。换句话说，它们是 $b^t = F(S^t)$ 类型的合理的场论问题。

另一类问题试图将后续情境 S^4（例如，在消退过程中）与学习过程中的先前情境 S^1 或若干相似或不同的先前情境进行关联，即将行为与重复次数

---

① M. L. Farber, "Suffering and Time Perspective of the Prisoner," *Univ. Iowa Stud. Child Welf.* 20 (1944): 155–227.

② S. Korsch-Escalona, "The Effect of Success and Failure upon the Level of Aspiration and Behavior in Manic-depressive Psychoses," *Univ. Iowa Stud. Child Welf.* 16, no. 3 (1939): 199–303.

相关联。换句话说，这些问题具有 $b^t = F\ (S^{t-n})$ 或者 $b^t = F\ (S^{t-n},\ S^{t-m},\ \cdots)$ 的形式。在这里，场论需要一种更具批判性和分析性的思维方式。我们应该至少区分两种类型的问题：

第一类问题是，在时间 S^4，被感知到的心理情境如何显然取决于实验者是否会提供食物，以及类似的外部物理条件或社会条件。我想，每个人都会同意，即使所有的心理规律都已知，这些因素也不可能从个体前一时段的心理场中推导出来。这些因素与心理学格格不入。

第二类问题中仍然存在合理的心理学问题。我们可以保持生活空间的边界条件不变，或者在某个阶段以已知的方式改变它们，并研究在这些条件下会发生什么。这些问题无疑属于心理学范畴。一个例子就是记忆痕迹的重构。我们知道，重构过程取决于个体在 S^{t-n} 到 S^t 这段时间内的状态。例如，睡眠时和清醒时是不同的。毫无疑问，关于条件反射的实验为我们提供了大量材料。最后，必须按照我们一开始讨论的方式来处理，即把它们作为情境 S^t 和紧随其后的情境 S^{t+dt} 之间的一系列关系。

总的来说，心理趋势在明显朝着这个方向发展。例如，目标梯度理论（goal gradient theory）最初被阐述为行为与过去情境之间的关系。直接的、分析性思维要求这样的陈述应该被分解成几个命题，其中之一涉及目标努力的强度，它是个人与目标之间距离的函数。这与关于某些力场的陈述相同，而且很可能正确。目标梯度理论隐含的第二个命题将当前的行为与过去的情境 S^{t-n} 联系起来。在我看来，具体的形式并不令人满意。即使它是正确的，也应被视为一个独立的理论。赫尔提出的"强化梯度假说"（Gradient of Reinforcement Hypothesis）就在朝着这个方向迈进。

五、心理生态学

作为对我们所讨论的问题的进一步阐述，我想再说说布伦斯维克（Brunswik）关于统计学作用的某些论述。[1] 我并不期望消除我对统计学在心理学中的某些应用方式的批评所引起的误解。我一直都知道定量测量需要统计学。这一陈述同样适用于所谓纯粹情况，即在这些情况下，能够以一种明确的方式将理论与可观察的事实联系起来。鉴于心理学正在逐渐摒

---

[1]　E. Brunswik, "Organismic Achievement and Environmental Probability," *Psychol. Rev.* 50（1943）: 255-272.

弃统计学中不恰当的目标，进一步的讨论可能缺乏实际的应用价值。

然而，布伦斯维克带来了开放的、新的方面。我认为，对这些问题进行分类可能会对认识心理学方法论有所帮助。

在特定时间内存在的事实范围内，我们可以区分出心理学对变化感兴趣或可能感兴趣的三个领域：

其一，生活空间，即人及其所处的心理环境。如果提到需求、动机、情绪、目标、焦虑、理想，我们通常会想到这个领域。

其二，物质世界或社会世界中的众多过程，这些过程并不影响个体当时的生活空间。

其三，生活空间的边界区域。物质世界或社会世界的某些部分确实影响着当时生活空间的状态。例如，知觉过程与边界区域密切相关，因为感知到的东西部分是由物理刺激决定的，即当时影响感觉器官的那部分物质世界。位于边界区域的另一个过程是动作的执行。

布伦斯维克说："从严格意义上说，卢因能够预测到的场是生活空间中的人。"然后，他指出："生活空间不能与物理刺激的地理环境混为一谈，也不能与环境中实际取得的结果混为一谈。它在感知之后，行为之前。"这种说法在一定程度上是错的。在我看来，知觉和行为是心理学的合理问题。这种观点是场论方法的必然结果，根据这种方法论，场的边界条件是场的本质特征。例如，与边界区域有关的知觉过程部分取决于心理场内部的状态，即个体的性格、动机、认知结构、感知方式等，部分取决于视网膜或其他感受器的刺激分配，而这是由机体外的物理过程强制形成的。出于同样的原因，身体或社会行为的问题也是心理学的合理组成部分。

然而，布伦斯维克的假设是正确的，他认为，在特定时间内，不应把物质世界或社会世界中那些在当时并不影响个体生活空间的部分视为心理场的组成部分。例如，迷宫尽头门后的食物，既看不到也闻不到，处在迷宫中个体的生活空间之外。如果知道那里有食物，这种知识就必须在个体的生活空间中得到体现，因为会影响个体的行为。此外，还需要考虑个体看待当前或未来事态的主观概率，因为预期的确定程度也会影响个体的行为。

生活空间的表征原则适用于在那个时间影响行为的所有事物。在上述条件下，食物不可能在当时影响迷宫中个体的行为。事实上，如果个体认为那里有食物，即使食物实际上并不存在，他也会开始寻觅。如果个体不认为食物在迷宫的尽头，他就不会走向那里。

根据布伦斯维克的观点，如果以上述方式限制心理场，就有可能从规律而不仅仅是统计规则的角度来思考问题。然而，他声称，为了获得这种收益，人们必须付出"被封装到问题领域的代价"，而这些问题实际上遗漏了心理学最具活力的方面。布伦斯维克希望将物理领域和社会学领域的一部分纳入心理场，而在我看来，那些部分必须被排除在外。布伦斯维克说，必须用统计学的方法研究那些部分，并计算出事件发生的概率。

关键在于明确"概率"一词的具体含义。布伦斯维克是想探究汽车司机对被撞死概率的主观认识，还是想分析反映此类事件的客观概率的事故统计数据？如果一个人坐在房间里，相信天花板不会坠落，那么在预测行为时，是应该只考虑他的"主观概率"，还是应该也考虑工程师确定的天花板坠落的"客观概率"。我认为，只需要考虑第一种可能性。

我能够理解为什么心理学应对物质世界和社会世界中那些尚未被纳入生活空间范畴或当前未对其边界区域产生影响的领域感兴趣。如果希望保障孩子未来几年的教育，希望预测一个人在采取某种行动后会处于何种境地，就必须计算出这种未来。显然，这种预测必须部分基于对非心理学数据的考虑。

从理论上讲，我们可以把这项任务描述为发现物质世界或社会世界的哪一部分将在特定时期内决定生活空间的边界区域。这个任务值得心理学家关注。我建议称其为"心理生态学"（psychological ecology）①。

一些关于个体生活史的问题在这里也有一席之地。生活空间在长期和短期内的边界条件，部分取决于个体自身的行动。在这种程度上，边界条件应该与生活空间的心理动态联系起来。然而，其余的计算必须通过心理学之外的方法来完成。

解释或预测某一领域的变化，其本质是将这种变化与当时场的情况联系起来。这一基本原则使事件的主观概率成为个体生活空间的一部分，但排除了无法从生活空间中推导出的外来因素的客观概率。

---

① 关于这一概念的进一步阐述，参见本书第八章。

第四章

场论和学习

（1942）

我经常被要求阐述场论方法的基本特征。场论的主要特征是什么？在我看来，即采用建构性而非分类性的方法，关注事件的动态方面，以心理学而非物理学方法，从整体情境出发进行分析，区分系统性问题和历史性问题，并通过数学方法对场进行表征。

一、场 论

（一）建构方法

与所有科学领域一样，心理学在尝试构建和发展普遍性概念和规律时，也会陷入两难境地。如果"从个体差异中进行抽象"，就无法形成从普遍性回归至个案的逻辑路径。这种概括会从个别儿童转向某一年龄的儿童，再转向所有年龄的儿童；会从某个精神变态者转向类似的病理类型，再转向一般范畴的"异常人士"。然而，从"儿童"或"异常人士"的概念出发，到具体的个案，并不存在一条合乎逻辑的回归路径（38）[1]。如果一般性概念无法预测个案，那么它们的价值何在？当然，这样的理论框架对教师或心理治疗师来说并无实质性帮助。

这个问题在其他科学领域也很重要。古希腊时期，几何学从一种分类方法（根据几何图形的相似性进行分组）转变为一种建构或遗传方法（根据相互生成或衍生的方式进行分组）。自此，遗传定义在数学中占据了主导地位。物理学在伽利略时期也有类似的发展（45）。当林奈的体系被达尔文的体系取代，生物学试图朝这个方向迈出重要一步。

---

[1] 括号内数字指代本章末尾列出的参考资料，下同。

建构方法的本质在于利用建构要素对个案进行分析。在心理学中，人们可以使用心理位置、心理力量及类似的概念作为要素。心理学的普遍规律是对这些建构要素的经验关系或属性的陈述。根据这些规律，可以建构出无限数量的丛；每个丛都对应于特定时间内的个案。这种方式有助于弥合普遍性与特殊性、整体规律与个别差异之间的差距。

（二）动态方法

精神分析可能是心理学方法中的典范，它试图触及行为的内层。在这方面，精神分析一直追随各个时期的小说家。在对行为进行解释时，精神分析并不总是符合科学方法的要求。我们需要能够处理行为背后动因的科学建构和方法，但要以合理的方式进行。

上述观点在某种程度上得到了其他理论的认可。接下来的两点更具体地适用于场论。

（三）心理方法

场论和其他研究心理学的科学方法一样是行为主义的，如果这意味着倾向于为所使用的概念提供操作性定义（49）。许多心理学家，特别是追随条件反射理论的人，把这种对操作性定义的要求与消除心理描述的要求混为一谈。他们坚持从物理学的角度对刺激进行较为表面化的定义。在我看来，场论在心理学中的一个基本特征是不用"客观物理主义"的术语，而用它在当时对个体存在的方式来描述影响个体的场。如果教师不学会理解孩子的心理世界，就无法对孩子进行适当的指导。在心理学中，客观地描述情境实际上意味着将这种情境描述为事实的总和，并且仅仅是构成这个场的事实的总和。用教师、物理学家或其他任何人的世界来代替某个体的世界，非但不客观，而且错误。

心理学的基本任务之一是找到科学的构建，以适当的方式表征心理丛，从而推导出个体的行为。这并没有削弱对心理学术语操作性定义的要求，而是强调了在心理学中使用心理学概念的合理性和必要性。

个体生活空间的属性部分取决于作为其历史产物的个体状态，部分取决于物质环境和社会环境。后者与生活空间的关系，类似于边界条件与动态系统的关系。格式塔理论比较强调（也许起初过分强调）刺激的感知结构和客观结构的某些相似之处。然而，这并不意味着可以把刺激当作生活空间的内在部分（而不是边界条件），这是物理行为主义的一个常见错误。

（四）从整体情境开始的分析

经常有人声称场论和格式塔理论反对分析。然而，这种说法是极其错误的。事实上，场论批评了许多物理主义理论，因为它们缺乏彻底的心理分析；场论方法能比其他方法更具分析性地探究情景。

场论中重要的是进行分析的方式。场论认为，与其挑选出情境中一个无法判断其重要性的孤立的元素，不如对情境作为一个整体进行表征。经过最初的尝试，情境的各方面和各组成部分都经历了具体且详细的分析。这是为了防止被情境的某一要素误导。

当然，这种方法的前提是存在类似于场整体属性的东西（30）。在某些情况下，即使是涵盖数小时或数年的宏观情境，也可以被视为一个单位（3）。其中一些通用属性，如自由活动空间或气氛，可用某些术语来表征。这些术语或许在习惯从物理学角度思考问题的人听来非常不科学，然而，如果稍微思考一下重力场、电场或压力在物理事件中的基本重要性，可以发现，在心理学中气氛也有类似的重要性。实际上，心理气氛能被非常准确地确定和测量（42）。每个孩子对社交气氛的变化都很敏感，如友好程度或安全程度。教师知道，语文教学或其他学科教学的成功与否，在很大程度上取决于他所营造的氛围。直到现在，这些问题在心理学中仍未得到妥善回应。这既不是因为它们不重要，也不是因为在实证上确定氛围存在特定困难，而主要是因为在物理行为主义的方向上存在某些哲学偏见。

（五）行为在发生时作为场的函数

大多数心理学家拒绝从未来对行为进行目的论推导。从过去推导行为并不逊于形而上学，因为过去的事件现在并不存在。过去对行为的影响只能是间接的；过去的心理场是现在心理场的起源之一，而心理场又反过来影响行为。因此，要将行为与过去的场联系起来，前提是充分了解过去的事件如何改变了当时的场，以及在此期间其他事件是否再次改变了场。场论对历史或发展问题感兴趣，但要求对这些问题进行清晰的分析，特别是在联想主义理论中。

（六）心理情境的数学表征

为了允许科学推导，心理学必须使用逻辑严谨且与建构方法一致的语言。19世纪末，关于能否在心理学这样一门定性科学中使用数字的争论仍在继续。许多哲学家反对使用数字，因为使用数字是物理科学的特征。如今，在心理统计学中使用数字已被广泛接受。基于同样的理由，一些人反对使用几何图形来表示心理情境。实际上，几何是数学的一个分支，可以作为任何科学的工具。像拓扑学这样的数学类型在表示心理情境的结构方面非常有用。拓扑和向量概念相结合，具有分析可行性、概念精确性、推导有用性，适用于心理问题的整体范围。在我看来，这使它们优于心理学中的其他概念工具。

目前，场论可能只为少数心理学家所接受。然而，越来越多的迹象表明，所有心理学分支，如知觉心理学、动机心理学、社会心理学、儿童心理学、动物心理学和异常心理学，都在朝着场论的方向发展，其速度远远超过人们几年前的预期。

二、学习：一个含义丰富并且有着令人不安的历史的术语

"学习"是一个流行用语，或多或少指某种程度的改善。1910 年前后，心理学学生被教导用学习（速度或质量的提升）、疲劳（速度或质量的下降）或两者的结合来解释行为的变化。实际上，"学习"一词指的是多种不同的现象。"民主需要学习；独断是对他人的强迫"指的是一种类型的学习。"痉挛儿童需要学习放松"指的是另一种类型的学习。这两种类型可能都与"学习法语词汇"没有什么关系，也与"学习喜欢菠菜"没有什么关系。

我们能否把学习跳高、不喝酒、与他人友好相处归为同一术语，并期望这些过程遵循相同的规律？

联想理论及条件反射理论在谈到任何类型的心理过程时都会提到联想，并假定联想的规律与心理内容无关。这加强了广泛使用"学习"一词的倾向，如一些心理学家将学习与变化混为一谈。我们希望，有一天心理学理论会发展到像现代物理学一样，只需几个非常普遍的公式就能推导出大多数心理现象。然而，一门科学要发展到这种程度，首先必须确立能代表某类过程之本质的具体定律。

今天，试图找到广义上的学习规律，类似化学家试图为一栋建筑物包含的所有材料制定一个化学公式，而不是根据它们的化学性质将这些不同的材料分组，并分别找出每种材料的特性。同样，在"做得比以前更好"的意义上，"学习"是一个实用的术语，指的是各种各样的过程。心理学家

需根据其心理性质对这些过程进行分类和处理。

在学习中，我们至少需要区分以下几种类型的变化：学习作为认知结构（知识）的变化；学习作为动机的变化（学会喜欢或不喜欢）；学习作为群体归属或思想意识的变化（这是获得文化的重要方面）；学习自觉控制身体肌肉组织的意义（这是获得说话、自我控制等技能的重要方面）。

心理学史在很大程度上混淆而非澄清了这一情况。像穆勒这样杰出的实验主义者所阐述的经典联想理论建基于以下定理。如果两个经验（或行动）a 和 b 经常同时发生或直接相邻地发生，它们之间就建立了一种关联。这种关联在操作上被定义为 a 单独发生时产生 b 的概率。这种关联的强度是重复次数的函数。最初，联想主义关注的是观念之间的联系，即学习与知识或智力过程的联系。随后，联想主义的触角越伸越远，直到引以为傲地用一个定律解释死记硬背式的学习，以及行为习惯、价值观，特别是定向行动。换句话说，联想主义被认为可以解释动机和认知。

这种解释紧随达尔文的观点，即定向行动是由不包含"目的性"概念的因素所导致的结果。这一解释被视作一个特别重要的成就，因为在当时，关于行为目的论和行为因果论的争论十分激烈。科学的因果论解释的突出特征被错误地视为要求避免"定向"这一概念。尽管物理学中的一个基本概念"物理力"指的是一个定向实体（数学中的向量），但人们仍然持有这种观点。联想主义的发展可以被视为同这个问题的斗争。阿赫的决定倾向理论和桑代克的效果定律尝试在不放弃联想主义这一基本立场的情况下，承认目标、需求或其他定向因素在行为中发挥着特殊作用。两者都指出一种特殊类型的体验（达到目标，获得所谓奖励或建立一个意图）对联想的形成特别重要。自那时起，联想理论和条件反射理论的代表人物在推导中赋予了目标越来越重要的作用。

今天，或许可以公平地说，在动机问题上，联想主义的原始立场几乎被抛弃了。一种与场论所接受的需求理论非常相似的理论已被取代，尽管有些独特的术语使这一事实不那么明显。例如，条件反射理论不再谈论"消费"，转而谈论"目标反应"（goal response）。目标反应并不像人们所期望的那样，被定义为对目标刺激的任何反应；相反，只有减少需求张力的行为才被称为"目标反应"（8）。在另外两个方面，朝向场论的转变也显而易见。

首先，条件反射理论试图在物理主义框架下成为行为主义，并避免使用心理学术语，认为这些术语缺乏科学性。经过激烈的讨论，尽管"目标"（53）这一概念具有心理学特征，但最终还是被接受。如今，甚至像"期望"这样的术语也被条件反射心理学家接受（19, 23）。换句话说，心理学概念的发展趋势日益明显，经典的物理行为主义似乎正在慢慢转变为一种要求正确运用操作性定义的技术方法。

其次，心理学方法显然越来越意识到，理论必须包括特定时间内存在的因素的特定模式。像赫尔这样的代表人物也认识到了这一点（22）。然而，这种认识导致条件反射理论复杂化，而非清晰化。

人们可能认为，联想主义的历史及其试图用单一规律来涵盖所有类型心理过程的尝试，已经受到哲学思考的深刻影响（因为任何此类尝试都必然具有形而上学的性质）。这是对从未来推导现在行为的目的性尝试的正确反击。用因果解释取代这种解释的愿望导致了从过去推导出行为的趋势。这种对过去的强调在很大程度上导致了对学习的过分关注。

回顾学习心理学的实验研究，需要对两条发展主线进行区分。一条主线研究学习与动机的关系；另一条主线研究学习与认知的关系。

"习惯"这个术语可以作为一个概念的原型，在这个概念中，经典的联想定律与行动而非认知相联系，并被解释为一种心理力量，其性质类似于动机力量。在我看来，阿赫做了最真诚的尝试，对联想主义这一方面的含义进行了追踪研究（1）。他提出一个正确的论点：如果重复产生习惯，那么可以通过测量推翻试图朝不同方向行动的效果所必需的重复次数来衡量意志的强度。然而，他的成果未能站住脚。有研究表明，即使是极端数量的重复也不会形成可测量的障碍（36, 37, 46）。为了理解各种现象，有必要将执行习惯与需求习惯区分开来。前者不具有动机力量的特征，后者意味着需求（或准需求）的存在或其对某些效价的固定。换句话说，有必要将动机问题与认知问题区分开来，并详细研究它们各自的规律，然后再确定每种因素在不同丛中的特殊作用。

遗憾的是，由于许多学习实验都是用动物进行的，因此很难对动机问题和认知问题进行明确区分（2, 34, 50）。亚当斯（Adams）、托尔曼等人都强调了这一点。关于潜在学习的研究（7, 53）是这种更好的概念分析的重要成果之一。然而，在动物实验中正确区分这些方面可能比在人类实验中更加困难。

对学习与认知的关系的研究涉及在认知结构变化的意义上支配学习的具体规律。越来越明显的是，即使在这一领域，联想理论也过于原始。顿悟、获取知识及认知结构中其他类型变化的问题，似乎与支配知觉并决定场的结构的规律密切相关（27，30，32）。对这些问题的研究无疑已经取得长足进步。

在讨论学习与动机、认知的关系时缺乏明确性，这似乎与"记忆"一词有关。记忆可能指个体对自己过去的看法。这方面的记忆问题是时间透视问题的一部分。在谈及记忆过程时，研究者可能会提到个体不同时期的生活空间在结构上的相似性和差异性。心理场的可塑性和引发变化的力量对这一问题至关重要。记忆与学习的关系非常复杂。追随过去的经验是学习的一种方式。人们常常必须学会遵循以前使用的方法；必须学会用对当前情境的理论分析等指导自己的学习。社会生活进步缓慢的原因之一在于，在政治领域，人们更倾向于走传统道路。

三、学习是知识（认知结构）的变化

（一）非结构化区域的分化

一个人在搬到新的城镇后，会慢慢地熟悉该地区的地理和社会环境。在这种情况下，被称作学习的心理变化是什么？一个人来到陌生的车站，可能已经提前找好了公寓，知道门牌号，但由于没有地图，他不知道怎么去公寓。具体情况如图 3 所示。有一个区域对应这个人（P）所在的车站（ST）。在他的生活空间中，还存在一个与公寓（A）位置对应的区域。在这两个区域之间有一个在心理上具有非结构化特征的区域（U）。也就是说，这个人不知道该如何从车站到公寓，不知道从车站到公寓有多远，不知道公寓周围的状况。

这种不确定性对这个人的行为具有决定性影响。他不知道可以从车站周围的哪条街道抵达公寓，也不知道可以从哪条街道离开公寓。换句话说，"从车站到公寓"这一表述意思并不明确。

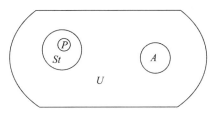

图 3

经过询问，这个人得知有轨电车 D 能把他直接送达公寓。这是他第一次从车站到公寓，因此发生了一些结构化的变化："从车站到公寓"被定义为乘坐有轨电车；新来者对车站到公寓之间的距离有了印象。有轨电车可能会拐弯，导致新来者并不十分清楚车站和公寓两点的地理位置。不过，他还是在"可走的路"的意义上知道了方向（见图 4）。

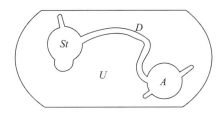

图 4

新来者可能第二天早上就得开始工作。在这种情况下，他可能会以类似的方式了解公寓和工作地点的功能关系。然而，城市中还存在许多非结构化的区域。也许，他一开始仅对公寓附近的区域比较熟悉，但随着时间的推移，他的认知的结构化程度会逐渐提高，最终他将知道从公寓到工作地点（W）或车站的多条路线（见图 5）。他会知道多条路线中最近的路线，并能快速确定城市中任意两个地点之间的道路。

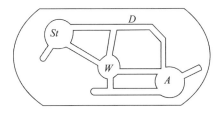

图 5

在城市的社会生活中，也存在类似的以前未分化的领域出现分化的过程。在初次接近某个个体时，一个人往往也不太了解自身社会活动的方向。但慢慢地，他会越来越了解人与人之间的关系、城市社交生活的构成、直接和间接的社交路径，以及不同社交路径的难易程度。对于研究希腊历史的学生来说，类似的分化过程可能无需赘述。模糊和非结构化的区域在认知上会逐渐变得清晰和结构化。

这类学习的另一例证是心理世界作为一个整体，在发展过程中所经历的认知变化。例如，新生儿起初无法区分自身与周围环境。慢慢地，新生儿某些区域，如与进食相关的区域，开始呈现出特定的特征，变得越来越分化。同时，新生儿身体的各个部位之间及与外界环境的界限开始分化，社会关系开始分化与发展，需求、情感、语言也开始经历类似的分化过程（3，6，31，53）。

分化是一个基本的生物学概念，与卵分裂为更具特定特征的较小单位等基本的生物过程有关。从联想理论或条件反射理论向分化理论（或类似的结构变化）的转变意味着从物理类比（链条中的链接）向更加生物学的方法的转变。此外，与传统理论使用的概念相比，用数学领域的方法（3）来表示分化和其他结构变化似乎更容易。

（二）重构、心理方向、意义

并不是所有我们称之为"学习"的认知结构变化都能将区域分化成更小的单位。有时，会在分化程度不变的情况下发生认知结构的变化。典型的例子是迂回问题（29）。一岁的孩子站在 U 形障碍物内找不到通往目标的路（见图 6），四岁的孩子却能找到，两者的心理状况有何不同？换一种方式来陈述这个问题：当孩子第一次顿悟到解决方案时，他的心理发生了什么变化？

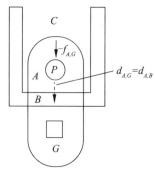

图 6

这种差异可部分描述如下：在问题解决之前，从孩子（P）所在的区域 A 到目标 G 的方向（$d_{A,G}$）与指向屏障 B 的方向（$d_{A,B}$）相同（$d_{A,B}=d_{A,G}$）。此时，向 C 移动对孩子来说意味着朝着远离目标的方向（$d_{A,-G}$）移动（$d_{A,C}=d_{A,-G}$）。在这个丛中，作用在孩子身上、指向目标 G 方向的力 $f_{A,G}$ 导致孩子倾向于朝方向 $d_{A,B}$ 移动。由于障碍 B 的约束力太大，孩子无法到达目标 G。

在顿悟之后（或当孩子足够大时），情境的认知结构发生了变化（见图7）。之前具有分离区域特征的区域 A 和 G，现在作为区域 A、C、D、G 的一部分连接起来。从 A 到 C 的移动可能被看作路径 $W_{A,C,D,G}$ 的第一部分。相应地，朝向 C 的方向（$d_{A,C}$）现在等同于朝向目标 G 的方向（$d_{A,G}$），而非远离 G（$d_{A,C}=d_{A,G}$；$d_{A,C}\neq d_{A,-G}$）。力 $f_{A,G}$ 现在导致了从 A 到 C 的移动。

这个例子说明了心理方向如何取决于给定情境的认知结构。行为源于具有方向性的力。因此，行为在很大程度上取决于对生活空间的认知结构。在一个非结构化的或新的情境中，个体会因为心理方向不明确而感到不安全；换句话说，个体不知道什么样的行动会导致什么样的结果。

学习作为认知结构的一种变化，实际上涉及行为的各个场域。每当谈到意义的变化，就会发生这种认知结构的变化。心理领域会发生新的联结、分离或分化。如果确定了一个事件的心理位置和心理方向，那么这个事件的心理学意义就可以说是已知的。在马克·吐温的《密西西比河上的生活》（*Life on the Mississippi*）中，船上的乘客欣赏着风景，但对领航员来说，乘客欣赏的两座山构成的 V 字形意味着急转弯，河中央美丽的波浪则意味着危险的岩石。随着刺激与行动之间的心理联结发生变化，意义也会发生变化。

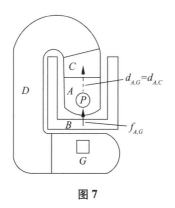

图 7

关于学习和重复的关系，人们应该谨慎区分重复对动机的影响和对认知结构的影响。在重复体验的情况下，认知结构可能会发生变化。然而，要认识到对学习至关重要的不是重复本身，而是认知结构的变化。如果新来者有一张地图，那么构建适当认知结构所需的从公寓到工作地点的行程次数可能会相应减少。根据克雷薛夫斯基（Krechevsky）等人的观点，动物也会通过一系列被称为"假设"的认知结构变化来探索迷宫（33）。通过上述分析，我们可以理解为什么与问题保持足够的心理距离，并对更广阔的领域有一个全面的认识（29），通常比一遍又一遍重复同样的尝试更有助于创建和改变与任务解决相对应的认知结构。最近有实验表明，即便是在死记硬背中，重复也是次要的（19）。频繁重复会对学习产生明显的负面影响，如导致知识混淆和认识分化程度降低。这是心理饱足的典型症状。作为饱足的结果，原本有意义的东西将变得毫无意义，已知的东西可能被忘却。

（三）时间透视、心理现实与非现实

个体的行为并不完全取决于他所处的环境。个体的情绪深受其希望、愿望及对自己过去的看法的影响。个体的士气和幸福似乎更多地取决于他对未来的期望，而不是取决于现状。

在特定时间内，个体对自己心理未来和心理过去的全部看法被称为"时间透视"（15）。此外，我们还必须区分心理生活空间的现实维度与非现实维度。心理过去、心理现在和心理未来的现实水平对应于根据个人信念实际存在过、存在着和将来存在的情境。

在个体成长过程中，时间透视会不断增强。幼儿生活在当下，他的时间透视只包括眼前的过去和眼前的未来。这种狭窄是我们通常所说的原始行为的特征。随着年龄的增长，越来越多的遥远的未来事件和过去事件会影响个体现在的行为。

此外，正常的成长过程中会出现生活空间中现实维度与非现实维度的日益分化。幼儿不能清楚地区分愿望与事实、希望与期望（44）。据说，相较于幼儿，年长者更能区分白日梦的愿望和现实，尽管一厢情愿的想法在成年人中同样普遍存在。

教育工作者已经意识到时间透视作为成长的一个基本方面的重要性。"拓宽学生的视野"一直被认为是教育的主要目的之一。时间透视的增强可以被视作认知结构的一种变化。一些实验表明，在特定情境下，个体的时间透视会减弱，导致现实与非现实的差异变得模糊。一个突出的例子是情绪压力下的原始化（primivitation）。有研究表明，在不安全或受挫的情境下，五岁半的孩子可能会回归到三岁半孩子的水平（3）。这种回归部分源于时间透视减弱。与生活条件较好的儿童相比，孤儿受到的社会限制较多，机会相对匮乏，其心理年龄的增长速度慢得多（48）。

四、学习是效价和价值观的改变

（一）学习和强加于人的力量

进步教育（progressive education）习惯于说"由孩子驱动的活动"，而不是"孩子被迫做的活动"。这指向一种基本动机上的差异。教师、家长或社会经常面对这样的问题：一个人有某些他不应该有的目标，或者缺乏某些他应该有的目标。

改变期望主要有两种方法：一种是改变个体自身的需求或兴趣；另一种是尽量不触动需求或兴趣，用直接的力量或通过建立丛来迫使个体采取某种行动，用其他更强的需求抵消第一需求的影响。

在教育过程中，单纯的强迫手段发挥着相当重要的作用。关于何时从摇篮中抱起婴儿，何时给婴儿喂奶，母亲并不会询问婴儿的意见。关于组织期末考试，学校也不会征求学生的意见。我们仅就这一基本问题的几个方面加以说明。第一，母亲抱起婴儿时的力度，以及对婴儿需求和愿望的敏感程度，存在很大差异。这个问题与民主教育的起始年龄问题密切相关。第二，当一个人被推入一种情境，然后使自己适应这种情境时，可能出现强迫学习。为了使一个人以他并不认可的方式行事，人们经常采用循序渐进的方法。杰罗姆·弗兰克（Jerome Frank）对学生进行的一项研究表明，这种循序渐进的方法在打破阻力方面比一次性的方法有效得多（14）。

教师经常在教学中使用奖励或惩罚。联想理论或效应定律把奖励和惩罚看作某种活动与愉快或不愉快的语气之间的联系。要预测实际行为，必须理解奖励和惩罚在心理上具有更具体的意义。例如，对威胁惩罚的典型情境进行分析，会发现一些丛。一个人不喜欢活动 T（见图 8）。为了让他进行这项活动，可以设置另一种他更不喜欢的可能性，使他不得不面对其中之一。换句话说，该个体处于一种特定类型的冲突情境中，即处于远离不愉快区域的两种力量（$f_{P,-T}$ 和 $f_{P,-PU}$）的冲突中。可以看出，这样的冲突会导致一种离场的倾向。为了使惩罚的威胁有效，必须设置障碍（B）——足够强大，以使个体留在冲突区域内。这些障碍通常由权威对个体施加的社会力量构成。通过对威胁惩罚情况下的场进行详细分析，我们可以推导出冲突导致的张力、反抗权威的倾向及多种其他因素。这也表明，如果要使惩罚的威胁有效，自由行动的空间必须被充分缩小，必须创造出一种类似监狱的情境。

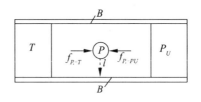

图 8

无论是奖励的承诺还是惩罚的威胁，都不会产生与所需活动本身兴趣的改变相同的心理丛。奖励和惩罚的区别也不仅仅是附加一个愉快的或不愉快的基调。奖励的承诺并不需要一个类似监狱的情境，这使得个体拥有更多的自由。然而，仍然要在奖励周围设置障碍，使目标只有通过完成不喜欢但被要求的活动才能达到。奖励可能会导致兴趣的变化，即从原本不喜欢某活动变得喜欢。重复的惩罚通常只会让被要求的活动变得更惹人厌。正如社会氛围的实验证明的那样，重复的惩罚可能会导致一种冷漠和屈服的状态（42）。

（二）效价和价值观的变化

1. 需求和意义的变化

任何希望改变自身喜好的人都必须意识到，在需求满足的过程中或在个体发展的过程中，随着需求发生变化，效价也会发生变化。个体可能会被绘画、跳舞或看电影等活动吸引。如果个体长时间地追随这种愿望，那么这些活动的吸引力将有所改变。和生理消费一样，对活动的心理消费满足了潜在的需求。实验证明，超过饱足点的重复会导致注意力不集中、错误、疲劳，最终导致混乱。换句话说，这样的重复会导致个体无法执行以前掌握的活动，即出现"反学习"现象（26）。

通常，学会喜欢或不喜欢某些活动是发展过程中需求长期变化的结果。

在所谓危机时期，如青春期，这种变化似乎特别明显。过度饱足也可能导致对某项活动的永久厌恶。

经典行为主义的谬误之一在于仅从物理层面描述活动的特征，而忽视了心理环境对活动的巨大影响。饱足实验清楚地表明，以相同的方式移动手臂来绘制线条可能会导致不同的心理效果和生理效果。例如，持续绘制某个图案可能会因过度饱足而使手臂感到疲劳。换一种图案，或者用不同的线条画一幅画，就足以消除疲劳症状，带来活动的重组。写一篇包含数百个单词的文章并不意味着重复，因此不会很快产生饱足。这指向通过阅读和写作学习单词或句子的方法。现代启蒙读物通常采用更进步的讲故事的方式，尽管这些故事由相对较少的单词和元素组成。这样，学习阅读的积极动机就产生或建立起来。

活动的效价部分取决于活动的意义，因此也部分取决于认知结构。例如，一个孩子在家里不喜欢吃某种食物，但在朋友的聚会上吃到这一食物时可能不会表现出不喜欢。教育中最常见的改变效价的方法就基于效价与认知结构的关系。例如，母亲可能试图通过说"只有坏孩子才会这样做"来消除孩子的某种行为；可能试图通过说"爸爸吃一口，妈妈吃一口，宝宝吃一口"来诱导不愿意吃饭的孩子吃饭。可以通过讲故事来改变孩子对食物的偏好，把孩子不喜欢的食物变成主角的最爱（9）。

在某些情况下，效价和认知结构的关系不那么明显。例如，孩子在家吃饭时不喜欢某种食物，尽管他在幼儿园不介意吃同样的食物。对这些孩子来说，在家里用餐就意味着与母亲发生争执。如果有改变的必要，那么这些已形成的习惯是可以一天天改变的（52）。在医学环境中或在心理学实验中，很容易让一个成年被试（14）去做一件他在实验环境之外肯定会拒绝做的事。

效价和认知结构的关系在所谓文化差异中尤为突出。文化差异不仅表现为价值观不同，而且表现为对不同活动的关联方式的认识不同。例如，对艾奥瓦州的门诺派儿童来说，工作和宗教的关系比同地区非门诺派儿童紧密得多。许多广告和宣传之所以有效，并不是因为它们改变了需求和价值观本身，而是因为它们改变了认知结构。

学习新思想，或者说发生转变，通常并不容易，部分原因在于需求和认知结构紧密地交织在一起。一个成功改变思想意识和社会行为的例子是巴维拉斯（Bavelas）将相对专断的领导者训练成民主的领导者（4）。这些领导者在五到七年的时间里一直采用专断的方法管理团体。然而，改变却在三周内发生了。产生这种变化的部分原因是观察了其他领导者，以及详细讨论了领导者对集体生活中出现的各种情境做出反应的各种可能性。通过这种方式，"领导者行为"这个场的认知结构变得细化，个体变得敏感。这里不详细讨论民主程序从怀疑到支持的动机变化。它的产生，在某种程度上基于体验到民主的群体生活给群体成员带来的兴奋，也基于认识到自己能够创造这样一种氛围。对这些领导者来说，前几年是一段士气低落期，他们对群体成员不稳定的地位和按部就班地完成工作感到不满。新的经历之所以能够如此突然而深刻地改变这些领导者的思想，是因为它提供了有价值的目标和远景，而这些领导者以前的时间透视是由不愉快的过去、不满意的现在和不明确的未来组成的。换句话说，转变之所以能够实现，部分原因在于坏习惯长期存在。

时间透视与效价或目标的变化密切相关，而效价或目标的变化又取决于抱负水平。

2. 学习和抱负水平

抱负水平是指一个人努力实现的目标的困难，既一定程度上受到个体在过去和现在的成功和失败中所表现出的能力的影响（17，21，24），也一定程度上受到一定的群体标准的影响（12，17，20，43）。总的来说，成功和失败的经验仅发生在个人能力边界附近，即相对有限的难度范围内。成功和失败影响着对未来行动结果的预期，会相应地提高或降低抱负水平。然而，这种理性因素绝非决定抱负水平的唯一因素。一个低于或高于群体平均水平的孩子，可能会永久地使他的抱负水平相对于他的能力而言过高或过低（12）。有研究表明，对自己或他人的群体标准的了解程度会影响现实水平和愿望水平，这取决于这些群体标准被接受的程度。

成绩好的学生的抱负水平往往略高于他们的成绩，而成绩不那么理想的学生的抱负水平相对于他们的能力来说可能过高或过低（47）。失败常引发合理化行为、情绪失控、过分坚持或迅速放弃等反应（17，28）。那些倾向于通过放弃、合理化或情绪失控来应对失败的儿童，可以在成人的积极引导下变得更成熟（28）。作为个人性格发展的一部分，这种"学会承受"的能力无疑是学习的一个重要方面。

五、总　结

本章对与学习有关的问题进行了简要论述，并没有尝试在运动的自愿控制（包括自我控制、机械工具或远距离行动）层面探讨学习的难题。海德（Heider）的"物与媒介"理论是解决与后者相关的问题的一个重要方法（18）。这些过程的动力似乎受一种组织的相互依赖关系的指导，类似于领导者与被领导者之间，或所谓高级神经中枢与低级神经中枢之间的关系。

从更动态的角度进行总结，不妨说，我们已经将认知结构变化意义上的学习与动机变化意义上的学习区分开来。

（一）认知结构的改变

认知结构的改变可能发生在个体生活空间的任何部分，包括心理未来、心理现在、心理过去；也可能发生在生活空间各个部分的现实层面或非现实层面。

联想理论或条件反射理论主要关注的是生活空间两个区域之间联系的建立或分离，这只是结构变化的一种类型。对于学习和长期发展来说，结构的基本变化是以前未分化区域的分化。

根据场论，所有改变都是由某些力量（定向实体）引起的。导致认知结构改变的力量可大致分为两种：一种由认知场本身的结构引起，另一种由效价（需求或动机）引起。

导致认知结构改变的第一种力量类似于控制知觉领域的力量。在讨论图形和背景、特定模式及其内部平衡时，这种力量必须被加以考虑（54）。我们应该习惯于把对他人性格和社会事实的感知也纳入知觉心理学范畴。有许多迹象表明，决定知觉模式的规律与决定思维和记忆模式的规律大致相同。[然而，我们应该警惕过于简单的方法。例如，维果茨基（Vigotsky）区分了三种认知发展类型：情景思维（situational thinking）、分类和理论思维（51）。类似的区分在精神病理学中也得到了强调（16）。]

除认知结构本身产生的力量之外，认知结构还深受个人需求、效价、价值观和希望的影响。这些力量在解决智力任务时发挥着重要作用。事实上，与需求相对应的心理力量基本有两种结果：要么使个体朝着心理力量的方向移动，要么以一种符合或促进这种移动的方式改变个体的认知结构。因此，所有的智力过程都深受个体目标的影响。我们已经看到，智力过程可以被视为个体的一种生产活动，它取决于个体的情绪状态，即整个生活空间的张力、分化程度、大小和流动性。有关认知结构与感知之间关系的一个必然推论是，感知也取决于需求和情绪。研究人格的投射技术就利用了这种关系。

（二）动机的改变

与动机改变有关的学习，涉及的要么是需求的改变，要么是满足需求的方式的改变。相关过程不仅包括吸毒成瘾或戒除毒瘾、思想转变，而且包括童年时期或进入一个新的社会群体后个体的文化适应。显然，支配这种学习的力量与决定动机和人格发展的所有因素有关。我们在这里只提到了其中一些因素，如需求和饱足的基本规律、目标结构、抱负水平、群体归属感。

参考资料

1. ACH N. Über den Willensakt und das Temperament: Eine experimentelle Untersuchung [M]. Leipzig: Quelle und Meyer, 1910.

2. ADAMS D K. A restatement of the problem of learning [J]. British Journal of Psychology, 1931, 22: 150-178.

3. BARKER R, DEMBO T, LEWIN K. Frustration and regression: an experiment with young children [J]. University of Iowa Studies in Child Welfare, 1941, 18 (1).

4. BAVELAS A. Morale and training of leaders [M] //WATSON G. Civilian Morale. Boston: Houghton Mifflin Company, 1942.

5. BERGMANN G, SPENCE K. Operationism and theory in psychology [J]. Psychological Review, 1941, 48: 1-14.

6. BROOKS F D. Child psychology [M]. Boston: Houghton Mifflin Company, 1937.

7. BUXTON C E. Latent learning and the goal-gradient hypothesis [J]. Contributions to Psychological Theory, 1940, 2 (2).

8. DOLLARD J, MILLER N E, DOOB L W, et al. Frustration and aggression [M]. New Haven: Yale University Press, 1939.

9. DUNCKER K. Experimental modification of children's food preferences

through social suggestion [J]. Journal of Abnormal and Social Psychology, 1938, 33: 489-507.

10. FARBER M L. Suffering and time perspective of the prisoner [J]. University of Iowa Studies in Child Welfare, 1944, 20: 153-228.

11. FESTINGER L. A theoretical interpretation of shifts in level of aspiration [J]. Psychological Review, 1942, 49: 235-250.

12. FESTINGER L. Wish, expectation, and group standards as factors influencing level of aspiration [J]. Journal of Abnormal and Social Psychology, 1942, 37: 184-200.

13. FRANK J D. Some psychological determinants of the level of aspiration [J]. American Journal of Psychology, 1935, 47: 285-293.

14. FRANK J D. Experimental studies of personal pressure and resistance [J]. Journal of General Psychology, 1944, 30: 23-64.

15. FRANK L K. Time perspectives [J]. Journal of Social Philosophy, 1939, 4: 293-312.

16. GOLDSTEIN K. The Organism [M]. New York: The Macmillan Company, 1939.

17. GOULD R. An experimental analysis of the "level of aspiration" [J]. Genetic Psychology Monographs, 1939, 21: 3-115.

18. HEIDER F. Environmental determinants in psychological theories [J]. Psychological Review, 1939, 46: 383-410.

19. HILGARD E R, MARQUIS D G. Conditioning and learning [M]. New York: D. Appleton-Century Co., 1940.

20. HILGARD E R, SAIT E M, MAGARET G A. Level of aspiration as affected by relative standing in an experimental group [J]. Journal of Experimental Psychology, 1940, 27: 411-421.

21. HOPPE F. Erfolg und Misserfolg [J]. Psychologische Forschung, 1930, 14: 1-62.

22. HULL C L. The problem of stimulus equivalence in behavior theory [J]. Psychological Review, 1939, 46: 9-30.

23. HUMPHREYS L G. The effect of random alternation of reinforcement on

the acquisition and extinction of conditioned eyelid reactions [J]. Journal of Experimental Psychology, 1939, 25: 141-158.

24. JUCKAT M. Leistung, Anspruchsniveau und Selbstbewusstein [J]. Psychologische Forschung, 1937, 22: 89-179.

25. KALHORN J. Values and sources of authority among rural children [J]. University of Iowa Studies in Child Welfare, 1944, 20: 99-151.

26. KARSTEN A. Psychische Sattigung [J]. Psychologische Forschung, 1928, 10: 142-254.

27. KATONA G. Organizing and memorizing [M]. New York: Columbia University Press, 1940.

28. KEISTER M E. The behavior of young children in failure: an experimental attempt to discover and to modify undesirable responses of preschool children to failure [J]. University of Iowa Studies in Child Welfare, 1937, 14: 28-82.

29. KÖHLER W. The mentality of apes [M]. New York: Harcourt, Brace & Co. , 1925.

30. KÖHLER W. Dynamics in psychology [M]. New York: Liveright Publishing Corporation, 1940.

31. KOFFKA K. The growth of the mind [M]. New York: Harcourt, Brace & Co. , 1925.

32. KOFFKA K. Principles of Gestalt psychology [M]. New York: Harcourt, Brace & Co. , 1935.

33. KRECHEVSKY I. Brain mechanisms and variability I, II, III [J]. Journal of Comparative Psychology, 1937, 23: 121-138, 139-163, 351-364.

34. LASHLEY K S. Learning 1: Nervous mechanisms in learning [M] // MURCHISON C. Foundations of experimental psychology. Worcester: Clark University Press, 1929.

35. LEWIN G, LEWIN K. Democracy and the school [J]. Understanding the Child, 1941, 10: 7-10.

36. LEWIN K. Die psychische Tatigkeit bei der Hemmung von Willensvorgängen und das Grundgesetz der Assoziation [J]. Zeitschrift für

Psychologie, 1917, 77: 212-247.

37. LEWIN K. Das Problem der Willensmessung und das Grundgesetz der Assoziation [J]. Psychologische Forschung, 1922, 1: 65-140, 191-302.

38. LEWIN K. A Dynamic theory of personality [M]. New York: McGraw-Hill Book Co. , 1935.

39. LEWIN K. Principles of topological psychology [M]. New York: McGraw-Hill Book Co. , 1936.

40. LEWIN K. The conceptual representation and measurement of psychological forces [J]. Contributions to Psychological Theory, 1938, 1 (4).

41. LEWIN K, LIPPITT R. An experimental approach to the study of autocracy and democracy: a preliminary note [J]. Sociometry, 1938, 1: 292-300.

42. LEWIN K, LIPPITT R, WHITE R K. Patterns of aggressive behavior in experimentally created "social climates" [J]. Journal of Social Psychology, 1939, 10: 271-299.

43. LEWIS H B. Studies in the principles of judgments and attitudes: II. The influence of political attitude on the organization and stability of judgments [J]. Journal of Social Psychology, 1940, 11: 121-146.

44. PIAGET J. The child's conception of the world [M]. New York: Harcourt, Brace & Co. , 1929.

45. REICHENBACH H. Experience and prediction: an analysis of the foundations and the structure of knowledge [M]. Chicago: University of Chicago Press, 1938.

46. SCHWARZ G. Uber Rückfalligkeit bei Umgewohnung, I & II [J]. Psychologische Forschung, 1927, 9: 86-158; 1933, 18: 143-190.

47. SEARS P S. Levels of aspiration in academically successful and unsuccessful children [J]. Journal of Abnormal and Social Psychology, 1940, 35: 489-536.

48. SKEELS H M, UPDEGRAFF R, WELLMAN B L, et al. A study of environmental stimulation [J]. University of Iowa Studies in Child Welfare, 1938, 15 (4).

49. STEVENS S S. Psychology and the science of science [J].

Psychological Bulletin, 1939, 36: 221-263.

50. TOLMAN E C. Purposive behavior in animals and man [M]. New York: D. Appleton-Century Co. , 1932.

51. VYGOTSKY L S. Thought and speech [J]. Psychiatry, 1939, 2: 29-54.

52. WARING E B. Guidance and punishment: some contrasts [J]. Cornell Bulletin for Homemakers, 1935 (334).

53. WERNER H. Comparative psychology of mental development [M]. New York: Harper & Brothers, 1940.

54. WERTHEIMER M. Untersuchungen zur Lehre von der Gestalt: I. Prinzipielle Bemerkungen [J]. Psychologische Forschung, 1922, 1: 47-65.

第五章

回归、倒退和发展

（1941）

在心理学领域，"回归"一词指的是个体行为的原始化现象，即虽然个体已经长大，但仍会表现出不太成熟的状态。在情绪紧张的情境中，特别是在不愉快的情况下，成人和儿童经常出现暂时性的回归。强烈的喜悦也可能引发某些原始行为的再现。疲劳、过度饱足及疾病也经常导致暂时性的回归。在某些衰老、神经症及功能性和器质性的精神病案例中，可以观察到不同程度的永久性回归。因此，回归必须被视为一种普遍现象，它与许多情况和问题有关，并且从根本上关系到个体的整体行为。

心理学将回归作为一个重要研究课题。近年来，我们对心理发展过程的认识有了很大的提高。尤其了解到，可能出现的各种发展比预期的多得多。然而，我们对决定发展的因素、发展的动力和发展的规律了解有限。回归可以被视为一种消极的发展方向。从技术层面来看，对回归的实验研究似乎比对发展过程的实验研究容易一些。

一、回归的定义

回归的概念由弗洛伊德提出，并在精神分析文献中得到广泛应用。弗洛伊德从一开始就认识到了回归问题对发展理论的重要性。他关于标志着人的发展的力比多组织阶段的理论，在很大程度上基于对精神病理学中回归现象的观察（10）。

精神分析中的回归指的是各种各样的症状。除了谈到"力比多的回归"，弗洛伊德还谈到"自我的回归"和"客体的回归"。在精神分析以外的心理学文献中，"回归"一词的用法更为宽泛。例如，任何一种从现实退缩到幻想层面的行为都可以被称为"回归"。

弗洛伊德自己也强调，他将"回归"当作一个纯粹的描述性概念，而不是像"压抑"（repression）那样的动态概念。他还指出了一些导致回归的因素。根据他的观点，回归需要两个主要条件：力比多固着于先前发展阶段的客体；在更成熟的水平上满足力比多需求有困难。在精神分析文献中，发展通常被视为力比多的稳步发展，回归则是力比多在遇到障碍后的逆流。柯日布斯基（Korzybski）的图展示了这一观点（见图9）。我们旨在通过更详尽的讨论，进一步阐明回归这一概念。弗洛伊德强调了这种概念改进的必要性（31）。

发展和回归在历史问题和动态问题的特殊交汇点上有其科学地位。一方面，它们指向个体历史中一系列独特的经历、情境、人格结构和行为方式。另一方面，它们指向支配这些阶段中任何一个阶段的行为的动力和规律，以及从一个阶段到另一个阶段的过渡。在发展和回归问题中将这两个方面结合起来是合理且必要的。

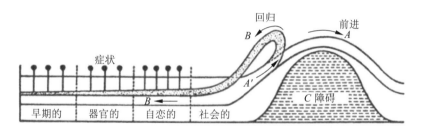

图9 回归的精神分析表征

Korzybski, Alfred: *Science and Sanity: An Introduction to Non-Aristotelian Systems and General Semantics*, Lancaster, Pa.: The International Non-Aristotelian Library Publishing Co., 1933.

在图9中，力比多表现得如同河水的回流，或者正如弗洛伊德所说，类似于一个处在陌生之地的流浪者，当遇到障碍时就会返回以前的营地。图9还表现出某一时刻回归的条件，即力比多遇到了无法克服的障碍。

弗洛伊德声称，回归部分源于力比多在更成熟的阶段无法获得足够的满足，这时他其实接近回归的场论。这种假设可以被称为"回归替代理论"（substitute theory of regression）。如果一个人所指的是个体本身而不是他的力比多，那么就可以用一个简单的拓扑图来描绘被认为是力比多回归基础的情况（见图10）。个体 P 试图达到目标 $G+$，这个目标与某种成熟程度所特有的需求相对应。$G+$目前对个体来说并不可及，存在障碍 B 将 P 与 $G+$ 隔离开来。

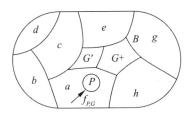

图10　回归条件的场表征

P 指个体；$G+$ 指最初的目标；G' 指主体回归的替代目标；B 指个体与最初的目标之间的障碍；a、b、c……指生活空间的区域；$f_{P,G}$ 指目标方向的力量。

在这种情况下，个体就会转向另一个区域 G'。这个区域对应较不成熟的发展阶段，其中的活动似乎至少能够承诺对某种需求的满足。根据回归替代理论，回归的前提是放弃克服障碍。一些精神分析学家强调了这一点，并把几乎所有从现实障碍前退缩的行为都称为"回归"，特别是当个体离开现实层面，退缩到疾病、幻想中时。目前，探讨回归替代理论的正确性并非首要任务。它旨在描述特定时间点的情况特征，并让生活空间的拓扑结构及其区域的某些动态属性（吸引力、障碍等）对特定事件负责。

我们可以这样总结：回归问题与发展问题一样，包括历史方面和系统方面。前者指的是生命历程中行为方式的顺序，后者指的是在特定时间内发生变化的条件。这两个问题是完全合理的，并且都可以用图表来表示。

关于在特定时间内发生变化的条件，必须部分地参考当时存在的场（生活空间）的结构和动态特性。生活史可以用一系列这样的场来表示，每个场都描述了特定历史阶段的特征。然而，如果把新生儿、三岁孩童、六岁儿童和六十岁老人的生活空间当作一个动态的统一体来对待，就会破坏场的意义。

当用一张图来表示一个人的生活史时，会面临一个坐标系统。在心理学中，用一条连接起抽象坐标系统中某些点的曲线来描述生活史的一个方面，这是一种非常普遍且完全合理的现象，任何体现身体成长的曲线都可以作为例证。然而，它应该与共存的、动态相关的事实场明确区分开来，后者代表了在特定时间内发生变化的条件。如果发展和回归在心理学中要取得令人满意的进展，无论是在图表中还是在思考中，都必须避免历史问题和系统问题的混淆，如起源问题和条件问题，图 9 就是一个典型的例子。

在精神分析领域，关于回归案例中替代目标 G′ 的特殊性质的问题，可以通过参考生活史来回答。据说，G′ 的特性是由前一发展阶段固着的类型和程度决定的。从场论的角度来看，这在逻辑上完全合理，但必须明确指出现在的生活空间是如何受到多年前的固着的影响的。

关于回归形式和回归程度的理论触及回归的第二个方面，需要加以澄清。

麦克杜格尔详细描述了几个弹震症（shell-shock）引起的回归案例。他描述了这些患者孩童般的行为及其康复过程。麦克杜格尔在一定程度上赞同弗洛伊德的理论，但强调回归行为并不必然与个体之前表现出来的行为完全一致。相反，回归的个体展现出一种原始但全新的行为类型。他认为，回归不像弗洛伊德说的那样具有目的性。

在回归过程中可能出现新的行为，因此有必要区分两类变化。

第一，返回到个体生活史先前阶段特有的行为类型。这种变化可称为"倒退"。

第二，转向更原始的行为，无论这种行为是否在个体的生活史中出现过。这种变化可称为"回归"。

通常情况下，倒退也具有回归的特征，反之亦然。然而，并非一定如此。例如，一个在生病期间表现出原始行为的孩子，在康复后会恢复到生病前的发展水平。人们应该把这种变化称为"倒退"而不是"回归"。

鉴于近期对动物进行的实验研究（23，30），明确区分倒退和回归变得尤为重要。这些研究表明，动物在受到惊吓等条件下，可能会放弃新学到的行为而回归旧习惯。在我们看来，这些研究并不能证明旧的行为模式比新的行为模式更原始。在能够进行证明之前，我们会将这些研究归类为倒退实验，而非回归实验。

我们可以依据以下定义来区分回归和倒退。

B^{t1}、B^{t2}、B^{t3} 等符号可能表示个体在 $t1$、$t2$、$t3$ 等时间点（在心理上等效的情境中）的行为表现或状态。

倒退的定义为：如果 $B^{t2} \neq B^{t1}$ 但 $B^{t3} = B^{t1}$，我们称之为"倒退"。倒退仅关注时间序列中的差异性和相似性，而不涉及原始性、适应性等。

回归的定义为：如果 B^{t3} 表现出比 B^{t2} 更"原始"的特征，我们称之为

"回归"。这并不意味着 B^{t3} 必然等于 B^{t1}。

当然，我们需要讨论原始化的定义及其指征。仅仅依据行为适应性较差等模糊标准可能不足以说明问题，特别是考虑到回归本身通常被视为个人试图适应某种情境的尝试。这可以在精神病理学的研究中找到部分答案。这些研究表明，存在从"分化的、丰富的模式到更为无组织的行为"的转变（11）。行动中复杂的等级秩序会转变为简单的组织或无组织（6），抽象的思维会转变为更具体的思维类型，推理会转变为学习（29，19），灵活的行为会转变为刻板的行为（19，23）。原始化是行为结构的变化，在某些方面类似于在某些原始动物中观察到的形态分化降低，如营养不良（9）。

诸如此类的研究在更具体地界定原始化的含义方面取得了很大进展。然而，这些研究似乎仍然没有通过可经验证的症状提供回归的操作性定义。这个定义既要有足够的普遍性，又要有足够的确定性。为了进行探索性研究，我们可以将回归定义为行为的改变，即从典型的年龄较大的正常儿童的行为转变为典型的年龄较小的正常儿童的行为（在等效心理情境中）。这样的操作性定义必然受限于成年之前，因为从成人到老年行为的变化是回归而不是渐进式发展。在限制范围内，该定义为回归提供了一个明确的、可检验的标准。①

这样的操作性定义显然为确定回归程度及评估个体回归水平提供了可能性。后者可以通过具有这类行为的典型正常儿童的年龄水平加以表达。回归程度可以通过给出在回归前后个体状态的年龄水平来表征。

二、回归的种类

（一）行为和个体的回归：伪回归

一个两岁的女孩站在镜子前，想象着自己变小的情境，并试图弄清楚自己变小后的样子。这个女孩有一个让她心生羡慕的弟弟。显然，她正在尽力权衡自己是应该努力成长还是应该重新变小。有很多这样的案例，孩

---

① 需要注意的是，这一操作性定义并不涉及所讨论的个体在其生活史中先前表现出的任何行为。它指的是正常儿童某些年龄段的行为类型。这个定义在任何意义上都不是最终定义；它是当前该领域知识状态所必需的工作定义。即使在个体成年之前，也必须谨慎使用这个定义，因为正常儿童在某些时期可能在某一个功能上变得更为原始。从长远来看，不同的发展水平必须在概念上根据分化程度、组织和年龄以外的类似性质来定义。最终，研究者不得不完全取消操作性定义中的年龄参考，并指定在各种条件下出现的具体变化。

子在该情境下会尽力模仿弟弟妹妹，并开始在餐桌礼仪、哭闹或淘气等方面表现出婴儿般的行为。

这算是回归吗？如果只谈及这种行为的表面价值，我们可能不得不根据上文给出的定义来将其判定为回归。虽然典型模式表现出水平下降的趋势，但我们还是很难将这种变化与由疾病或严重的情绪紧张引发的回归现象相提并论。两岁女孩表现出弟弟的行为，实际上可能是在"扮演一个角色"。女孩可能拥有出色的表演技巧，并且演得很认真。将其称为精致行为而不是原始行为可能更加公正合理。

如果孩子长时间保持这样的角色，可能会变得原始。至少在某种程度上，他可能会丧失表现出更成熟行为的能力。在此之前，我们可以说这是行为的伪回归，而不是个体的回归。换句话说，行为的回归可能是也可能不是个体回归的症状。

行为的相似性并不一定表明这个人的潜在状态的相似性。一个人的某种状态可以表现出截然不同的症状，这一点在愤怒方面得到了详细的证明，并且适用于所有心理学领域。依据基本公式，行为（B）被视为个体（P）和环境（E）的函数关系，即 $B=F(P, E)$。因此，有必要将直接可观察到的症状（B）与潜在的个体（P）的状态区分开来，后者在方法论上总是具有构建的地位。

就发展状态而言，这意味着个体的成熟水平实际上可能高于或低于其行为表现。上文提到的两岁女孩就是前者的例子。后者的例子是，一个孩子在外界的强大压力下以一种典型的"渴望成熟"的方式遵守某些规则，并因此在许多方面表现出类似成年人的行为；一旦压力释放，他的行为就会回到正常的成熟水平。

如果希望将行为的差异作为个体的状态差异的症状，那么行为回归和个体回归之间的区别与有必要参考比较的情境密切相关。

（二）暂时回归和永久回归

回归可能只持续几分钟，如在受到轻微惊吓、干扰或情绪激动的情况下；也可能持续多年，如在生病的情况下。回归可能是缓慢下沉，也可能是突然下降。个体可能一直处于回归状态，也可能缓慢或突然恢复到以前的水平，或者回到中间水平。

（三）情境回归和既定回归

在情绪压力下，行为和个体都可能回归到更原始的水平。在这种情况下，个体实际上无法做出更高水平的行为。然而，即便如此，原始化也可能仅限于特定的情境，如"被监禁"或"遭受严重挫折"。一旦离开特定的情境，个体就可能恢复到以前的水平。在其他情况下，个体可能会回归，即使在最有利的情况下，他也不会表现出以前的较高水平。我们将前一种情况称为"情境回归"（situational regression），将后一种情况称为"既定回归"（established regression）。当然，也存在过渡情况。

重要的是，不要把二者的区别与暂时回归和永久回归的区别混为一谈。永久回归可能是由于个体长期置身于某一特定情境之中。永久回归可能只是相对永久，其回归仍然是情境性的。情境回归和既定回归并不是持续性的。在情境回归的情况下，个体心理发展水平会随着情境的变化而大幅波动，既定回归则不受这种变化的影响。这种区别对在社会精神病学工作中与儿童打交道的病例的诊断和治疗具有重要意义。在人类身上进行的实验必须仅限于制造情境回归。

（四）部分回归和全面回归

回归或多或少会影响个体的受限区域。例如，回归可能只影响个体的运动功能或情感生活，而对他的智力没有太大的影响。精神病理学给出了许多人的特定区域出现不同模式的回归及总体退化的例子。当然，任何特定区域的回归都会在某种程度上影响个体的行为。

三、不同年龄阶段的主要行为差异

为了理解导致回归的情境，有必要提出确切的概念，以描述对应于不同发展水平的行为和状态。要做到这一点，就必须从逻辑上推导出一些陈述，说明是什么力量把个体从与较高水平相对应的状态变为与较低水平相对应的状态的。如果完成了这项任务，我们就会获得完整的回归理论，可以预测特定个体在各种情况下的回归量和回归类型。

显然，这一目标只能逐步实现。我们将首先尝试对不同年龄阶段行为差异的主要方面进行调查，然后着手讨论某些类型的构建。这些构建可以在概念上对个体的状态进行表征，进而便于我们理解一些行为差异，并推导出一些回归的条件。

不同年龄阶段的行为差异可以归类为以下方面：行为的多样性、行为的组织性、活动和兴趣领域的扩展、行为的相互依赖、现实程度。

（一）行为的多样性

有人说，随着年龄的增长，孩子的行为会越来越多样化。（这是正确的，尽管某些类型的行为在孩子的成长过程中会逐渐消失。）行为的日益多样化在很多方面都显而易见。

新生儿的行为主要局限于睡觉、哭闹、喝奶、排泄、醒后躺卧等。成长中的孩子的行为包括越来越多的类型，如说话、走路、阅读等。原本未分化的行为会慢慢分化成多种具体的行为。例如，接近目标的方式起初总是直接的。后来，通过迂回路线及使用物质和社会工具，出现了间接方式。此外，直接方式表现出更明显的多样性，如在活跃程度、真实行为或手势行为的数量等方面。间接方式在所使用的物质和社会工具的种类方面有所区别。实际上，在所有的活动场域都可以观察到类似的差异（16）。个体的语言能力会在词汇量（27、34）、词汇类型和语法结构方面有所增强。如果把这些活动看作个体拥有的可能性，就可以说技能的多样性增加了。

在情绪场域通常也可以观察到类似的多样性增加的现象。原始的情绪表达也会分化出不同的种类。起初，喜悦的表情可能很难与胃病引起的痛苦的表情区分开来。后来，微笑的特征会变得相当清晰。渐渐地，微笑的种类逐渐增多，如友好的微笑、开心的微笑、傲慢的微笑、挑衅的微笑等。

在需求、兴趣和目标场域也可以观察到类似的分化。逐渐地，婴儿的少数需求会分化成更多种类的需求。这种增长在儿童时期非常明显。此外，某些需求的支配权会发生转变。

在知识场域，可以明显观察到类型分化的过程。婴儿的心理世界逐渐拓宽与结构化可被称为"分化"（20）。知识的转变包括许多认知上的变化，更像是领域的重构而不是种类的增加。然而，随着年龄的增长，知识变化无论是在学习方面还是在顿悟方面都更加分化，更加丰富。

社会行为和社会关系呈现出日益增长的多样性。与之存在社会关系的人不断增多，各种社会关系类型也日益丰富。与不同个体的关系变得越来越明确，如友谊、依赖或领导关系。表层依恋（superficial attachment）和深层依恋（deeper attachment）之间的区别愈加明显。

总的来说，随着儿童期的正常发展，行为的多样性也在增加。可以用下列公式表示：

（1） $var\left(B^{Ch}\right) < var\left(B^{Ad}\right)$

其中，*var* 代表多样性；B^{Ch} 代表儿童的行为；B^{Ad} 代表成人的行为。为了简化公式的表达，并明确我们仅旨在表征发展的主要趋势，公式仅提及两个层面，即儿童（*Ch*）和成人（*Ad*）。

（二）行为的组织性

如果行为的发展只导致行为种类的增加，人们可能会预期个体的行为变得越来越混乱，或者至少是越来越缺乏联系。但情况显然并非如此。在行为日益分化的同时，还有一个发展过程，即一个行动单位包含越来越多的部分。不同的行动可以通过多种方式成为更大的行动单位的组成部分。通常情况下，在一定时期内，一个行为的统一性包含许多子部分，其特点是有一个指导和控制各个部分的主导思想。这个主导思想可能是一个目标。子部分起初可能是某些准备工作，然后是将个体带向目标的行动，最后是某些完成性的行动。在这种情况下，行动的某些子部分具有手段与目的的关系。目标可能是一个精确的目标，如翻越篱笆；也可能是一个笼统的想法，如玩过家家。

我们可以把对所有因管理目的或主导思想的指导或引导而产生的行为统一性称为行为的组织性。① 在这些情况下，人们至少可以区分两个层次：指导思想（guiding idea）和指导操纵（guided manipulation）。

在发展过程中，我们可以区分行为组织的三个方面。

第一，单位的复杂性。

随着个体的发展，一个行动单位所包含的子部分的最大数量和种类会增加。年龄的增长使儿童在搭建积木时使用越来越多的积木。复杂性增加的一个表现是，持续玩游戏的最长时间会随着个体年龄的增长而增加。

第二，层级组织。

除了可能由一个指导思想所维持的不断增加的操纵之外，组织类型本身似乎也变得越来越复杂：一个指导一系列操纵的目标，可能成为更具包容性的目标的子目标。子目标似乎受更高目标的控制，与实际操纵受子目标控制的方式大致相同。例如，玩过家家可能包含爸爸去上班、妈妈给孩子们穿衣服等子思想。所有的子思想都是在主要思想的引导下按照一定的

---

① 在这方面，"整合"一词经常被使用。我们更愿意称之为"组织"。在数学上，整合是与分化相反的过程。心理学中的整合并不意味着分化降低，所以用"组织"一词来代替"整合"可能会更好。"组织"一词的用法似乎与其在胚胎学和社会学中的用法十分一致。

顺序建立起来的。例如，给孩子们穿衣服这一子目标可具体化为分别给玛丽和乔治穿衣服。换句话说，一个更具包容性的行为单位可能包含多个层级，每个层级都受控于更高层级。

层级组织的分层程度似乎会随着个体年龄的增长而增加，即一个单位在年龄较大的儿童中比在年龄较小的儿童中包含更多的层级。

第三，复杂的组织。

由一个想法指导的活动可能不会作为一个连续的行动进行下去，可能会被其他活动打断，然后再重新开始。显然，要成功地完成一项会被反复打断的活动，需要一个相对复杂的组织。第二种复杂的组织存在于重叠行为中，即同时进行两种或两种以上由实际上毫不相关的想法所指导的活动。这种行为的一个例子是次级游戏（secondary play），即与其他活动同时发生的游戏，如在游戏中与他人谈论和游戏无关的事情。与此密切相关的是具有两层含义的行为组织。说谎、开玩笑、出于憎恨而表现出过分友好的行为或类似的变态表达是两个层面上的行为，或多或少是相互矛盾的。较明显的层次往往用来掩盖更深层次的相反含义，并表明该行动的组织有些复杂。显然，自我控制问题与这种类型的组织密切相关。

说谎和开玩笑是个体在早期就会展现的行为。然而，两岁孩子的谎言相对简单直接。个体表现出这种类型的复杂组织的能力似乎会随年龄增长而增加。

不能说大一点的孩子的每一个动作都比小一点的孩子的更有组织性。大孩子的行为单位可能不如小孩子的复杂，然而，行为单位的最大组织程度似乎随着年龄的增长而增加。我们可以表示为：

（2）$hier\ org^{max}\ (B^{Ch}) < hier\ org^{max}\ (B^{Ad})$

其中，$hier\ org^{max}$ 代表层级组织的最大程度；B^{Ch} 代表儿童的行为单位；B^{Ad} 代表成人的行为单位。

（三）活动和兴趣领域的扩展

反映儿童行为的心理世界似乎随着儿童年龄的增长而扩展，无论是在被考虑的领域还是在被考虑的时间跨度方面。

1. 场域范围

躺在婴儿床里的三个月大的婴儿对自身周围地理区域的认知有限，其可能活动的区域也较小。一岁大的孩子所熟悉的地理区域和活动范围要大得多。他可能知道家里的几个房间，知道某些花园和街道。其中有些地方他能进入，有些则不能。他或许能爬到桌子底下或沙发底下，但无法爬上某把椅子，尽管他有强烈的意愿去尝试。在他的生活空间中，有些区域不属于他的自由活动范围（25），他的自由活动空间既受到其自身能力的限制，也受到社会禁忌的制约。例如，孩子喜欢撕书。在这种情况下，撕书是他生活空间中的一个区域，可能会对他的行为产生很大的影响。即使母亲"不行"的指令将孩子限制在这一活动领域之外，情况也是如此。生活空间中具有吸引力的区域与自由活动空间的差异，是决定个体抱负水平的关键因素之一。

在个体的发展过程中，自由活动空间和生活空间通常会逐渐扩大。对于成长中的孩子来说，可活动领域会随着自身能力的增加而扩大。此外，随着年龄的增长，至少在婴儿期以后，社会限制的解除速度可能会超过社会限制的建立速度。某些事件，如弟弟妹妹的降生，很可能会使某一时期的变化平衡发生逆转。然而，即使自由活动空间没有增加，生活空间通常也会随着个体年龄的增长而扩展到新的区域——一部分可以进入，一部分无法进入。生活空间范围的扩大有时是逐渐发生的，有时则发生得相当突然。后者是所谓发展危机（crises in development）的特征。这个过程一直持续到个体的成年期（5）。

2. 时间透视

在发展过程中，生活空间的扩展同样体现在所谓心理时间维度上。在成长过程中，生活空间中心理时间维度的范围从时延伸到天、月、年。换句话说，年幼的孩子生活在当下；随着年龄增长，越来越遥远的心理过去和心理未来开始影响个体现在的行为。

也许可以把生活空间的日益扩大仅仅归因于行为的日益多样化及不同类型行为组织的不同组合。然而，我们更愿意用另一种说法来表达这种变化：

（3）$L\,Sp\,(Ch) < L\,Sp\,(Ad)$

公式中，$L\,Sp\,(Ch)$ 代表儿童的生活空间；$L\,Sp\,(Ad)$ 代表成人的生活空间。

此外，对于自由活动空间（生活空间内所有可进入的区域），平均而言，可以得出以下结论：

（4）SFM（Ch）<SFM（Ad）

其中，SFM（Ch）指儿童的自由活动空间，SFM（Ad）指成人的自由活动空间。

（四）行为的相互依赖

个体变得越来越分化这一说法有两种含义。一方面，分化表示行为的种类增多，即在特定年龄段可观察到的行为总体变得不那么同质化。在这种情况下，分化指的是相似和不相似的关系，意味着专业化或个性化。另一方面，分化指的是动态整体各部分之间的依赖和独立关系。在这种情况下，分化的增加意味着个体身上能够相对独立地运作部分的数量增加，即个体的独立程度提高。① 由于已经讨论了行为种类的增多，现在我们将转向依赖和独立问题。

儿童比成人表现出更大的统一性，这一说法最近在心理学中得到了强调。以前，人们习惯于认为成人表现出更大的统一性，因为在童年时期，不同的需求和不同的活动领域可能会或多或少地独立发展。并且，成人更有可能将不同的活动领域整合在一起。

如今，人们普遍认为，儿童的发展涉及分化与整合的增加。发展似乎增加了个体相对独立的子部分数量及其独立程度，从而减弱了个体的统一程度。此外，发展还涉及整合，而整合增强了个体的统一性。

由于这两个过程同时进行，显然，整合不是分化的逆过程。它不会消除分化，而是以分化为前提。为了避免误解，我们更愿意使用"组织"一词。

构成个体组织统一程度的功能性相互依赖，与构成个体分化程度的相互依赖存在显著差异。对相互依赖概念的处理处在构建层面，任何试图更精确地界定不同类型相互依赖的尝试，都需要以某些构建为前提。我们将在调查涉及个体日益增长的分化与涉及个体日益增长的组织性的实证数据之后，再来探讨这些概念。

1. 简单相互依赖的减少

我们将首先审视那些表明个体分化加剧的现象。

---

① 在形态学中，"分化"一词仅限于各部分不仅更加独立，而且彼此不同的情况。对于分化的两个方面，最好使用不同的术语。在差异性增强的情况下，我们称之为"规格化"或"个性化"；在独立性增强的情况下，我们称之为"分化"。

第一，运动系统的分化。

胎儿和婴儿较大的动作是个体对整个身体而不是特定肢体做出无差别反应的典型例子。儿童的发育以运动功能的日益分化为特征，表现为不同部位展现出相对独立的动作的程度不断增强。例如，抓握的发展始于同时用眼睛、腿、胳膊和嘴靠近物体的倾向（13）。渐渐地，其他活动减少，孩子开始使用拳头、双臂和双手作为相对不加区分的单位，并最终独立运用手指。可以说，相较于年长的孩子，年幼的孩子更倾向于用整个身体来做动作。不自主伴随动作的逐渐减少，是这一事实的另一种表现形式。儿童肌肉系统中某一部位的张力增强时，其他部位的张力也会随之增强。换句话说，运动系统在肌肉张力方面的分化越来越明显。

第二，内在个人区域和运动区域的相互依赖。

在需求或情感表达方式上，同样可以观察到相互依赖程度的降低。婴儿的肌肉活动量与其饥饿感成正比（17）。对于成人和年龄较大的儿童来说，饥饿与不安、打斗和其他情绪表达之间可能存在类似的相关性。然而，这种依赖关系不那么直接。婴儿吃饱时，身体会在各个方面表现出他的这种状态。年龄稍大的孩子比较有自制力，运动系统不会那么明显地表现出他的需求和情绪状态。换句话说，随着年龄的增长，运动系统与内在个人系统（个体那些与自身的需求有关的区域）之间的直接相互依赖减少了。

这种依赖性的降低，在运动系统状态对个人内在区域产生影响的过程中同样显著。与年龄较大的孩子相比，年龄较小的孩子的情绪和几乎所有行为都更直接地依赖于身体状态，如疲劳、饥饿、胃部不适等。

第三，内在个人区域内的相互依赖。

有些事实表明，各种需求之间的直接相互依赖也可能减弱。随着年龄的增长，个体通过满足一种需求来达到满足另一种需求的情况会减少（22）。关于替代价值的实验表明，年龄较小的孩子在需求方面可能会比年龄较大的孩子获得更多的满足感。对于年龄较大的孩子来说，各种需求的张力状态具有更高程度的独立性。

第四，个人与环境的相互依赖。

年幼的孩子容易无助地受到当下情境刺激的影响，年长的孩子则更容易把自己置于情境之上进行审视。研究发现，这种差异对婴儿和较年长的孩子在冲突情境中的行为至关重要。部分原因在于时间透视的变化，但这也揭示了自我和心理环境之间更大的"功能距离"。斯宾塞（Spencer）和更近期的皮亚杰（Piaget）探讨了个体的中心自我与环境之间更大的分离或更远的距离。成长中的儿童会被分化成越来越多的中心层和边缘层。其所感知的环境中的事物和事件的表层意义与它们的深层意义越来越有区别，这也是事实。

自我中心层与心理环境之间距离的拉大，意味着生活空间的这些区域，即心理个体与心理环境之间的独立性得到增强，至少相互依赖的程度有所降低。这种变化使儿童在面对环境的直接影响时不再那么无助，也使儿童感知到的环境不再那么依赖于情绪和一时的需求状态。我们知道，如果成人的需求、恐惧、愿望等发生变化，他就会把给定的物理环境视为不同的心理环境。在儿童身上，他们所感知的环境对个人需求和恐惧的依赖可能更全面、更直接。幻想与现实、谎言与真相，在儿童身上似乎比在成人身上交织得更紧密。特别是在年幼的儿童身上，其交织的程度比在年长的儿童身上更为显著。

总之，大量事实表明，发展会导致个体生活空间的分化，使生活空间的某些部分减少直接的相互依赖。这种直接相互依赖的减弱体现在个体的运动系统、内在个人区域、内在个人区域与运动区域的关系，以及内在心理区域与心理环境的关系中。我们可以用以下公式进行表达：

（5）$si\ uni\ (Ch) > si\ uni\ (Ad)$

其中，$si\ uni\ (Ch)$指通过生活空间某些子部分的简单相互依赖程度所表明的儿童的统一程度；$si\ uni\ (Ad)$指成人的统一程度。

此外，我们还可以做如下陈述：

（5a）$dif\ (Ch) < dif\ (Ad)$

其中，$dif\ (Ch)$和$dif\ (Ad)$表示儿童和成人的分化程度（见附录）。

2. 组织相互依赖的变化

生活空间日益分化为相对分离的子部分，这在某种程度上被生活空间日益增加的组织性抵消。有大量研究资料表明，这种组织性会随着个体年龄的增长而增强。它指的是生活空间中可作为一个单位组织起来的共存部分的范围越来越大，以及可统一管理的行动序列越来越多。

第一，运动系统的组织。

心理学家已经搜集了大量数据，这些数据揭示了运动功能在个体发育过程中不断增强的组织结构特征。儿童对头部姿势的控制、学习坐和站立；运动发展的各个阶段，如匍匐、行走、攀爬、奔跑、跳跃；语言的发展；对排泄的控制；等等，这些都可以被看作运动系统各部分为统一行动而不断组织起来的例子。将不同的肌肉系统组织成丛，再将丛组织成丛序列，这两种组织方式均呈现出越来越多且越来越复杂的类型。运动组织的精确性表现为自主运动的精确性不断提高（36）。说话就以高度复杂的肌肉丛序列的组织为前提。

第二，内在个人区域对运动系统的组织。

内在个人区域和运动区域的关系日益获得组织的特征，在这个组织中，运动功能取代了工具。一个想要进行穿针引线等操作的幼儿，他越渴望完成这项操作，他的肌肉越可能变得紧张，即使这项操作的性质是，如果要完成这项任务，肌肉必须相对放松。换句话说，在年幼的孩子身上，更大的内在个人需求张力很可能导致更大的肌肉张力。这与前面讨论的内在个人系统和运动系统直接的、简单的相互依赖一致。

如果从内在个人区域到运动区域的无组织的"张力的传递"过于占据主导地位，就会阻碍有序、有目的的肌肉动作。在运动功能对内在个人区域的有组织的依赖中，肌肉张力并没有普遍增加，而是在某些组群中出现了放松和张力序列，并且会使得动作模式和张力的强度达到特定情境中的目标。这预设了肌肉张力的强度与动作需要的张力的强度无关。为了穿针，肌肉必须相对放松；搬运重物时，张力必须很大。随着年龄的增长，相对于简单的相互依赖，个体有组织的相互依赖似乎增强了力量；运动系统作为一种工具的地位变得更加稳固。

第三，内在个人区域的组织。

在讨论内在个人区域日益分化的过程中，我们探讨了需求之间简单的相互依赖关系，即张力的传递。可以把一个需求系统内的张力对个人需求系统总体张力水平的影响理解为一种扩散现象。达到伴同餍足（cosatiation）的过程似乎也具有扩散的特征（18）。

内在个人区域之间似乎还存在第二种类型的相互依赖，它具有组织相互依赖的特征：一个系统可能占据支配需求的位置，另一个系统则处于被支配需求的位置。例如，一个人可能非常渴望进入一所艺术学校。这种需求可能源于从事艺术工作的需要，并受其支配。进入艺术学校的需求反过来又可能催生并调节满足某些条件的需求，如准备入学考试；而这些条件需求的满足又可能引发在某家商店购买特定书籍的准需求。换句话说，可能存在一种需求层级结构，一个更占优势的需求支配着一个或多个从属需求，而这些从属需求反过来又支配着更低层次的从属需求。

占支配地位的需求通常由一种以上的管理需求组合而成。例如，进入艺术学校的需求可能有其历史根源，即从事艺术工作的需求和谋生的额外需求，而学校的工作似乎是为谋生做准备的。进入艺术学校的派生需求可能会在一定程度上变得自主（1），即在一定程度上独立于其原始需求。需要强调的是，在特定环境中，尝试满足一种或多种原始需求可能会引发一种依赖性需求。这种依赖不涉及张力的传递，但一种需求受另一种需求支配，是满足另一种需求的工具。这类似于运动系统和内在个人区域之间的组织相互依赖。需求之间的组织相互依赖层级在个体发展过程中似乎会不断增加。

第四，心理环境的组织。

个体对心理环境的日益组织化无需赘述。这种组织的简单例子是将环境的某些部分用作工具。成长中的孩子逐渐展现出更强的能力，能够以这种方式组织他所处的部分物理环境和社会环境。这种组织能力在社会领域尤为显著，会变得越来越复杂。儿童通过采取迂回路线而不是直接行动来达成目标，这也证明儿童有能力根据日益扩大的心理环境范围来明智地组织自己的行动。这种组织的先决条件是个体对周围环境的简单依赖减少。婴儿对需求的满足主要依赖于环境。事实上，如果没有成人提供相关条件，婴儿会死去。成长中的孩子会越来越积极地组织周围的环境，以满足自身需求，而这种需求的满足并不是偶然现象。换句话说，包含心理和环境因素的生活空间正趋向于成为一个高度组织化的单位。这种组织通常由特定的思想意识和合理化过程促成，它们能够使本来相互矛盾的事实和需求在心理上和谐统一起来。

总体而言，生活空间的层级组织随着年龄的增长而不断提升。我们可以用以下公式来表示这种变化：

(6) $hier\ org\ (Ch) < hier\ org\ (Ad)$

其中，$hier\ org\ (Ch)$ 指儿童生活空间各部分的层级组织程度，$hier\ org\ (Ad)$ 指成人生活空间各部分的层级组织程度。公式（6）与公式（2）密切相关。

后者指的是单个行为单位的层级组织，前者指的是个体作为一个整体的层级组织。

在个体发展过程中，等级层次的数量增加并不意味着个体的统一性会呈现稳步增长的态势。年龄较大的孩子并不总是表现出更和谐的人格或更受一个中心支配的人格。相反，我们必须预料到，个体的统一程度会有起伏。分化往往会不时地降低统一性，组织则会在连续较高的层次上重建或提高统一性。因此，较晚期发展水平上的组织统一性（*org uni*）可能大于或小于较早期发展水平上的组织统一性。我们可以通过以下公式来进行表示：

（7） $org\ uni\ (Ch) \lessgtr org\ uni\ (Ad)$

就成人的组织统一程度而言，似乎存在很大的个体差异。

最后，我们或许可以就组织问题做如下说明。在发展过程中，组织过程（组织类型的相互依赖）的重要性似乎比简单相互依赖（张力传递的类型）的重要性大：

（8） $\dfrac{重要性（组织相互依赖）}{重要性（简单相互依赖）}(Ch) < \dfrac{重要性（组织相互依赖）}{重要性（简单相互依赖）}(Ad)$

在总结个体（生活空间）不同部分在发展过程中相互依赖变化的变化特征时，我们绘制了图 11。

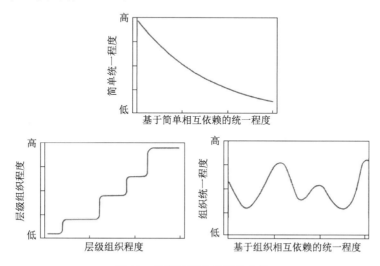

图 11　发展过程中的某些变化

基于简单相互依赖的统一程度随着年龄的增长而降低；层级组织程度逐步提高；组织统一程度各不相同。

有明确的迹象表明，随着分化的加剧，个人生活空间的某些部分与整体在简单相互依赖基础上所呈现的统一性会逐渐减弱。同时，个人生活空间的这些部分和整体生活空间的层级组织程度会不断提升。基于组织相互依赖的个体统一程度呈现出一定的波动性。

（五）现实程度

我们已经提到，在发展过程中，个体所感知的环境似乎逐渐减少了主观色彩。个体感知到的东西不再那么直接依赖于不断变化的情绪和需求。在对社会关系的感知中，这种知觉的日益现实化尤为明显。换句话说，现实与幻想的区分更加明显。有人可能会把这种发展仅仅看作生活空间日益分化、个体与环境的距离日益拉大及组织结构日益分层化的一种表现。然而，我们在这里可能要讨论的是一个略有不同的变化维度，即生活空间内部客观世界的日益固定（crystallization）和趋向现实化。精神病人的世界可能与正常人的世界一样高度分化和组织化，但缺乏正常人世界的现实性。

皮亚杰详细讨论了儿童世界日益增长的现实性（32）。在行动场域的一个类似的过程表明，儿童行为和成人行为的一个显著区别是，儿童不会像成人那样"节约"自己的行动。为了提高效率，尽量以最小的努力获得最大的结果，这是年长个体的典型态度。在这里，我们要讨论的是与客观世界的属性有关的特定组织。

我们可以用公式来表示这种变化：

(9) $real\ (Ch) < real\ (Ad)$

其中，$real\ (Ch)$ 指儿童的现实程度，$real\ (Ad)$ 指成人的现实程度。然而，在某些特定方面，儿童往往表现得比成人更现实。例如，儿童可能较少受思想意识的蒙蔽。因此，公式（9）只是一种试探表达，旨在揭示发展的一个重要维度。

在不同年龄层的孩子的行为中，我们提到的主要差异包括行为的多样性、行为的组织性、生活空间的扩展、个体的统一性和现实程度的变化。然而，并不是说仅有这些是发展中典型的行为变化。

四、回归的行为方面

我们将回归定义为与发展特征方向相反的变化。那么，我们对回归的定义及对发展的描述是否与"回归"一词的实际应用相符合？可以看到，这在大多数情况下是成立的。

第一，如果个体行为的多样性或行动的丰富性大大降低，我们就会说这是简化意义上的原始化。

第二，一个行为单位的组织程度降低，可能意味着层级数量减少，也可能意味着无组织。在后一种情况下，行为的各个组成部分可能会相互矛盾。在这两种情况下，组织的瓦解可能被视为原始化，即行为的回归。

第三，个体的分化降低和个体的组织化（与个体的统一性有关的因素）减弱也是如此。组织化减弱，即从基于组织的统一性转变为基于简单相互依赖的统一性（张力的扩散），在被称为个体原始化的情况中最为常见。它们是能在强烈情绪化和大多数精神病理学回归案例中观察到的暂时性回归的典型表现。

第四，活动和兴趣范围的缩小似乎是长期失业等情况下出现的回归的特征表现。据观察，失业者包括其子女的活动范围比经济需要所要求的狭窄得多。他们的时间透视似乎在缩小，以至于他们的行为更多地依赖于眼前的情境。幻想生活的缩减似乎反映了生活空间在现实和非现实维度上的收缩。这种生活空间的变化与发展过程中的扩展相反，显然代表着一种原始化和回归。

我们已经提到，在发展过程中，不仅整个生活空间，而且生活空间中被称为"自由活动空间"的部分通常也会增加。自由活动空间可能会缩小，而生活空间的扩展却不会立即发生变化。这种情况可能发生在一个人生病、被监禁或有新的弟弟妹妹到来时。生活空间中可进入区域与不可进入区域比例的变化通常被称为"限制"，而不是"回归"。只有在生活空间作为一个整体的范围发生变化的情况下，才适合谈论回归。如果自由活动空间在足够长的时间内出现决定性的缩小，这种情况就会经常发生。

第五，现实性下降的一个突出例子是从理智到疯狂的转变。在这个方向上的一个暂时的、相对轻微的变化是对现实的"盲目"，这是高度情绪化的典型表现。通常情况下，"行为上的经济性"在情绪状态下也会崩溃：个体"爆发"，而不太关心自身行为作为达到目的的手段是否有效、适当。

这种现实性的下降经常被称为原始化。某些研究者似乎认为脱离现实是回归最突出的特征（37）。然而，当年龄较大的儿童产生复杂的幻想时，这并不是原始化的症状。相反，大一点的孩子的幻想生活通常比小一点的孩子的幻想生活丰富。因此，更复杂的幻想生活应被视为分化的表现，而不是原始化的表现。

在将不现实的行为作为回归的症状进行评估之前，似乎有必要仔细考虑一下非现实行为的具体情况。也许重要的不是行为的实际现实程度，而是无法变得更现实。这意味着，与公式（9）相反，还存在以下公式：

（9a） $real^{max}$（Ch）< $real^{max}$（Ad）

$real^{max}$（Ch）表示儿童能够展现的最大的现实程度，这应当被视为判断儿童发展水平的基础。

回归的不同方面，如行为种类和行为单位组织的减少、人的统一性的改变、生活空间的缩小和现实性的降低，并没有严格地联系在一起，因此某一方面一定程度的回归总会导致其他方面一定程度的回归。研究者在情绪、身体疾病、精神疾病、监禁或衰老中观察到的各种回归模式强烈表明，回归的不同方面在一定程度上是相互独立的。另外，似乎存在某种程度的相互依赖，因此在某一方面有所回归的个体在其他方面也不能保持他以前的发展水平。

五、发展水平的科学构建表征

我们已经讨论了发展水平的一些主要行为特征。为了预测或提出关于回归的科学理论，人们必须以一种可以从逻辑推导出回归条件的方式来描述个体在不同发展阶段的表现。这种对不同发展阶段的科学表述，还应该使人们理解特定阶段的各种特征，如行为的多样性和组织性、生活空间的统一性是如何相互关联的。

不需要重新发明对于这一任务可能有用的心理学构建。在这个场域工作的几乎每个人都在使用许多概念（如分化）。我们先要对这些构建进行概念上的澄清。其中许多概念问题具有很强的技术性，关于这些细节的深入讨论参见本书附录。

如果发展阶段的概念表征旨在促进推导回归的条件，就必须用包括人和环境的术语来表述，换句话说，必须用场论的术语来表述。

（一）动态整体的分化程度

我们将从分化的概念开始。如上所述，"分化"一词要么指行为的多样性，要么指一个动态构建，即人的分化程度。我们需要考虑这个构建，即人的这种状态，是否可以在概念上用更精确的形式来表示。

1. 分化概念的一般特征

分化指的是一个整体中各部分的数量。它体现了一个动态整体的某些特征，即在一个确定的整体中包含的相对分离或可区分的部分的数量，也可能涉及这些部分之间的分离程度。卵子进行有丝分裂，细胞或胚胎分化为外胚层、中胚层和内胚层，这些都是可以从形态学上确定的简单例子。

第一，基于各部分独立性的分化。

遗憾的是，无法从形态上确定个体的心理分化程度。在心理学中，个体各个部分的区分必须以这些部分的功能分离为基础。

在功能独立的基础上，如何定义整体内的部分，以及如何确定整体内的部分的数量，以便谈论整体的确定的分化程度，这是我们面临的任务。

第二，与简单相互依赖而非组织相互依赖有关的分化。

一个特定整体的功能分化的程度取决于所考虑的独立性的类型和程度。

在这里，我们将区分整体中各部分相互依赖的两种类型。

一种相互依赖被称为"简单相互依赖"，具有以下特点。首先，它建立在一个过程的基础上，该过程具有从一个部分根据邻近程度向邻近地区扩散的特征。其次，被依赖部分的变化通常发生在使其状态与影响部分的状态达到均衡的方向上。例如，张力的扩散意味着相邻部分倾向于发生变化，从而使所有部分都接近张力相等的状态。最后，部分 a 对部分 b 的依赖在本质上与部分 b 对部分 a 的依赖属于同一类型，尽管它们的依赖程度可能并不相同。

另一种相互依赖被称为"组织相互依赖"，具有与简单相互依赖相当不同的特征。首先，它是 a 和 b 两部分之间的一种依赖关系，类似于领导者和被领导者之间的依赖关系，或者使用工具的人和工具之间的依赖关系。在这种情况下，部分 a 对部分 b 的依赖方式显然与部分 b 对部分 a 的依赖方式大相径庭。其次，组织相互依赖通常不会像张力那样从邻居到邻居地扩散。这是一个选择性的过程：有时是系统的这一部分，有时是系统的那一部分，以特定的方式被用作工具。例如，同样的需求可能在肌肉系统的不同部位产生有组织的活动。最后，由部分 a 和部分 b 有组织的相互依赖所产生的变化通常不会倾向于使部分 a 和部分 b 的状态趋于均衡。从属部分 b（被引导部分，工具）的变化方式有助于部分 a（引导部分）实现其目标，但不会导致两者之间达成更大的最终平等。

在谈到人的分化程度时，我们仅指第一种依赖，即简单相互依赖。

2. 确定动态整体中细胞的数量

a 和 b 两个区域既不完全依赖，也不完全独立。独立性问题，尤其是整体中各部分的独立性问题，是一个程度问题。区域 a 与区域 b 的独立程度 $[indep\,(a,\,b)]$ 可以用 b 的状态发生变化而不影响 a 的状态的程度来定义（见附录）。由此，我们可以定义一个区域与其周边环境的独立程度。

第一，分化以整体内的自然部分（细胞）为前提。

在有限的同质整体，如容器中的液体中，可以任意指定区域 a 和区域 b，它们可能在相当大的程度上是独立的。然而，如果没有明显的自然部分，就不能说这个整体出现了分化。这样的部分可以被定义为：一个部分内的子区域之间高度相互依赖，但不同部分的子区域之间的相互依赖程度明显较低。

换句话说，分化整体的概念以整体内自然部分的存在为前提。我们可以把整体的自然部分称为"细胞"（见附录）。

用 $bo\,(c,\,n)$ 表示一个自然细胞 c 与相邻细胞 n 的独立程度，可被解读为：抵抗来自 n 的影响的 c 的功能边界的强度（见附录）。

相邻细胞的独立程度在同一整体内和不同整体内都可以不同。不显示自然部分的整体可被称为"未分化"。

无论是从心理学上还是从生物学上看，大多数生物，包括人，似乎都具有以下特征：由自然子单位组成。换句话说，生物体具有有限的结构，类似的有限性也是整个生活空间的特征。

第二，分化程度。

一个整体的分化程度可以被定义为其细胞的数量。

细胞被定义为与其相邻单位具有一定程度的独立性。在特定整体（W）内，可区分的分离细胞的数量，或者说，其分化程度 $[dif^k\,(W)]$ 取决于其细胞必须被视为两个独立细胞的独立程度（k）。这两个值呈反比关系。

（10）$dif^k\,(W)=F\,(1/k)$

然而，分化程度通常不会随着 k 的增加而连续下降，而是在 k 从略低于自然相邻细胞的独立度 $[bo\,(c,\,n)]$ 增加到略高于它的值时出现突然下降的点（见附录）。换句话说，一个整体的分化程度是由整体的自然细胞决定的。并不排除这样一个事实，即整体的分化程度是相对于某些任意要求的依赖水平或独立水平而言的。

（二）整体的统一性和分化程度

成长中的孩子表现出越来越大的分化，这部分基于这样一种观察：成长中的孩子的统一性只要建立在单纯依赖（扩散）的基础上，似乎就会减少。我们已经讨论过有关这种变化的各种表现。对于回归理论来说，确定一个整体的分化程度与其统一程度之间的概念关系至关重要。

1. 整体统一程度的定义

整体的动态统一性是指整体中一个部分的状态依赖于该整体中其他部分状态的程度。当各部分之间相互依赖的程度最大时，这个整体的统一性就最大。

从技术上讲，可以用许多不同的方式来定义统一性（如参考各部分的平均依赖性）。我们将整体的统一性定义为任何部分 x 对任何其他部分 y 的最小依赖。换句话说，我们将用一个整体的最小依赖部分的依赖程度（dep）来衡量该整体的简单统一程度 $[si\ uni\ (W)]$。

（11）$si\ uni\ (W) = dep^{min}\ (x,\ y)$

整体 W 的统一性的这个定义意味着，如果整体中任何部分的状态发生变化，并且程度超过了定义整体统一性的程度，则整体的每一部分都会受到影响。

统一度这一概念既可以用于未分化的整体，也可以用于分化的整体，以及任意定义的整体（包含两个或两个以上不相连的区域）。也可以通过类似用于细胞定义的方法，对整体进行定义（见附录）。

2. 整体的统一性、分化及直径

这样定义的整体的统一性与其分化程度有什么关系？换句话说，整体中一个细胞的状态取决于与整体中任何其他细胞状态的亲密关系，这种亲密关系与这个整体包含的细胞的数量有何关系？

在下面的讨论中，我们将把分析局限于每个细胞与其他细胞动态相等的整体上，特别是在与相邻细胞的独立程度 $[bo\ (c,\ n)]$ 上。

在细胞数量相同的情况下，假设任何两个相邻的细胞在整体中表现出相同的独立程度，那么相邻细胞的独立程度越高，细胞整体的统一程度越低（见附录）。

　　人们可能会认为，整体的统一性会随着分化而降低，也就是说，会随着细胞数量的增加而降低。这并不完全正确。

　　即使每个细胞与其相邻细胞的独立程度相同，细胞数量的增加也不一定导致整体统一性的减少。例如，图 12 中整体 W' 的差异化程度为 6，而 W'' 的差异化程度为 12。然而，两个整体的统一度相同。因此，整体的统一性不仅取决于每个细胞的独立程度和细胞数量，还取决于这些细胞的分组方式。

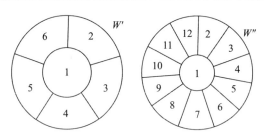

图 12　整体的中心层和边缘层

W' 表示一个包含 1 个中心细胞和 6 个边缘细胞的整体。其中，1 为中心细胞；2—6 为边缘细胞。W'' 表示一个包含 1 个中心细胞和 12 个边缘细胞的整体。其中，1 为中心细胞；2—12 为边缘细胞。W'' 比 W' 更分化，但两者的简单统一程度相同。

　　附录中更详细的讨论表明，对整体的统一性起决定性作用的结构因素是整体内任意两个细胞之间的最大霍道罗基距离（hodological distance），该距离通过从一个细胞到另一个细胞的最小步数来衡量。我们将整体中任意两个细胞之间的最大距离称为"整体的直径"。

　　如果整体的细胞在其他方面相等，则整体的统一程度与相邻细胞的独立程度和整体的直径成反比。

$$(12)\ si\ uni\ (W) = F\left(\frac{1}{bo\ (c,\ n),\ e_{x,y}^{max}}\right)$$

3. 发展过程中细胞独立性的增强

　　在发展过程中，个体的统一性不断减弱，这可能与其分化程度不断提高有关，或者更准确地说，与其直径有关。实际上，似乎还存在第二个影响因素在发挥作用。库宁（Kounin）关于伴同餍足的研究表明，在相同心理年龄但不同实际年龄的个体中，可能存在分化程度相似但人体内相应区域独立程度不同的情况（22）。这项研究进一步表明，随着年龄的增长，个体的灵活性逐渐降低，趋于僵化。

　　人们可以在相邻细胞的不同张力状态下协调细胞边界上的某些力。这些力的强度取决于这些张力状态的差异程度。因此，两个相邻细胞的独立程度可以被认为与边界上可维持的最大张力差相关联。换句话说，它可以与边界两侧的力的最大强度差相关，或者可以被称为"合成边界力"（resultant boundary force）的最大强度。

这种表征方式便于描述依赖的相对性：一个整体内的两个细胞可能在较强的合成边界力方面相互依赖，在较弱的合成边界力方面各自独立。这意味着，给定整体的分化程度是相对于细胞必须独立的力的强度的反函数［见公式（13a）］。

（三）分层：中心层和边缘层；内层和外层

根据迄今为止的讨论，我们可以将整体内部区分为不同的层次。心理学家已经开始运用层次的概念，尤其在涉及更中心和更边缘的层级时。在考虑人的需求和个体可及性的时候，这种区分相当重要。

人们可以根据不同的特征来区分两种层次。我们再次将讨论局限于最简单的情况，即所有细胞在整体内具有相同的动态特性。

1. 中心层和边缘层

在整体（$e_{c,y}^{max}$）内，从细胞 c 到任何其他细胞 y 的最大距离通常并不相同。可以用相对较少的步骤从一些细胞到达其他细胞。例如，在图 12 中，对于细胞 1 来说，最大距离等于 1；对于其他细胞来说，最大距离等于 2。在整体内，距离等于整体直径的细胞被称为"边缘细胞"，它们的总体被称为整体的"边缘层"。从边缘层出发，我们可以区分出越来越中心的层级（见附录）。在图 12 中，最中心的层级是细胞 1。

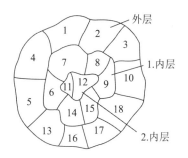

图 13　整体的外层和内层

外层包含细胞 1、2、3、10、18、17、16、13、5、4；第一层内层包含细胞 6、7、8、9、15、14；第二层内层包含细胞 11、12。

由于位置因素的作用，中心细胞的影响力要大于边缘细胞的影响力。在中心层中，一个细胞对其他细胞产生影响所需的最小变化较小。因此，整体的状态更多地取决于中心细胞的状态。

平均而言，中心细胞更容易受到整体中其他地方的变化的影响。因此，它们对整体的状态更加敏感。

显然，这些事实可能与心理学中通常归于更中心层的一些属性有关。应该强调的是，我们这里所讨论的并不是统治与被统治的关系，而是基于简单相互依赖的相对重要性。中心层本身的统一性相较于整体（假设该整体包含边缘细胞）的统一性更为显著。

图 14 中，中心层包含细胞 3、7、8，因为这些细胞到整体内部另一个细胞 y 的最大距离（$e_{c,y}^{max}$）为 2。对边缘细胞来说，这个最大距离（$e_{c,y}^{max}$）为 3，因为边缘细胞与整体没有共同边界。内层只包含细胞 8。细胞 3 和细胞 7 虽然位于中心区域，但从距离判断属于边缘细胞。

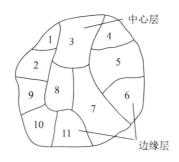

图 14　中心细胞是整体外层的一部分

2. 内层和外层

细胞的中心度（degree of centrality）涉及的是细胞受整体内部变化影响的难易程度。细胞的位置对其整体外部变化有何影响？这个问题可以通过区分内层和外层来回答。与整体边界直接相邻的细胞可称为"外层细胞"，它们的总和构成了整体的外层（见图 13）。从外层开始，我们可以用类似的方法区分出越来越多的内层。上述自我与环境之间的距离逐渐增大的情况，很可能与个体在发展过程中经历的分层现象日益增多有关。

中心细胞通常位于内层，不过有时可能属于外层（见图 14）。

（四）作为整体的状态的异质性和多样性

发展过程中一个显著的行为特征是行为的多样性不断增加。从动态的角度看，行为的多样性必须与特定机体所能实现的状态模式的多样性相联系。

1. 整体的同质性、分化和统一性

一个高度分化的整体可以是非常同质的。例如，细胞的张力状态可能在整体中保持一致。然而，两个细胞状态之间的最大差异与整体分化的某些方面存在着一定的关联。更深入的讨论（见附录）表明，一个整体内的最大异质性（inhomogeneity），即任意两个部分状态之间的最大差异，与其直径和相邻细胞的独立程度密切相关。最大异质性是整体统一性的反函数。

2. 模式的多样性

在一个给定的整体中，可以实现的状态模式的数量取决于细胞的独立程度、直径，以及细胞的数量，即整体的分化程度（见附录）。

迄今为止，我们对动态整体的讨论都基于一些相当普遍的特性。要把这些特性与人的实际行为联系起来，就必须考虑生物体更具体的特征。从生物学和心理学角度来看，细胞状态的改变是有限度的，一旦超过这个限度，细胞之间或细胞本身的边界会遭到破坏，生物体就会死亡。这一事实将生物整体细胞状态的变化限制在狭窄的范围内和明确的绝对水平上。它对有机体整体中可以实现的各种模式设置了非常明确的限制。

如果一个细胞或整体的较大部分因受到外界影响或张力需求等因素的影响而维持在一个固定的水平上，那么可能的状态模式的多样性会减少。换句话说，行为的灵活性和丰富性就会降低。对于特定整体来说，行为模式多样性减少的程度主要取决于三点：保持在一定水平上的细胞的中心度；该水平偏离正常状态的程度；这些细胞的数量（见附录）。行为种类的减少可以被看作一种回归。因此，这些因素对于理解回归具有重要意义。

（五）层级组织的程度

我们区分了简单相互依赖和组织相互依赖。在讨论了整体各部分之间简单相互依赖的函数的分化、统一和多样性之后，让我们转而讨论一下基于各部分组织相互依赖的整体属性。

具有组织相互依赖特征的领导和被领导的关系，可以借助权力场这个概念来表示。权力场在社会心理学中已经显示出实用性，表示一个人诱导作用于另一个人的力的能力。人们可以区分权力场的强度和范围。领导者与被领导者的关系的一个重要方面是，领导者对被领导者的权力场强于被领导者对领导者的权力场。

我们可以将这一概念应用于整体的各个组成部分，并通过参考权力场来区分领导细胞和被领导细胞。例如，作用在运动区域细胞上的力可以归因于内在个人区域细胞的权力场的影响（25）。

统治其他细胞的细胞本身也可能被第三组细胞统治。我们可以通过统计每个统治一个被统治者的细胞层的数量来界定一个整体的层级组织程度。

（六）整体的组织统一性

从概念上澄清组织统一性的含义是一项必要但相当困难的任务。"组织统一性"这个术语通常与"和谐"或"效率"联系在一起。一个组织良好的单位是一个整体，只有一个而不是两个或多个相互竞争的"头"。如果执行机构不服从或不轻易服从领导的诱导力，人们就会说该机构组织混乱，或者缺乏统一性。

似乎可以用一个相对简单的公式来表示组织的两个方面，该公式指的是整体中具有头部功能部分的权力场强度与整体其他部分的权力场强度的关系（见附录）。

在某种程度上，整体的组织统一性取决于被统治细胞，即科夫卡（Koffka）所说的执行部分①的属性（21）。如果执行部分具有海德尔（Heider）所定义的良好媒介的性质（14），即由众多相对独立的部分构成，且其状态可以轻易改变，那么整体的组织统一性将达到最优状态。这一点作为回归的条件非常重要。

在个体童年时期，至少在童年早期，作为媒介的执行机构的效率可能较高。但是，层级组织中的领导数量可能并不是呈现出简单的稳定增长的态势。在某些时期，个体可能由一个领导区域控制，并且其组织统一性会相应变高。然而，发挥领导作用的区域可能会分化成相对独立的细胞，这将降低儿童的组织统一性。随后，新的领导区域可能会出现，并可能伴随着进一步的分化。通过这种方式，整体的层级组织会增加，同时其组织统一程度也将随着领导的分化和组织而呈现出周期性的波动。行为的发展经常会经历更和谐和更不和谐的阶段（危机），这可以证明该观点的正确性。

（七）生活空间的扩展

生活空间的范围可以用其他概念手段来表示（见第六章）。我们可以区

---

① 科夫卡用这个术语表示系统中负责执行的部分。

分三个主要的扩展维度。第一个维度涉及个体具有当前现实特征的区域的范围和分化。第二个维度涉及现实和非现实维度的日益分化。第三个维度涉及心理时间维度的扩展，即在特定时间，作为生活空间的组成部分的心理过去和心理未来的扩展。

如果缩小生活空间现实层面的范围，或者减少心理时间维度或现实和非现实维度，会导致行为的回归。此外，如果切断现实层面与非现实层面之间的功能联系，即切断幻想与行动之间的联系，也会导致行为发生变化，表现出某些回归的特征。

参考资料

1. ALLPORT G W. Personality：a psychological interpretation ［M］. New York：Henry Holt & Company, 1937.

2. BIRENBAUM G. Das Vergessen einer Vornahme ［J］. Psychologische Forschung, 1930, 13：218-284.

3. BRIDGES K M. The social and emotional development of the preschool child ［M］. London：Kegan Paul, Trench, Trubner, 1931.

4. BRYAN W L. On the development of voluntary motor ability ［J］. American Journal of Psychology, 1892, 5：123-204.

5. BÜHLER C. From birth to maturity：an outline of the psychological development of the child ［M］. London：Kegan Paul, 1935.

6. CAMERON N. Reasoning, regression, and communication in schizophrenics ［J］. Psychological Monographs, 1938, 50（1）：1-34.

7. DEMBO T. Der Ärger als dynamisches Problem ［J］. Psychologische Forschung, 1931, 15：1-144.

8. FENICHEL O. Outline of clinical psychoanalysis ［M］. New York：Psychoanalytic Quarterly Press, 1934.

9. FLETCHER J M. The wisdom of the mind ［J］. Sigma Xi Quarterly, 1938, 26：6-16.

10. FREUD S. Introductory lectures on psychoanalysis ［M］. RIVIERE J, trans. 2nd ed. London：Allen & Unwin, 1933.

11. GOLDSTEIN K. The organism ［M］. New York：The Macmillan

Company, 1939.

12. GOODENOUGH F L. Anger in young children [M]. Minneapolis: University of Minnesota, 1931.

13. HALVERSON H M. An experimental study of prehension in infants by means of systematic cinema records [J]. Genetic Psychology Monographs, 1931, 10: 107-286.

14. HEIDER F. Ding und Medium [J]. Symposion, 1927, 1: 109-157.

15. HOMBURGER E. Configurations in play: clinical notes [J]. Psychoanalytic Quarterly, 1937, 6: 139-214.

16. IRWIN O C. The amount of motility of seventy-three newborn infants [J]. Journal of Comparative Psychology, 1932, 14: 415-428.

17. IRWIN O C. The distribution of the amount of motility in young infants between two nursing periods [J]. Journal of Comparative Psychology, 1932, 14: 429-445.

18. KARSTEN A. Psychische Sättigung [J]. Psychologische Forschung, 1928, 10: 142-254.

19. KLUVER H. Behavior mechanisms in monkeys [M]. Chicago: University of Chicago Press, 1933.

20. KOFFKA K. The growth of the mind: an introduction to child psychology [M]. OGDEN R M, trans. 2nd ed. New York: Harcourt, Brace & Company, 1928.

21. KOFFKA K. Principles of Gestalt psychology [M]. New York: Harcourt, Brace & Company, 1935.

22. KOUNIN J S. Experimental studies of rigidity [J]. Character and Personality, 1941, 9: 251-282.

23. KRECHEVSKY I. Brain mechanisms and variability I, II, III [J]. Journal of Comparative Psychology, 1937, 23: 121-159, 351-364.

24. LASHLEY K S. Brain mechanisms and intelligence: a quantitative study of injuries to the brain [M]. Chicago: University of Chicago Press, 1929.

25. LEWIN K. Principles of topological psychology [M]. New York: McGraw-Hill Book Co. , 1936.

26. LEWIN K. The conceptual representation and the measurement of psychological forces [J]. Contributions to Psychological Theory, 1938, 1 (4).

27. MCCARTHY D A. The language development of the preschool child [M]. Minneapolis: University of Minnesota, Institute of Child Welfare, 1930.

28. MCDOUGALL W. Outline of abnormal psychology [M]. New York: The Macmillan Company, 1922.

29. MAIER N R F. The effect of cerebral destruction on reasoning and learning in rats [J]. Journal of Comparative Neurology, 1932, 54: 45-75.

30. MILLER N E, STEVENSON S S. Agitated behavior of rats during experimental extinction and a case of spontaneous recovery [J]. Journal of Comparative Psychology, 1936, 21: 205-231.

31. MOWRER O H. An experimental analogue of "regression" with incidental observations on "reaction formation" [J]. Journal of Abnormal and Social Psychology, 1940, 35: 56-87.

32. PIAGET J. La construction du réel chez l'enfant [M]. Neuchatel: Delachaux, 1937.

33. SLIOSBERG S. Zur Dynamik des Ersatzes in Spiel und Ernstsituationen [J]. Psychologische Forschung, 1934, 19: 122-181.

34. SMITH M E. An investigation of the development of the sentence and the extent of vocabulary in young children [J]. University of Iowa Studies in Child Welfare, 1926, 3 (5).

35. SPENCER H. The principles of psychology [M]. London: Williams & Norgate, 1872.

36. WELLMAN B L. The development of motor coordination in young children: an experimental study in the control of hand and arm movements [J]. University of Iowa Studies in Child Welfare, 1925, 3 (4).

37. WELLS F L. Social maladjustment: Adaptive regression [M] // MURCHISON C. A handbook of social psychology. Worcester: Clark University Press, 1935.

第六章

场论和社会心理学实验

（1939）

我想，社会学家有理由对心理学的发展趋势感到满意。传统上，心理学家似乎或多或少感到有义务强调个体的生物特性，相信物理和生理过程的真实性，却对社会分类持怀疑态度，并把那些声称社会事实和物理事实一样真实的人视为神秘主义者。

最近，越来越多的心理学家开始放弃这种观点。他们似乎相信，对心理学来说，社会事实与生理事实同等重要，甚至更重要。很多心理学家认识到，个体从出生的第一天起，客观上就是社会环境的一部分。而且，所谓主观心理世界，即个体的生活空间，在很早的阶段就受到了社会事实和社会关系的影响。孩子在几个月大的时候，似乎就已经对他人的微笑和声音有了相当具体的反应。可以肯定地说，孩子能够感知和区分他人的友好和不友好的年龄，要早于他能够辨别表达这些社会态度的面部物理线条图案的年龄。

从儿童时期开始，个体的行为就在各方面受到他所处的社会环境多方面的影响。当然，个体的士气、宗教观、政治价值观由他作为社会成员的身份及其对社会的反应决定。考虑到文化人类学和实验心理学的结论，我认为，社会会影响个体的每一个行动，包括看似与社会无关的行动。

个体的行为要么是一种定向行动，要么是一种情绪表达。实验心理学表明，目标的形成直接取决于控制抱负水平的规律，特别是取决于成功或失败对提高和降低抱负水平的影响。相关实验清楚地表明，抱负水平在很大程度上受到一些社会事实的影响，如其他人的存在与否、情境的竞争性或非竞争性。文化人类学表明，这些思想意识在不同的文化中差异极大。适当的表扬或社会氛围的改变能够在很大程度上改变个体对失败的情绪反应。这显然证实了一个普遍的论点，即个体对紧张情绪的管理取决于特定的社会和文化背景。①

由此可见，实验心理学有助于社会学家实现他们最热切的梦想：证明社会事实对行为根本的、直接的和广泛的影响。

越来越多的心理学家强调心理事实的历史方面和社会方面；即使那些笃信刺激—反应心理学的人，也对尽可能多地了解和接近社会事实表现出特殊的兴趣。在这个基本问题上，心理学家和社会学家之间不应存在对立。

一

不过，对行为的社会依赖性的洞悉并没有解决心理学家的问题，问题反而是从这里开始的。对社会学家来说，问题也应该从这里开始。心理学，包括社会心理学，不可能满足于任何普遍性（无论多么正确）。它对科学概念和理论的判断在很大程度上根据的是是否有能力以一种足够具体的方式处理动态的相互依赖问题，以应对实验或临床的具体任务。

数百年来，人们普遍认为人格、意志和情绪不受严格规律的约束，无法通过实验进行研究。从长远来看，社会学和心理学中的迫切需要（dire necessitas）必然比形而上学的偏见更强大，社会学似乎已经准备好迈出远离偏见的重要一步。心理学作为一门科学，至少在某些领域，其技术和概念更为先进。然而，总体来看，特别是在社会心理学方面，心理学也面临着发展一种普遍方法的任务，这种方法为解决广泛和多样化领域的具体问题提供了具体的概念工具。

社会心理学可能比心理学和社会学的任何其他部分都更能说明需要什么。社会心理学的发展取决于能否克服以下困难。

（1）对大量事实和众多方面的整合：发展一种科学语言（概念），它能够在共同的基础上处理文化、历史、社会学、心理学和物理事实。

（2）在相互依赖的基础上处理这些事实。

（3）处理历史问题和系统问题。

（4）处理与群体、个体有关的问题。

（5）应对不同大小的物体或模式（社会心理学必须包括国家及其情境

---

① L. K. Frank，"The Management of Tensions," *Am. J. Sociol.* 33（1928）：705-736.

问题，以及三个孩子的游戏小组和他们的瞬时斗争的问题）。

（6）氛围问题（如友好度、压力等）。

（7）实验社会心理学必须找到一种方法，将大尺度的模式纳入一个足够小的框架，以使实验在技术上具有可能性。

社会心理学要整合的事实种类繁多，即使是大胆的科学头脑也会感到担忧。它们包括价值观、思想意识、生活方式、思维方式，以及其他文化事实；包括社会学问题，即群体和群体结构，群体的等级程度和组织类型，或者农村和城市的差别、城乡的僵化与流动等问题；包括所谓心理问题，如一个人的智力、目标、恐惧及个性；包括生理事实，如这个人的健康水平、强壮程度、头发的颜色和肤色；包括物理事实，如个人或群体所在物理区域的大小。

将这些事实分类放入"笼子"里，无论这些"笼子"多么准确和贴切，都是一种消极的处理方法。如今，人们普遍认为，需要用积极的方法将这些不同类型的事实整合起来，以便在一个层面上处理它们，同时又不会牺牲对其特征的认识。青春期问题就是一个例子，它特别清晰地表明，必须找到一种方法，在科学语言的一个领域内，用概念话语的一个单一领域来应对身体的变化、思想意识的转变和群体归属感的产生。问题是如何才能做到这一点。

行为主义试图通过将一切解释为条件反射来回答这个问题。这种方法吸引人的主要原因之一与"科学的统一性"思想广受欢迎的原因相同：它似乎把每一个问题都放在生理基础上（尽管事实上并非如此），这样一来就有望在一个层面上整合各种不同的事实。

如今，大多数社会学和社会心理学研究者都会同意，用物理或生理学的概念和规律来描述和解释社会心理过程的方案，充其量只是思辨哲学家可以讨论的一种遥远的可能性。但这样的方式绝对不是攻克当今社会心理问题的现实研究方案。对物理学、社会学和心理学之间的根本差异进行详细阐述，并不会有所帮助。

要充分讨论上述问题，就需要对科学的比较理论中的某些问题进行更深入的探讨。在我看来，解决之道有三：一是科学应被视为问题的领域，而非物质的领域；二是不同的问题领域可能需要不同的构建和定律的话语体系（如物理学、美学、心理学和社会学）；三是其中不同领域或多或少指向同一个物质世界。

出于实用目的，社会学或心理学等科学应该完全自由地使用它们认为最适合处理其问题的构建类型，应该试图在自己的领域找到我们已经讨论过的整合，不应该仅仅出于哲学上的原因（例如，因为某些哲学或流行的形而上学而只将真实现实应用于物理实体）而不得不使用另一门科学的构建。此外，这些科学要对自己的权利充满信心，不必害怕使用可能与其他科学相似或不相似的方法与概念（如数学概念）。

场论方法旨在成为一种实用的研究工具。作为工具，只有在实际研究中使用它，才能充分理解它的特点。因此，相较于抽象地陈述一般的方法论原则，我更愿意讨论作为例证的青春期问题和对社会群体的定义。讨论这些问题的目的并不是证明某些事实或理论（这些事实或理论可能完全正确，也可能不完全正确），而是考察适用于社会心理学的场域理论方法的某些主要方面。在讨论这些例子时，我将不时指出其他问题类似的方面。

二

之所以选择青春期这个问题，是因为青春期特有的行为变化，乍一看似乎为社会学中的生物学观点提供了极好的支持。显然，青春期与性激素和身体发育的特定时期有关。然而，最近对青春期问题的研究似乎更强调其社会方面。有研究者特别指出，青春期的典型行为在不同社会中有很大的不同。[1] 这两种观点都有相当多支持和反对的证据。

争论青春期是生物效应还是心理效应并不能提供什么实质性帮助。试图通过统计方法界定这个问题在多大程度上是生物性的还是心理性的，也无济于事。即使找到了答案，它也不会像确定遗传和环境对智力影响的程度那样有价值。我们仍然无法深入了解身体因素和社会因素是如何既相互影响又相互制约，从而综合影响青少年的具体行为的。从分析具体案例中的环境入手似乎更有成效。

关于青春期问题，首先参考那些显示出典型的青少年行为困难的案例可能会有所帮助。对这种情境的场论分析应该能提供一些提示，表明什么条件会加重或减轻相关症状。

青春期可以说是一个过渡时期。它似乎意味着，在某些情况下，个体

---

① Luella Cole, *Psychology of Adolescence* (New York: Farrar &Rinehart, 1936); E. B. Reuter, "The Sociology of Adolescence," *Am. J. Sociol.* 43 (1937): 414-427.

相较于之前的时期会发生更迅速或更深刻的转变。在经历了相当重要的变化后，个体在三岁左右会出现比较稳定的情境。也许会出现小危机，但在青春期出现特殊困扰特征之前，可能会有一段相对平静或稳定的时间。如果试图描述这种过渡的性质，可以指出如下方面。

（一）可以把青春期看作群体归属感的变化

个体一直被自己和他人视为孩子。现在，他不希望被当作孩子。他准备把自己从幼稚的事物中抽离出来，认真地进入成年人的生活，无论是在举止上，还是在对职业乃至整个生活的看法上。从一个群体到另一个群体的归属感的变化，对一个人的行为来说至关重要；对个体来说，这种归属感越核心，这种变化越重要。群体归属感的转变是一种社会移动，也就是说，它改变了当事人的地位。

一个简单的事实是，个体的行为首先取决于他当时所处的位置，但这一点在心理学和社会学中仍未得到充分认识。通常情况下，在一个事件发生之前和发生之后，世界的面貌是截然不同的，而这个事件改变了个体所在的区域。位置的改变，如从一个团体迁移到另一个团体，不仅改变了个体瞬间所处的环境，而且或多或少改变了整个环境：以前很容易到达的邻近地区，现在可能离得较远或根本无法到达；以前不相邻的区域现在相邻，同时出现了新的可以进入的区域。如图 15 所示，进入成人群体后，儿童以前被禁止的某些活动现在被社会允许。不过，可能存在一些并不适用于儿童的成人禁忌。

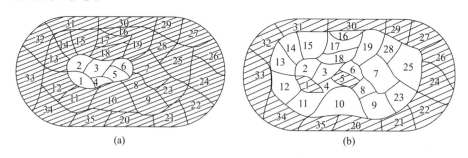

(a)　　　　　　　　　　　(b)

图 15　儿童和成人自由活动空间对比

图 15 展示了实际活动区域。可进入区域为空白，不可进入区域为阴影。（a）儿童的自由活动空间包括区域 1 至区域 6，代表着以儿童价格进电影院、参加儿童俱乐部等活动。区域 7 至区域 35 是不可进入区域，代表儿童无法参与的活动，如开车、购物时签写支票、参与政治活动、从事成人职业等。（b）成人的自由活动空间显然宽泛得多，但

也受到了某些不可进入的活动区域的限制，如枪击敌人或者参与超出社交或智力能力范围的活动（区域 29 至区域 35）。一些儿童可以进入的区域成人无法进入，如以儿童价格进电影院，或者做一些对成人来说是社会禁忌但允许儿童做的事情（区域 1 至区域 5）。

（二）从儿童到成人的转变或多或少是未知的

在心理上，从儿童群体进入成人群体相当于进入一个未知区域，堪比进入一个新的城镇。例如，学习场实验可以大致描绘出熟悉情境和陌生情境的基本差异。陌生情境可以在心理上被描绘为认知上的非结构化区域。这意味着该区域没有被清晰明确地划分为可辨认的部分。因此，我们并不清楚某个行动会导致什么结果，也不清楚为了接近某个目标应该朝着哪个方向前进。领域缺乏明确方向是在未知环境中被发现的典型的"不确定性行为"的主要成因之一。对社会压力及上升行为和顺从行为的研究清楚地表明，处在陌生情境中的个体不太愿意反抗或表现出上升行为。[①] 陌生情境在动态上相当于松软的地面。更具体地说，由于缺乏清晰的认知结构，个体的每一个行为都可能相互冲突。个体不知道行动是否会使自己离目标更近或更远，因此不确定是否应该实施行动。

个体的发展会导致新领域的开发。过渡时期的特点是，新领域的影响非同寻常。进入一个新的社会群体，可能类似于被扔进一个认知上非结构化的场域，被迫站在不稳固的地面上，不知道自己正在做的事情是否正确。青少年行为的不确定性和青少年生活中的冲突，部分可以被解释为对他即将进入的成人世界缺乏清晰的认知（见图 16）。由此可见，个体越是被挡在成人世界之外，越是对成人世界了解得少，这种不确定性就越大。

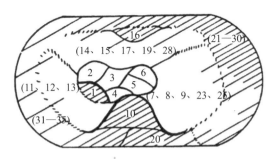

图 16　青少年自己感知的自由活动空间

① L. M. Jack，"An Experimental Study of Ascendant Behavior in Preschool Children，" *Univ. Iowa Stud. Child Welf.* 9，no. 3（1934）.

自由活动空间大大扩展，包括许多孩童时期无法进入的区域，如抽烟、晚归、开车（区域 7 至区域 9、区域 11 至区域 13 等）。成人可以进入的某些区域，青少年明显不可进入，如投票（区域 10 至区域 16）。儿童可以进入的某些区域也变成了不可进入，如买儿童票进电影院，或者表现得过于幼稚（区域 1）。这些新获得的自由活动空间的边界比较模糊。在这种情况下，青少年的生活空间似乎充满了可能性，同时也充满了不确定性。

（三）对个体来说，一个特别亲密和重要的区域就是自己的身体

一般来说，个体对自己的身体有足够的了解。这意味着他知道自己能由身体得到什么，以及在特定的环境下身体会如何反应。性成熟带来了一些变化，这些变化有时会让个体感到困扰。身体或多或少会出现一些新奇的体验，使生命空间的这一部分变得陌生和未知，而这一部分对个体来说又是如此亲近和重要。在这种情况下，变化不仅意味着陌生情境带来的不确定性，而且意味着一个以前看似熟悉和可靠的领域现在变得陌生和不可靠。这种变化必然会动摇个体对其所处环境稳定性的信念，甚至动摇个体对整个世界稳定性的信念。身体区域对任何人来说都非常重要且处于核心地位，因此这种怀疑可能是根本性的。一方面，它可能导致行为的不确定性和冲突的增加；另一方面，它可能导致青春期的攻击性。

这种解释与墨菲（L. B. Murphy）的发现一致，即不安全的环境会导致强烈的攻击性和高度敏感的行为。[①] 突然失去坚定的信仰可能会产生灾难性的影响，这一点在养子女的案例中得到了证明。养子女在成年后发现自己有亲生父母时会经受巨大的冲击。这种社会基础的崩溃带来的创伤可能会永久性地摧毁他们对世界的信念。

（四）激进主义使一些青少年倾向于极"左"或极"右"，并在许多判断上变得极端

一个激进变化的时期自然是一个可塑性强的时期。个体正处于从区域 A 移动到区域 B 的状态。他从区域 A 中脱离出来，但尚未在区域 B 中站稳脚跟，这一事实使他处于不太稳定的位置，并使他像所有处于新生状态的对象一样富于可塑性。

心理环境在功能上必须被视为一个相互依赖的场的一部分，即生活空

---

① L. B. Murphy, *Social Behavior and Child Personality: An Exploratory Study of Some Roots of Sympathy* (New York: Columbia University Press, 1937).

间，而生活空间的另一部分是人。这是场论方法的基调，在心理学中已经
以各种形式得到越来越多的认可，并可以用以下公式进行表达：行为＝人与
环境的函数＝生活空间的函数 $[B=F（P，E）=F（L Sp）]$。因此，心理环
境的不稳定性会在某些方面导致个体更大的不稳定性。"确立"意味着在高
度分化的生活空间中拥有明确的位置和明确的关系：在这种情况下，任何
重大变化都意味着经历许多步骤和相互关系的转变。在一个未确立的情境
下，场的分化程度不高，分化状况不牢固。个体从一个区域到另一个区域
的位置转移，在分化程度较低的场中可能只是一个步骤，在分化程度较高
的场中则必须被视为重大变化（相当于许多步骤）。同样，在现实中，青少
年思想场域的认知结构发生的变化也不是非常大，而且很容易发生。认知
分化可能是青少年容易走向极端的原因之一。

（五）生活空间向未知区域的扩展不仅涉及地理环境（对旅行、远足等
活动的兴趣）和社会环境（更具包容性的社会群体，如政治或职业群体），
还涉及生活空间的时间维度

各个年龄段的人都会受到他们看待未来的方式，即他们的期望、恐惧
的影响。

在个体发展过程中，影响个体当前行为并因此被视为当前生活空间一
部分的未来时间范围不断扩大。这种时间透视的变化是发展最基本的事实。
从时间透视来看，青春期是一个变化尤为深刻的时期。

这种变化可以部分地被描述为范围的转变。某些目标考虑的不是几天、
几周或几个月，而是几年。关键在于，未来的事件是如何影响现在的行为
的。一个六岁或八岁的孩子对于成年后的职业的想法，不大可能建立在充
分认识对可能帮助或妨碍这些想法实现的因素的基础上。他们的想法可能
基于相对狭窄但明确的期望，或者有幻想或游戏的特征。换句话说，对于
遥远的未来，理想目标和现实目标并没有太大的区别，这个未来更具有非
现实层面的流动性。

关于时间透视的明确区分很可能发生在青春期。在代表未来的生活空
间的部分，现实层面和非现实层面正在逐渐分化。梦想或希望的东西（未
来的非现实层面）与预期的东西（未来的现实程度）分离开来。在为未来
的职业做准备方面，模糊的想法必须被明确的决策取代。换句话说，个体
必须进行计划：必须考虑以一种既符合个人的理想目标或价值观又符合现

实情况的方式来构建时间透视。

青少年在这方面的处境是特殊的，因为他必须在一个特别庞大、未知的场中形成时间透视。他从书本和成人的建议中了解的个体可能取得的成就充满矛盾：成人赞美那些实现了看似不可能的成就的英雄，同时又宣扬脚踏实地。

青少年发现成人（他即将加入的群体）实际上也充满矛盾。在成人群体中，各种相互冲突的宗教、政治和职业价值观显然具有强大的力量。一个人在青少年时期可能未形成成熟稳固的价值观框架，也可能已经抛弃了童年时期的价值观。无论哪种情况，在青春期，他的时间透视的结构都是不稳定和不确定的。他既不确定自己能做什么，也不确定自己应该做什么。理想和价值观的不确定性使青少年处于一种冲突和紧张的状态。这些问题越是核心，这种状态就越明显。想要以一种明确的方式构建场（并以此解决冲突），似乎是青少年愿意追随任何提供明确的价值观模式的人的原因之一。

（六）从童年到成年的转变可能相当突然，也可能在儿童和成人并不泾渭分明的群体环境中逐渐发生

在所谓青春期困境中，青少年不希望属于儿童群体，同时知道自己并没有真正被成人群体接受。在这种情况下，他类似于社会学所称的"边缘人"（见图 17）。

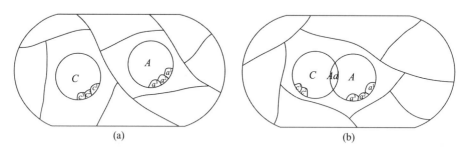

(a)　　　　　　　　　　　　(b)

图 17　作为边缘人的青少年

（a）在童年和成年时期，成人（A）和儿童（C）被视为相对分离的群体，儿童个体（c^1, c^2）和成人个体（a^1, a^2）均确信自己属于各自的群体。（b）青少年属于一个群体（Ad）。该群体可以被看作儿童（C）群体和成人（A）群体的重叠，既属于两者，又位于两者之间，不属于任何一方。

边缘人是处于两个群体 A 和 B 之间边界上的人［见图 17（b）］。他不

属于其中任何一个群体，或者至少不确定自己的归属。这种情况经常发生在弱势群体的成员身上，特别是在弱势群体中更有特权的成员身上。处于弱势地位的少数群体的成员有一种强烈的倾向，即希望脱离这一团体并加入处于强势地位的多数群体。① 如果个体部分成功地与特权群体建立了关系，但并未完全被接受，他就成为一个边缘人，同时属于两个群体，但又不完全属于其中任何一个。

边缘人的典型症状是情绪不稳定和敏感。他们倾向于不平衡的行为，要么夸夸其谈，要么扭扭捏捏，经常在矛盾的极端行为之间转换。边缘人会厌恶自己所在群体中的弱势成员。有些听力障碍者对聋人的敌对态度可以说明这一点。

在某种程度上，我们可以在青少年身上发现边缘人的症状性行为。青少年很容易从一个极端转向另一个极端，并且对比他小的同伴的缺点特别敏感。的确，在社会学上，青少年的地位与边缘人相同。他不希望再属于一个不如成人群体那样享有特权的群体，但与此同时，他知道自己并没有被成人群体完全接受。在我看来，处于弱势地位的少数群体成员与青少年之间，以及他们的行为之间，有着巨大的相似，以至于可以把少数群体中处于边缘地位的成员的行为描述为永久的青春期行为。

我们可以用以下方式来总结对青少年的讨论：

（1）有关青少年总体状况的基本事实可以被表述为一个人从一个区域移动到另一个区域时所处的位置。这包括生活空间的扩大（地理上的、社会上的和时间上的），以及新情境的认知上的非结构化特征。

（2）更具体地说，青少年具有介于成人和儿童之间的社会地位，类似于少数群体的边缘成员。

（3）青春期涉及更具体的因素，如对自己身体的新体验。这可以表现为既定生活空间中心区域莫名其妙的变化。

由此，我们可以得出以下几点：

第一，由于基础不明确、不稳定，青少年害羞、敏感、好斗［由（1）（2）（3）得出］。

第二，青少年的态度、价值观、思想意识和生活方式之间有着或多或

---

① Kurt Lewin, *Resolving Social Conflicts*（New York：Harper & Brothers，1948）.

少的长期冲突［由（2）得出］。

第三，这些冲突导致情绪紧张［由（1）（2）（3）得出］。

第四，青少年愿意采取极端的态度和行动，并彻底改变自己的立场［由（1）（2）（3）得出］。

第五，青春期行为只有在如（1）（2）（3）所代表的场的结构和动态情况下才会出现。行为的程度和具体类型取决于这种结构的实现程度和冲突力量的强度。最重要的是，作为特定文化特征的成人和儿童之间的差异与分离程度非常重要，青少年所发现的自己处于边缘人地位的程度也很重要。根据场论，实际的行为取决于场的每个部分。由此可见，青少年的不稳定程度也受到总体稳定或特定个体不稳定等因素的极大影响。

三

在讨论方法论之前，我希望通过另外一个例子来阐述一个特别的观点，即事件和对象的特征应以它们的相互依赖关系而非外观的相似性或不相似性来描述。在青春期的例子中，只有这样才能把群体归属感、身体变化和态度等不同因素联系起来。

社会心理学涉及的问题无法通过植物学里林奈分类系统类型的分类概念来恰当地加以联系，不得不使用构建框架。这些构建并不表达表型上的相似性，而是表达动态属性。动态属性则被定义为"反应类型"或"影响类型"。换句话说，这些构建代表了某种类型的相互依赖。从表型概念转变为基于相互依赖的动态（遗传的、条件反射的）构建，是希望回答因果关系问题的科学所需的先决条件之一。心理学正处于过渡的过程中，社会学也必须明确地朝这个方向发展。事实上，只有积累了足够数量的表型事实并完成了分类工作，才能实现这种过渡。

作为一个例子，我可以指出"社会群体"的定义。

"群体"的定义历史略显混乱。这个术语与哲学和形而上学的考虑交织在一起。讨论的要点之一是是否具有群体心理，以及是否是超越个体的实体。除此之外，讨论还经常被对共同体（Gemeinschaff）和社会集团（Gesellschaff）之间差异的强调主导，即个体是否仅需要处理形式组织的问题，或是否存在一种基于共情等因素的天然的群体统一性。

对观察到心理学中"整体"或"格式塔"概念的历史发展的心理学家

来说，对群体心理的大部分论述听起来似乎非常熟悉。心理学经历了许多探究才发现，动态整体具备与其各部分或各部分总和不同的属性。甚至在相对较近的时期（早期的格式塔心理学），人们经常会说"整体大于各部分之和"。如今，这样的表述可能被认为不够充分。整体并非在数量上超过各部分的总和，而是具有与各部分总和不同的属性。"整体不同于各部分之和。"换句话说，不存在整体价值的优越性，整体和部分同样真实。另外，整体具有自己明确的特性。这句话已经褪去了神奇的光环，变成了简单的科学事实，因为人们发现这同样适用于物理领域中的部分和整体。心理学已经认识到，存在各种程度的动态统一的整体：一个极端是存在着独立物体的集合体；然后是低等程度统一、中等程度统一、高等程度统一的整体；最后，在另一个极端，存在着几乎无法用部分来描述的高度统一的整体。

在群体心理的概念中，任何具有科学价值的东西都会在社会学和社会心理学中转化为具体的动态整体问题。

将群体看作动态整体应该包括一个以成员（更确切地说，是群体的子部分）的相互依赖为基础的群体定义。在我看来，这一点相当重要，因为许多对群体的定义利用了群体成员的相似性而不是群体成员之间的动态相互依赖作为构成因素。例如，一个群体通常被定义为由一些展现出特定相似性的人组成，尤其是展现出态度上的相似性。人们应该意识到，这样的定义与基于成员相互依赖的定义有着根本的不同。一些人很有可能在性别、种族、经济地位、态度等方面具有某种相似性，但不能作为一个社会整体中相互依赖的部分而成为一个群体。世界各地的妇女、非技术工人或农民可能展现出一定程度的相似性。在这方面，区分"类型"或"阶层"① 也许是恰当的。然而，这并不意味着这些群体在很大程度上相互依赖。现代社会的发展之一是，一些经济阶层的相互依赖程度越来越高，呈现出向国际群体发展的趋势。

一个群体并不需要由非常相似的成员组成。事实上，对于社会群体来说，一个高度统一的整体可能包含非常不同的部分。毫无疑问，一个家庭中的丈夫、妻子和婴儿所表现出的不同，可能比这个群体中的每个成员与这个群体之外的其他个体（婴儿、丈夫、妻子）所表现出的不同要大得多。

---

① "阶层"一词通常指一个相互依赖的群体和一些具有相似特征的人。

组织严密、高度统一的群体通常包含各种成员，他们在整体内发挥着不同的作用。构成群体的不是成员之间的相似性，而是成员之间的某种相互依赖。

我们应该认识到，即使是以目标平等或敌我平等来定义群体成员，也仍然是以相似性来定义的。以成员的忠诚感或归属感来定义群体也是如此。这种平等，以及目标或敌人的平等，有时也构成了表现出这些相似性的人之间的某种相互依赖。因此，如果人们希望用归属感作为群体的标准，只用指出由这种归属感建立起来的相互依赖。然而，我们应该认识到忠诚感或归属感只是构成群体各种可能的相互依赖类型之一（其他类型包括经济依赖、爱情、在某一地区共同生活）。群体成员相互依赖的类型（维系群体的因素）与成员相互依赖的程度、群体结构是同样重要的群体特征。

强调相似性或不同，而不是相互依赖，是描述性分类时代的典型特征，这呈现在几乎每一门科学相对早期的发展阶段。在很大程度上，它还支配着与群体有关的日常思维。人们"在按照自己的兴趣行事时应该做什么"与人们实际所做的事之间的差异，往往是由这样一个事实造成的：一个人对那些与自己相似或他希望与自己相似的人有归属感。他的"兴趣"也要求他对那些他最依赖的人产生归属感。因此，如果没有意识到属于弱势群体的人的行为是由实际的相互依赖关系决定的，但许多人觉得自己与该群体之外的人更为相似，就很难理解他们的行为。

关于群体归属感问题，以及任何其他社会问题，我们必须敏感地认识到基于相互依赖的概念与基于相似性的概念的区别。我相信，在社会学和社会心理学的进一步发展中，前者将有越来越多的渗透并提供越来越多的指导。

四

对青春期问题和社会群体的定义的粗略考察，旨在阐明如下观点。

（1）可以以一种明确的方式把个体的各种事实和社会心理学联系起来，从分类的观点来看，这些事实似乎没有什么共同之处（如学习和定向过程、时间透视、规划、个体成熟问题、冲突和紧张、群体归属感和边缘人、身体变化）。

（2）可以通过构建，从相互依赖而非表型相似或不相似的角度来描述对象和事件的特征。强调相互依赖似乎会使分类问题变得更加复杂，因为一般来说，根据对他人的影响及其受他人影响（其条件遗传特性）来描述一个事实比描述其外观（表型特性）更加困难。然而，一旦理解了该思想，很明显，如果个体根据物体或事件影响情境的方式来描述它，那么每一种类型的事实都被置于同一层面，并与影响情境的其他事实相互关联。例如，当面对两种事实会影响同一情境这一简单事实时，是否允许价值概念与体重概念相结合的问题变得不复存在。

（3）可以通过分类，使事实的系统化逐渐被基于构建、推导和规律公理化的秩序取代。

（4）可以在不同程度的特指性中考虑一般的趋势，以及更具体的趋势（例如，将从一个区域到另一区域的移动的一般因素与向未知地区移动这一更具体的因素联系起来，或将从一个社会群体到另一个社会群体的移动联系起来，最后与介于两个群体之间的边缘人的状态联系起来）。要从一开始就考虑到整体情况，而不是挑选出孤立的事实，然后试图对其进行整合。因此，场论方法意味着一种通过逐步提高特指性进行的逐步接近的方法。在一个情境中挑选出孤立的事实，很容易导致画面扭曲。另外，场论的表述可以而且应该在任何完美程度上都基本正确。

（5）某类行为的发生与否，并不取决于孤立看到的某一事实或若干事实，而是取决于作为一个整体的特定场的丛（结构和力量）。单一事实的意义取决于其在场中的位置；用更动态的术语来说，场的不同部分相互依赖。这一点在社会心理学中至关重要。例如，它可以很好地解释农村环境和城市环境、幼儿园和孤儿院对智力发展的影响，或者更广泛地说，解释环境状态（其分化程度、张力程度等）对个体状态的影响，因为个体和环境都是一个动态场的组成部分。

（6）应充分强调场作为一个整体的特性，如分化程度、流动性和氛围。

（7）通过动态构建对社会心理学事实进行表达，可以推导出影响行为向一种或另一种方向发展的条件，以及发生例外情况的条件。它既包括通常情况，也包括例外情况。

（8）在心理学和社会学中，所有构建都应具有操作性。也就是说，应该能够将可观察到的事实或程序与每个构建进行协调。构建的概念属性同样重要，即必须对它们之间的逻辑与数学的相互关系予以适当的确认。我认为，后一种必要性在心理学中被较大程度地忽视了。

在这些概念性问题中，最重要的问题之一是找到一种能够充分代表心理场或社会场的几何学。

心理学必须处理大量共存的事实，这些事实相互关联，彼此具有相对位置。用数学术语来说，心理学必须对应一个空间。数学知道各种不同类型的空间。什么样的几何学最适合表示某一特定科学所研究的事实领域的动态相互依赖，这是一个经验问题。自爱因斯坦以来，人们已经知道，欧几里得几何并不最适合表示经验物理空间。对心理学来说，一种最近发展起来的非定量几何，即拓扑学，能令人满意地用于处理心理场的结构和位置问题。① 这一空间可以表示某一区域内部或外部的位置、部分与整体的关系及大量的结构特征。所有这些都以精确的方式完成，但并不以确定数值为前提，而这在心理场通常是不可能的。拓扑空间过于笼统，无法表现那些包含方向、距离或力概念的动态心理问题。这些问题可以用一种更具体的几何方法来处理，我称之为"霍道罗基空间"。② 霍道罗基空间使我们能够以数学领域的方式谈论方向的相等和差异，以及距离的变化，而不以测量角度、方向和距离为前提。

毫无疑问，社会学也在处理"大量共存的、相互依赖的事实"，即处理"经验空间"。③ 社会学家和心理学家应该认识到，经验空间不过是在特定时间内存在并表现出某种相互依赖的大量事实。的确，社会学长期使用空间概念（如社会方法、行动方向的变化等）。一种普遍的偏见认为，物理空间是唯一的经验空间。这使得社会学家认为他们的空间概念仅仅是一种类比。对空间在数学和物理学中的意义更深刻的洞察，应该很容易让我们理解社会场实际上是一个经验空间，它与物理空间一样真实。

欧几里得空间不适合充分表现社会场的结构，如群体的相对位置或社会移动。例如，在社会场中，并不能确定所谓直线或20°的角（至少目前还不能确定）。在我看来，拓扑空间和霍道罗基空间既适用于社会学，也适用

---

① Kurt Lewin, *Principles of Topological Psychology* (New York: McGraw-Hill Book Co., 1936).

② Kurt Lewin, "The Conceptual Representation and Measurement of Psychological Forces," *Contr. Psychol. Theor.* 1, no. 4 (1938).

③ 这并不意味着所有听起来带有几何特征的社会学术语都是几何概念。例如，"社会距离"这一术语很可能不是一个几何概念。

于社会心理学。因为在社会学中，就像在心理学中一样，人们常常能够确定部分和整体的关系及距离或方向的变化，而不能确定大小、距离或角度的定量关系。此外，这些几何图形似乎特别适于表现认知和动态因素的特殊组合，这是心理场和社会场的特征。

在心理学和社会学中使用相同类型的几何学并不意味着心理学和社会学是同一门科学。可以对这两门科学的统一性问题继续加以探讨。社会心理学的任务会因为概念工具的这种相似性而得到极大的促进。

社会学和心理学都必须决定采用哪种几何学来表现各自场域的空间特征。无论是社会学还是心理学，都不能指望产生比统计规则更可靠的科学推导，而这些统计规则基于对事实的协调，在处理时或多或少未考虑它们在特定场域中的特定位置。

（9）心理学和社会学都涉及历史的和非历史的（系统的）问题，二者紧密交织在一起。不同于心理学，社会学从一开始就反对过分强调其问题的历史方面。向动态构建的过渡使得人们有必要尽可能清楚地看待这个问题。社会学或心理学的任务并非消除其问题的历史方面。相反，场论方法离不开考虑每个事实的历史特征及其特定的历史背景。

我们应该认识到，相互依赖的系统问题不同于起源的历史问题。关于社会过程的性质和条件的问题，换句话说，关于因果关系的问题，在心理学和社会学中都是系统问题。场论方法的首要和主要任务可以被描述为确定"哪些情境在经验上是可能的，哪些情境在经验上是不可能的"；这与找到规律的任务相同。例如，独裁一定意味着压制讨论吗？独裁需要替罪羊吗？某种类型的独裁或民主形式是如何影响群体结构、生活方式、思想意识和个人行为的？这种有关系统类型的问题必须通过实验来解答。

（10）最后，需要强调的是关于事实发现的问题。事实发现虽然是技术性的，但对场论方法而言很重要。它既适用于实验调查，也适用于其他调查。

社会心理学实验的有效性不应根据这个场内孤立事件或单个个体的特性来判断，而应主要根据社会群体或社会情境作为一个整体的特性是否得到充分体现来判断。这意味着，在社会心理学中，事实发现和观察的首要任务之一是提供关于整个场的属性的可靠数据。

那么，应该如何做？假设要在某一时期内观察一个包含五个成员的群体的生活，自然的程序似乎是为每个成员指派一个观察者，以此收集关于群体生活的所有必要数据。然而，这样的程序很难说是最好的。观察员所带回的将是五个成员的五本微观传记。如果这些传记在获取所有个体数据方面是完美的，并且每一项动作的时间指标都准确到秒，那么整个群体的生活能根据这些材料得以重构。当然，在现实中，这些传记既不够完整，也不够准确。因此，即使是关于群体生活的简单数据也无法重建，如连续记录子群体的规模和特征、它们的变化和统一程度。一般来说，这与根据一个人的肌肉历史记录有意义地构建出他的行为和个性一样是不可能的。观察必然意味着选择。面对观察单个个体的任务，观察员自然会选择对个体来说重要的事实，即使它们对群体来说并不那么重要。如果对整个群体来说重要的事实（如群体的组织和氛围）不能立即强烈地反映在个体的行为中，观察员就不会"看到"这些事实。

根据个人传记收集的有关群体属性的数据充其量只是"间接重建"，并不具有直接观察的力量。然而，对群体整体特性的直接观察是可能的。通常情况下，这些观察可以像对单个个体的观察一样容易和准确地开展。例如，可以指定五个观察者中的一个直接观察群体中出现的子群体情况，另一个记录互动的种类和特征。我相信，在研究社会心理问题时，这样的程序一定比为群体中的每个人分配一个观察者更有效也更可靠。

当然，考虑到社会数据，对个人传记的具体观察可能被证明非常有价值。然而，我并不怀疑，即使是为了了解一个人的性格和行为，第一类观察通常也比没有关于他社会背景数据的个人记录更有意义。对群体的观察将为描述这个人在群体中的地位和角色提供更多、更好的材料，因此将更准确地决定他行为的意义。这比仅把他或多或少作为一个独立个体进行观察更有效。① 如果这样一种社会学程序成为解决个体精神病理学问题的关键技术，我一点也不感到惊讶。

---

① 当然，强调社会心理学中关于事实发现技术的场论方法并不排除这样一种可能性，即在某些条件下，个体的行为可以被视为群体某些特性的表现。

第七章

社会心理学问题研究①

（1943—1944）

科学的首要任务是客观地记录和可靠地描述人们所希望研究的材料。我们已经能相当准确地记录行为的物理方面。但是，在行为的社会方面，我们似乎长期无法完成客观描述的任务。一所一流大学对此进行了方法论研究，得出了悲观的结论：观察一群人的相互关系，有可能收集到一些可靠数据，如谁动了胳膊、转了头或从一个地方移动到另一个地方。然而，关于友好或不友好及其他许多社会行为特征，无法获得可靠的数据。这项研究似乎认为，能够被可靠地观察到的东西在社会上是无意义的，而在社会上有意义的东西无法被可靠地观察到。

不过，近年来的一些研究表明，人际交往行为的社会方面是可以被观察到的，而且准确度和可靠度都很高，完全符合科学要求。值得探究的是，这一方法论上的进步是如何实现的。

一、社会感知与解释

在科学中，让观察尽可能不受理论和主观解释的影响很重要。在心理学中，观察者必须学会使用自己的眼睛和耳朵报告发生的事情，而不是根据先入为主的观念报告自己认为应该发生的事情，这并非易事。社会心理学能做到吗？社会心理学是否可以像观察手臂的动作一样，不加解释地观察友好的行为或攻击性行为？

---

① 本章前半部分（至"三、'现实生活'情境中的实验"）摘自卢因的《心理学与群体生活的过程》["Psychology and the Process of Group Living," *J. Social Psychol.* 17 （1943）: 119-129]，其余部分来自卢因的《心理学与心理生态学中的构建》["Constructs in Psychology and Psychological Ecology," *Univ. Iowa Stud. Child Welf.* 20 （1944）: 23-27]。

心理学家倾向于断然地回答"不能",即使在今天,他们可能仍会给出这样的答案。实际上,这样的回答意味着不可能有科学的社会心理学。如果我们不是以心理学家的身份,而是以普通人的身份询问一个心理学家他和妻子相处得如何,他很可能会急切地告诉我们,除了少数例外,他和妻子能够很好地理解彼此行为的社会意义。如果我们不能充分而客观地感知同事和学生之间的大多数社会交往,我们就很难在校园里长久立足。儿童心理学毫无疑问地证明,一个人在出生后,其社会感知就已经出现。三四岁时,儿童就能感知相当复杂的社会行为。他不太可能被一个充满敌意或对他不感兴趣的阿姨表面上的友好欺骗。他能看穿表面现象。他似乎能比成人更清楚地感知到周围环境中某些社会关系的特征。如果儿童要在社会上生存,这种社会知觉在大多数重要情况下都必须充分。因此,客观的社会观察必须是可能的,心理学家应该找到一种方法,在科学上做到正常的三岁儿童在生活中所能做的事情。

如果没有被哲学上的考虑蒙蔽双眼,我们会更早找到自己的方向。五十多年来,心理学是在只承认物理事实是科学意义上的存在这样一种氛围中发展起来的。这种氛围的影响存在于每一个心理学流派,无论是格式塔心理学的经典形式还是行为主义。像往常一样,哲学的保守力量——这次是以物理实证主义的形式——尽其所能地保持着一种态度,这种态度对科学的进步起过很大的作用。

今天,社会心理学所需要的是将其方法论从猜测性的限制中解放出来。我们最好从日常生活的简单事实重新开始。对这些事实进行充分的社会观察的可能性从来都是毋庸置疑的。没有它,社区生活不可想象。这样的经验基础应该成为社会心理学方法论的基础之一。另一个基础是逐步加深对社会感知规律的理解。

我想说明一下社会知觉问题的几个方面。对无法进行可靠记录的社会行动,如何获得可靠的观察结果?

例如,一个生物学家要在两周内观察一片叶子的生长情况。如果试图跟踪这片叶子所含离子的运动,他将永远无法完成工作;如果试图观察这片叶子赖以生长的整棵树,他也不会成功。在科学中,成功观察的第一个先决条件是对在特定场合的观察单位有明确的了解。

这对社会心理学具有决定性意义。长期以来,我们曲解了科学分析的要求，在任何情况下都试图观察尽可能小的单位。的确，有时一个眼神的闪烁就意味着接受或拒绝婚姻。但这种意义是在特定的环境下产生的。孤立地观察手臂或头部的运动，就会错过行为的社会意义。换句话说，社会观察应该着眼于足够大的单位。

此外，观察者应该在特定环境中感知这些单位。这同样并非心理学特有的问题。如果一个医生把骨折病人的 X 光片切成小块，并根据灰度进行分类，那么他就毁掉了他想观察的一切。再举一个例子。如果一个人在另一个人后面跑，这可能意味着第一个人领先，第二个人紧随其后，也可能意味着第一个人被第二个人追赶。如果观察只持续几秒钟，通常没有办法区分行为的可能性。必须观察足够长的时间，才能明确理解行为的含义。我们不需要成为格式塔心理学家，也不需要对场论感兴趣，就能认识到这些在知觉心理学中早已确立的事实。我们需要做的，就是承认支配物理实体知觉的规律也支配着社会知觉。

就像医生必须学习解读 X 光片一样，社会心理学家也必须学习了解哪些是他可以报告的观察结果，哪些是他可以补充的有价值的解释。在 X 光片和社会数据方面，观察和解释之间存在着过渡。但这并不削弱这种区别的重要性。观察者只有经过训练，才能提供可靠的观察结果。这一点既适用于即使在恶劣条件下也要学会识别敌机的飞行员，也适用于社会心理学家。

所有的观察都意味着将某些事件归类。科学的可靠性取决于正确的感知和正确的分类。在这方面，观察者必须经过训练，而且要训练有素。

对于什么是"问题"、什么是"建议"、"建议"和"命令"的边界在哪里等，观察者之间必须达成一致。不同类型的边界在哪里划定，在某种程度上是一个惯例问题。然而，这些惯例并不是随意约定的。如果老师用严厉的口吻对孩子说"你能把门关上吗"，这就不应该被归类到"提问"而应该被归类到"命令"。为了力求客观，心理学家往往把句子的语法形式或行为的物理形式而不是其社会意义作为分类的标准。我们不能再允许自己被这种肤浅愚弄，我们必须认识到，行为的社会意义与其语法意义一样客观。当然，心理学中也存在难以分类的边界案例，不过，训练有素的观察者在寻找行为的社会意义时能够正确感知并可靠地对数据进行分类。

社会感知问题具有非常广泛的理论意义和实践意义。再举几个例子。

最近有实验表明，领导者培训的效果在很大程度上取决于领导者对社会感知的敏感程度。优秀的领导者能够并且随时准备感知社会氛围的微妙变化，并能更正确地感知其社会意义。一个好的童子军团长知道，在升旗仪式上的争吵，与在教学期间或游戏期间的争吵是不同。如果群体充满活力或疲惫不堪，如果发生在亲密的朋友之间或敌对个体之间，那么玩笑或争吵的含义是不同的。

二、不同规模的社会单位

对社会行为的观察，如果不充分描述特定社会行为所处的社会氛围，或更大活动单位的特征，通常没有太大价值。对于更大活动单位的记录，应体现整个情况是否具有"讨论计划"、"工作"、"玩耍"或"混战"等意义。事实证明，对更大的社会活动单位进行可靠的描述是可能的，而且可以精准确定时间段的开始和结束。对数据及其进行的统计处理评估必须仔细考虑社会行动在其实际所属单位中的位置。这一点在理论上和实践中同样重要。例如，民主型领导者一般较少直接下达命令，而更多地把决策的责任放在群体成员身上。但这并不意味着领导者只要下达命令就会变成专断者。在日常事务中，即使是一个极端民主的团体，也可能乐意接受一个领导者，但他必须确保某些目标能够以最有效的方式实现，并尽量不给成员带来麻烦。民主型领导者起初可能避免下达命令，但在明确群体的社会性质和自己在群体中的地位之后，他的行为方式会自由得多。一项命令的社会意义和效果，取决于该命令是涉及"执行"还是涉及"政策决定"；取决于它是一个孤立的事件，正如弗里茨·雷德尔（Fritz Redl）所说的那样，被普遍的社会氛围"同化"，还是社会环境的正常元素之一。民主型领导者与专断型领导者的区别并不在于权力的大小。重要的是这种权力是否嵌入了更大的社会单位，特别是从长远来看，领导者是否对下面的人负责。

很多问题都是一个程度问题。有两点应该明确：第一，民主型领导者既不是没有权力的人，也不是交通警察，更不是不影响群体目标和群体决策的专家；第二，对社会氛围或组织的评估必须考虑到实际决定该群体中社会事件的社会单位的完整空间和完整时间。

显然，社会心理学的观察和理论面临许多我们刚刚开始解决的问题。在物理学中，我们习惯于承认，离子与作为其一部分的原子具有不同的性质，较大的分子又有其自身的特殊性质，而像桥梁这样的宏观物体也有其作为整体的特殊属性。一座对称的桥可能由不对称的分子组成，桥的稳定性与其分子的稳定性并不相同。这些都是无可争议的简单事实。在社会心理学中，同样的事实也成立：群体的目标与成员的目标不一致。通常，在一个组织良好的群体中，成员的目标是不同的。例如，在美满的婚姻中，丈夫应该关心妻子的幸福，妻子也应该关心丈夫的幸福，而不是丈夫和妻子都只关心自身的幸福。

一定规模的社会单位有其自身的属性，这是一个简单的经验事实。如果不将其视为神奇的东西，我们就能更好地理解这些单位，并找到对它们进行科学描述的方法。

最近方法论方面取得的最大进展是对相对较小单位的研究，即单一社会行为和面对面群体。群体结构的某些特征，如工作分组的程度，往往可以用相当简单的方法记录下来。有时，对成员的物理分组进行拍摄或记录，就能提供相当准确的画面。除此之外，还有一些方法能够充分、可靠地反映群体的社会氛围和社会组织。在许多面对面群体中，可以确定群体的领导者和副领导者，并且可以在相当短的时间内准确地衡量领导者的领导形式。例如，这种测量使得我们可以确定优秀领导者的典型社会管理形式，并将其与同一组织中糟糕领导者的典型群体管理形式进行比较。显然，这种衡量对培养优秀的领导者至关重要。我们应该意识到，一个组织中的优秀领导者不一定是另一个组织中的优秀领导者。领导力应为不同的组织量身定做。例如，领导力的表现在教学、跳舞或踢足球方面不同，在游乐场、工厂或军队中也有所不同。

在研究和评估领导力或其他社会行为问题时，我们应该注意确定，在该社会环境中，组织规则或其他限制群体成员行动自由的社会权力，对群体生活施加了多大的影响。在升旗仪式的开幕式上，很难区分民主型和专断型童子军团长。工头对待工人的方式可能由工会和工厂管理层之间的斗争决定，以至于对工头进行社会管理方面的培训对改善工头和工人之间的社会关系作用不大。这样的例子清楚地表明，要从理论上或实践上解决一个社会问题，必须考虑到社会单位。社会单位并不是由社会心理学家随意决定的。什么样的社会单位对特定的社会行为具有决定性的影响，这是客观问题，也是任何社会研究都必须认真考虑的问题。

例如，赞助童子军的教堂、学校对童子军的兴趣及童子军在社区中的地位，对于童子军成员和童子军群体生活来说可能比童子军团长的行为更重要。在研究军队士气时，要知道士兵的忠诚主要是针对他所在的班、排、团的，还是针对整个军队的。

在研究规模相对较小的群体时，我们甚至可以测量群体的紧张程度、凝聚力程度，当然还有其思想意识等动态特性。以整个群体作为一个整体进行实验，完成标准化设置，这与对个体实验的习惯性要求无太大区别。此外，我们可以研究这样一个问题：在特定情况下，群体生活在多大程度上取决于群体成员的具体个性。

可以在各种规模的群体中衡量群体的某些属性，如思想意识的同质化程度。总的来说，在充分处理超过面对面群体规模的社会单位的属性方面，我们目前的能力相对较差。其中一个原因似乎是，在较大的社会群体中，一个事件单位需要考虑的时间段往往相当长。在较小的社会群体中，尤其是在与儿童打交道的情况下，研究者通常只要花一两个小时进行观察，就能掌握群体的行动。这就为研究者提供了充分的背景来感知他所要研究的社会行为的意义。然而，要确定工头和工人之间谈话的社会意义，单独对工头进行连续观察，可能持续几周都不够。为了对工头进行充分观察，可能有必要参加一些工人会议、包括工厂管理层和工人在内的委员会会议，以及工厂管理层会议。

在研究较大的单位时，对某些人进行采访是重要的调查手段之一。了解在群体中的什么位置才有可能找到最好的"线人"非常重要。在这方面，心理学家可以从文化人类学家那里学到很多东西。问卷调查在心理学中有些失传，但在研究群体生活，尤其是研究群体的思想意识时，能以一种略有不同的形式卷土重来。我们正在逐渐放弃这样一种观念，即对问卷或访谈的回答是对事实的反映。我们正在慢慢学会把它们看作对某种情境的反应，而这些反应部分由问题决定，部分由个体的总体情况决定。总之，我们迫切需要一种真正的问卷和访谈理论，而非一些简单的技术规则。

有一个技术要点似乎很有实用前景：如果场论是正确的，那么有望通过实验来解决大量看似难以解决的问题。如果总场的模式相较于大小等因素更重要，那么通过将基本的社会丛变换成适当的群体单位，就有可能通过实验来进行研究（格式塔心理学所理解的变换是一种不改变基本结构特征的变化）。如果研究者能够创造出这样一种变换，就不必害怕创造出人为的、不逼真的情境。如果只包含某个因素，而没有呈现基本模式，实验就会变得过于刻意。有鉴于此，我们应该能够基于相对较小的模型研究大型群体的特性。例如，我们不需要通过研究整个国家来了解我们对他人理想的感知在多大程度上取决于自己的文化。我们可以在八岁和十一岁的孩子身上研究相同的现象，他们会根据自己的利己程度、慷慨程度或公平程度来感知周围环境的利己程度、慷慨程度或公平程度。

再举一个例子。无论群体规模如何，如果行动基于自身的决策及接受自己的处境，那么该群体的士气似乎会更强。例如，在震惊情境下，自己营造出这种情境的个体比被外部因素推入该情境的个体的接受能力强得多。在促使家庭主妇改变饮食习惯方面，通过比较可以发现群体决策方法比讲座方法有效得多。

弱势群体争取平等的斗争能否取得成功，似乎在很大程度上取决于能否找到完全接受（无论好坏）自己属于这个群体，或者自发加入该群体的领导者。

三、现实生活情境中的实验

虽然似乎可以通过在实验中构建较小的实验群体来研究某些社会问题，但我们仍需发展研究技术，以便在现有的自然社会群体中进行真正的实验。在我看来，这类实验在实践和理论上的重要性首屈一指。若不进行严格意义上的群体实验，就无法回答社会学的基本问题，这一点甚至对仍然相信永远不可能进行这类实验的人来说也是清楚的。这类实验对研究思想意识和文化变迁非常重要，可能成为研究正常人格、异常人格及人格变化的重要技术手段之一。换句话说，群体实验处于实验心理学、实验社会学和实验文化人类学的交叉点。

显然，在生活情境中进行实验存在特定的困难，如很难建立可比较的对照组并在较长时期内保持条件不变。目前，研究机构的实力和财力还没有达到可以建立大型工厂或全国性科学组织的水平。因此，提及某些通常被归类到应用心理学的方法论可能是恰当的。

（一）群体行为中的恒常性和自我调节

如果实验者在研究疲劳时习惯于保持材料的流动等，那么可能会觉得在工厂这样的环境中进行精确的实验没有希望，因为在材料的流动中会出现各种状况，如工人进进出出、工头和工人的情绪发生变化等。然而，一个工厂几个月来的生产可能只有微小的变化，人们可以试着把这种稳定的产出解释为这样一个事实的结果，即大型社会单位受到许多因素的影响，因此，一些偶然变化不会显著地改变工厂的生产。然而，这种解释似乎并不充分。

如果没有群体内部某些自我调节的过程，许多关于群体的实验研究就很难进行。个人的自我调节过程众所周知。例如，身体会通过某些调节过程保持相对稳定的水平。一个感觉不舒服的工人可能会通过更加努力来避免工作量下降。同样，在作为一个整体时，群体的自我调节过程似乎也展现出社会集合体的特征。如果一个工人暂时缺席，他所在团队的其他工人可能会替补。换句话说，那些使群体生活保持在某种准静态水平上的力量丛可能会在受到干扰的情况下依然维持稳定。在这种情况下，即使不规则干扰相对较大，也很有可能测量出决定这种准静态平衡的力相对较小的变化。当然，群体内部和个体内部的自我调节只会在一定程度和一定限度内发生。

总的来说，似乎可以把许多群体视为自然动态单位或整体，它们显示出这些单位作为整体的典型特性。在这方面，只要在时间和空间方面从较小的单位转换到较大的单位，在群体层面的实验与个体层面的实验就没有太大的区别。不过，生活群体实验在某些社会方面与实验室实验有很大不同。

（二）实验者的控制能力

从社会意义上说，实验室里的实验是在与社会生活完全隔绝的"孤岛"上进行的。虽然它不能违反社会的基本规则，但在很大程度上并没有生活群体实验每天必须面对的压力。在关于感知或挫折的实验室实验中，心理学家通常能够掌控情境。换言之，他有能力创造他想要的物理条件。在社会层面，心理学家的权力之所以受到限制，是因为他不能伤害被试，或者无法得到被试的充分配合。

对于生活群体实验来说，权力是一个主要问题。任何可能进行实验的组织都有明确的目的。此外，要进行一项实验，研究者必须有足够的权力来建立必要的丛和变化。

通常情况下，获得这种权力的唯一途径是获得组织的积极配合。如果实验研究操作不当会产生直接或长期的实际影响，那么研究者获得实验权力的机会微乎其微。现有的工厂、工会、政党、社区中心、协会，简而言之，大多数群体的组织形式都基于传统，基于"天生的组织者"的理念，基于"不适者无法生存"的观念，在最好的情况下基于试错这一原始的方法。当然，许多实践经验已经在一定程度上得到收集并变得系统化。然而，我们从其他领域了解到，其效率远远低于系统的科学实验。

因此，如果对群体生活的科学研究很快被认为是大型组织进步的必要条件，就像今天进行化学研究被认为是开设化工厂的必要条件一样，那也不足为奇。

（三）实验与教育

即使组织的领导者被说服，相信某些实验具有潜在的实用价值，他仍然不愿意给予实验者无限制的行动自由。不过，他可能愿意与实验者合作，共同制定实验程序。这样做的前提是，参与项目实施的每个人都必须在一定程度上熟悉问题的科学方面。

充分的教育经常是在组织中开展研究的前提条件。一开始，组织中的各个部门可能会因不安全感而表现出一些怀疑；每个部门都害怕自己的权力或影响力受到影响，或者害怕研究会发现一些令人不快的数据。如果实验者操作得当，这种怀疑会随着每个人对问题性质了解的加深及第一手经验的增加而减少。在通常情况下，这种教育可以作为群体重组计划的重要部分。尝试客观地面对彼此的问题，能在一定程度上使个体改变态度。在寻找事实的过程中积极合作有助于开拓新的视野，增进理解，并且往往还能提高士气。

（四）理论社会心理学与应用社会心理学

科学家不能忽视这样一个事实，即他打算研究的群体问题越重要，他越有可能面临技术性问题之外的其他问题。他应该明确自己的目标。这个目标就是查明事实，即如果采取某些措施，现在是什么情况，将来会是什么情况。在没有额外前提的情况下，科学家无法决定管理者是应该喜欢高产量和地位差异较小的工厂氛围，还是应该喜欢低产量和地位差异较大的工厂氛围。他无法决定童子军活动中理想的"应该"是什么。换句话说，实验者本身并不是组织政策的决定者。然而，他能够研究如果要实现某些社会目标，应该做些什么。他可以获得对分析给定政策及其效果来说非常重要的数据。

因此，实验社会心理学领域的方法论问题以一种特殊的方式与应用问题交织在一起。即使是旨在解决理论问题的实验，也需要实验者有足够的能力、同实验对象密切合作，并且认识到任何此类针对群体的研究在某种程度上都是社会行动。

科学心理学与生活之间存在一种特殊的矛盾。在作为一门实验科学的最初阶段，心理学被对精确性的渴望和不安全感支配。实验之所以致力于感官知觉和记忆问题，部分原因是这些问题可以通过设置条件来进行研究。在相关设置中，对实验的控制可以用公认的物理实验室工具来保证。随着实验程序扩展到心理学的其他领域，以及心理学问题开始被科学家接纳，铜管乐器心理学（brass instrument psychology）时期逐渐消失。实验心理学变得更加心理学化，更加贴近生活问题，尤其是在对动机和儿童心理的研究方面。

与此同时，也出现了一股逆流。应用心理学总被认为是一种在科学上比较盲目的程序，即使展现出一定的实用价值。其结果是，对理论感兴趣的科学心理学试图越来越多地远离与生活过于密切的关系。

如果在研究社会心理学的某些问题时，因必须与自然群体打交道而削弱了理论心理学的发展趋势，那无疑非常遗憾。然而，我们不应忽视这样一个事实，即这一发展既为理论心理学提供了巨大的机遇，也带来了威胁。应用心理学的最大障碍是，在没有适当理论帮助的情况下，不得不采用成本高、效率低、局限性大的试错方法。今天，许多在应用领域工作的心理学家都敏锐地意识到，理论心理学和应用心理学需要密切合作。如果理论家不带着高高在上的反感或对社会问题的恐惧来看待应用问题，如果应用心理学家意识到没有什么比好的理论更实用，那么就能在心理学中实现这一点，就像在物理学中实现这一点一样。

在群体动力学场域，理论和实践在方法论上的联系尤为紧密。如果处理得当，理论与实践的结合既能为理论问题提供答案，又能增强我们对实际社会问题的理性态度。这是解决相关问题的基本要求之一。

第八章

心理生态学

（1943）

心理因素与非心理因素的关系，是从知觉心理学到群体心理学的所有心理学分支的一个基本问题。在回答人们在整合社会科学的努力中提出的许多问题之前，我们必须对这种关系有正确的理解。针对这样的心理生态学问题，场论提出了一些可以解答的方法。

下面关于饮食习惯的分析，目的是明确心理问题和非心理问题在哪里重叠及如何重叠。任何类型的群体生活都有一定的限制，即什么是可能的、什么是不可能的、什么是可能发生的、什么是不可能发生的。气候、沟通、国家或组织等非心理因素是外部限制的常见组成部分。对这一领域的最初分析是从心理生态学的角度进行的：心理学家研究非心理学数据，以找出这些数据对确定个体或群体生活的边界条件意味着什么。只有先了解这些数据，才能进行心理学研究，进而调查在已被证明为重要的情境中决定群体或个体行动的因素。

为了使一个群体的饮食习惯适应健康的需要或不断变化的社会条件，研究者显然应该了解现状。在研究现状时应该考虑什么？特别是，心理学家应该如何推动有计划的变革？

一、社会趋势方法

比方说，通过研究过去十年的饮食情况，希望找到某些趋势。然后，通过区分更为僵化和更为灵活的趋势，希望找到一些表明阻力大小的迹象。

根据社会趋势预测未来的尝试不胜枚举。不过，这些预测的价值非常有限，误导的情况也屡见不鲜。

一般来说，涉及变革的技术建议不能基于对历史趋势的研究。原因有以下几点。

（1）即使抽样方法能完美地获得可靠有效的数据，对未来的预测也只是一种概率陈述，其前提是情况保持不变，或以已知的速率朝已知的方向改变。但实际上，情况经常会在一天之间发生翻天覆地的变化。

（2）在根据历史趋势判断朝某个方向转变的难度时，缺乏明确的方法。一种群体习惯的长期存在并不一定意味着这种习惯是僵化的。它可能仅仅意味着相关的条件在此期间碰巧没有发生改变。长期固定的饮食习惯很可能比过去表现出相当大的灵活性的习惯更容易改变。

（3）无论有多少描述性数据，都无法解决什么样的技术能有效带来预期变化的问题。例如，关于人们吃什么或吃过什么的数据再多，都不能说明广告、讲座或学校教育等宣传方式哪种最有效。

二、儿童发展方法

人们可能希望通过研究个体历史找到更好的预测方法。文化人类学最近强调，任何文化的恒定性都基于儿童正在融入该文化的事实。个体在童年时期就被灌输了思想，养成了在余生中能够保持足够强度的习惯。

从群体的历史到个体的历史，这一方法的转变可被视为从社会学到心理学的转变。同时，这也是向着将抵制变化的程度与群体成员的现状而非群体的过去行为联系起来的一步，是从历史性动态方法走向非历史性动态方法的一步。

在我看来，文化人类学中的儿童发展方法富有成果且值得推崇。了解不同年龄层儿童的喜好和厌恶、他们饮食观念背后的价值观，以及他们将什么或谁视为赞同和反对的来源，这些都非常重要。不过，需要指出的是，历史性方法和描述性方法无法回答如何按预期方向改变群体饮食习惯的问题。

三、场域方法：作为准静态过程的文化和群体生活

这个关于计划变革或社会工程的问题与以下问题相同：必须改变哪些条件才能产生给定的结果？如何凭借现有的手段改变这些条件？

我们应该将当前情境——现状——视为由某些条件或力量维持。例如，一个特定群体在特定时间的饮食习惯并不是静态的事务，而是像河水流动

一样的活动过程，在移动的同时仍保持着可识别的形态。换句话说，无论是在群体生活中还是在个体生活中，我们都必须处理物理学中的准静态过程。①

　　饮食习惯不会凭空产生。它们是日常生活节奏的一部分，包括：醒着和睡着；独处和群居；谋生和娱乐；作为一个城镇、一个家庭、一个社会阶层、一个宗教团体、一个国家的成员；生活在炎热或凉爽的气候中；生活在农村地区或城市地区；生活在有优质的食品杂货店和餐馆的地区，或生活在食品供应匮乏且不规律的地区。所有这些因素都在特定时间以某种方式影响着饮食习惯。它们每天都在决定一个群体的饮食习惯，就像水的供应量和河床的形态每天决定河水的流量、恒定性和变化一样。②

　　一个群体的饮食习惯，以及工厂的生产速度等，是多种力量共同作用的结果。有些力量相互支持，有些力量相互对立。有些是驱动力，有些是约束力。就像河水的流速一样，一个群体的实际行为取决于这些相互冲突的力量达到平衡状态的水平。谈到某种文化模式，如一个群体的饮食习惯，意味着这些力量丛在一段时间内保持不变，或者至少在一个恒定的水平上达到平衡状态。

　　无论是群体的习惯还是个体的习惯，都不能被这样一种理论充分理解，这种理论局限于过程本身，并将习惯视为一种凝固的联系，一种过程之间的关联。相反，习惯必须被视为各种力量相互作用的结果。如果要科学地理解这些过程（可能是恒定的习惯或变化），就必须体现有机体、群体和环境的结构，或在特定情况下该场域可能具有的名称，并分析该场域各部分的力量。这个过程只是附带现象，真正的研究对象是力量丛。

　　因此，为了预测哪些条件的变化会产生什么样的结果，我们必须把群体生活想象成一个更大背景下特定力量丛相互作用的产物。换句话说，对改变方法的科学预测或建议应该基于对整个场域的分析，包括心理学方面和非心理学方面的分析。

---

　　①　关于准静态过程的一般特征，参见 Wolfgang Koehler, *Dynamics in Psychology* （New York：Liveright Publishing Co.，1940）。

　　②　当然，力量的类型不同；在决定河水流量的场域中，没有什么等同于"认知结构""心理过去""心理未来"的东西。

四、一项说明性研究

这里用来说明这些一般原则的研究是由艾奥瓦州立大学儿童福利研究站的一个场域研究者进行的。研究的主要目的是调查人们吃他们所吃食物的原因。研究方法包括采访家庭主妇。该研究考察了五个群体：三个代表美国白人的经济细分群体（高、中、低收入水平），两个亚文化群体（捷克人和黑人）。①

（一）渠道理论

"人们为什么吃他们所吃的食物"这个问题相当复杂，既涉及文化和心理学（如传统食物和童年经历造成的个人偏好），也涉及运输、特定地区的食物供应情况和经济因素。因此，科学分析的第一步就是处理心理学方面和非心理学方面在哪里交叉及如何交叉的问题。这个问题至少可以部分通过渠道理论来回答。

渠道理论中至关重要的一点是，一旦把食物摆上餐桌，大部分食物都会被吃掉。因此，如果能够回答"食物如何被端上餐桌及为什么被端上餐桌"，就能找到"人们为什么吃他们所吃的食物"这个问题的主要答案。

食物通过各种渠道被摆上餐桌（见图 18）。其中一个渠道是购买。食物被购买后，可能会被储存在储物柜中，然后经过烹饪并被端上餐桌。另一个渠道是园艺。此外，还有一些渠道，如送货上门、在农村购买、在家烘焙、在家制作罐头等。

食品通过渠道一步一步移动。不同渠道内的同一食物和同一渠道内的不同食物的移动步数不同。食物能在一个位置停留的时间也不同。例如，储物柜里的食物或装罐后的食物可能会在同一位置停留相当长的时间，冰箱里的食物可能只停留几个小时或几天。

---

① 在对各种方法进行了一段时间的尝试后，数据于 1942 年 6 月收集完毕。应当记住，这些结果描述了当时人们的态度和习惯（只有糖被配给）。这些数据收集自一个中西部城镇，该镇人口大约有 60000 人。尽管周围是农田，但该镇拥有不同的工厂。该镇多年前就请了一名营养师，并且有一个良好的营养项目。有关这项研究的完整讨论，参见 Kurt Lewin, "Forces Behind Food Habits Methods of Change," *Bulletin of the National Research Council.* 108 （1943）：35-65。

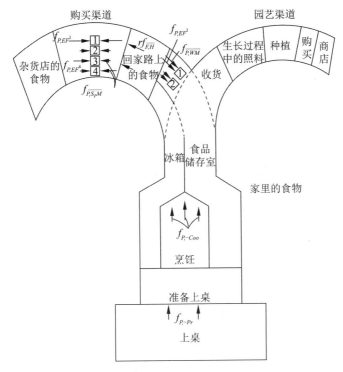

图 18　食物到达餐桌的渠道

要想知道哪些食物被摆上餐桌，就必须知道特定家庭或群体有多少食物渠道。要了解某些渠道被堵塞后的变化，就必须知道哪些新渠道被打开，或者哪些旧渠道的流量有所增加。例如，当在家准备饭菜变得困难时，外出就餐的次数可能会增多。

食物不是靠自身的动力来移动的。其是否进入一个渠道，以及从渠道的一个部分移动到另一个部分，是由守门人（gatekeeper）决定的。例如，在确定进入购买渠道的食物时，我们应该知道购买者是丈夫、妻子还是其他人。如果购买者是家庭主妇，那么就应该研究家庭主妇的心理，特别是她在购买情境中的态度和行为。

重要的是，要认识到影响食物运动的心理力量对不同的渠道和同一渠道内的不同部分来说可能不同。每个渠道对食物的运动都有一定的阻力，往往会有某些力量阻止食物进入渠道。例如，如果食物很贵，就会有两种方向相反的力量作用在家庭主妇身上。她处于一种冲突之中：一种力量是避免花太多钱的力量，即阻止食物进入该渠道；另一种力量是对食物的吸引力做出反应的力量，即倾向于把食物带入渠道。

假设家庭主妇决定买一块昂贵的肉，那么食物就进入了渠道。此时，家庭主妇会非常希望避免浪费。以前相互对立的力量会变得指向同一个方向：高价曾使昂贵的食物被拒之门外，现在却成为家庭主妇不辞辛苦确保肉安全到达餐桌并被吃掉的原因。

1. 各种渠道的使用

在对一个中西部社区的研究中，我们发现，在五个群体中，除了甜点外，各种食物通过购买渠道获得的频率远远高于通过其他渠道。

在这五个群体中，约有三分之一的蔬菜和水果是在家里罐装的。收入水平与吃罐装食物的家庭的比例似乎没有关系，但在两个收入水平较低的群体中，罐装食物的数量更多。我们还发现一个明显的文化差异，即所有的捷克人群体都会做一些罐装食物，并且罐装食物的数量比社区其他相应收入群体多。

总的来说，数据允许得出以下结论：在某种程度上，经济条件和文化价值观的确会影响各种食物渠道的使用程度和用途。收入水平较低的群体能够通过将更多的必需食品制成罐头和开辟更多的菜园来节省开支。收入水平较高的群体能够维持储物柜的储存量和保障牛奶的购买。此外，低收入水平群体罐装主要食物，高收入水平群体则通过罐装果酱等来满足对口味的追求等。捷克人群体自给自足的动机强烈，在罐头制作和园艺方面做得最多。

2. 谁控制渠道

了解家庭中哪些成员控制着不同的渠道非常重要，因为任何改变都必须通过这些人来实现。在所有的群体中，除了丈夫积极参与的园艺渠道外，都是妻子控制着所有的渠道。即使在园艺方面，丈夫也很少单独控制这一渠道。没有人表示孩子控制着某个渠道，尽管孩子毫无疑问会通过拒绝接受摆在他们面前的食物来间接地影响决策。

（二）守门人心理

要了解并影响饮食习惯，除了要考虑客观的食物渠道和客观的供应情况，还必须了解影响渠道控制者的心理因素。守门人的心理因素种类繁多，主要可分为两类：一类与认知结构有关，如人们思考和谈论食物的术语；另一类与选择食物的动机有关，如选择背后的价值体系。

1. 认知结构

认知结构涉及什么被认为是"食物""我们的食物""家庭其他成员的食物",涉及膳食模式及进餐情境。

第一,不考虑和可考虑的食物。

食物的物理可获得性并不是决定个体能否获得食物的唯一因素,还有一个重要因素是文化可用性。对许多可食用的材料,人们可能从未考虑过食用,因为并不认为它们是自己的食物。

如果我们把人类实际食用和喜欢食用的东西都视为食物,那么蚂蚱就必须被列入食物的范畴。然而,如果我们问美国人什么是食物,那么蚂蚱将被排除在外。

换句话说,在不同的文化中,食物的心理领域只是客观上可食用食物的一小部分,可以被看作所有客观上可食用食物区域中一个受限的区域。

在一些地方,花生或奶酪被认为是动物的食物,而不是人类的食物。艾奥瓦州的一个农家女孩就拒绝吃白干酪,认为那是给猪吃的。人的食物和动物的食物的边界在不同的文化中不尽相同。

即使是公认的人类食物,也不一定会被所有家庭接受。例如,有些人认为内脏是穷人的食物,香槟是富人的饮料。换句话说,只有某一部分被认定为"人类食物"的区域才会被认定为"我们的食物"。了解不同群体认为什么是"我们的食物"是研究饮食习惯的首要目标之一。

第二,丈夫和孩子的食物。

在"我们的食物"范围内,人们可以将丈夫的食物和儿童的食物当作特殊的子区域。虽然家庭主妇控制着渠道,但这并不意味着她不受丈夫喜好的影响,以及不受她认为什么对丈夫和孩子好的影响。

在我们的研究中,家庭成员的间接影响以多种方式得到证明。最典型的丈夫食物是肉类。在所有的子群体中,肉类都是丈夫的首选食物,除了黑人群体。在黑人群体中,肉类排名第三。最典型的儿童食物是蔬菜,有三分之一的家庭提到这一点。蔬菜在所有子群体中都排名第一,除了黑人群体。在黑人群体中,蔬菜排名第二,甜点排名第一。土豆作为丈夫的特殊菜肴比作为孩子的特殊菜肴更为常见。

家庭成员的这种间接控制是守门人心理的诸多方面之一。

第三,膳食模式。

食物的认知结构还包括早餐、午餐和晚餐的差异，主菜和甜点的区别，以及平衡饮食和剩菜的概念。

我们发现，谷物、咖啡、茶、鸡蛋、面包是所有子群体最普遍接受的早餐食品。四分之三的高收入水平和中收入水平群体提到水果，四分之一的捷克人群体、黑人群体和低收入水平群体提到水果。

作为午餐食物，水果和牛奶在高收入水平群体中被提及的频率更高，汤在低收入水平群体中被提及的频率更高。沙拉、三明治和水果是中高收入水平群体比其他群体更有特色的食物。剩菜是所有人的午餐，但捷克人群体更常吃。相比其他两餐，午餐显然是"随便拿点"式的。大约75%的高收入水平和中收入水平群体声称自己会计划午餐，其他群体中只有25%的人这样做。其余的人表示会吃家里碰巧有的东西。

肉、蔬菜、土豆和甜点是所有群体普遍接受的晚餐食物。高收入水平群体提及沙拉的频率高得多，提及面包的频率较低，提及黄油的频率为0。低收入水平群体更多地提到黄油和面包。在低收入水平群体中，面包和黄油很可能被认为是晚餐的真正组成部分，而在高收入水平群体中只是辅料。

第四，进餐情境。

一个重要的点是与他人共同进餐可以创造归属感。在宴会中进餐的意义与长时间饥饿后进餐的意义不同，可以被归类为社交功能而不是生存手段。总的来说，进餐通常比仅仅摄入营养更为复杂。

进餐的心理意义与群体情境密切相关。在工厂里与工友一起进餐与在家庭餐桌上进餐或在餐厅里进餐是不同的。进餐群体会极大地影响个体的进餐行为和进餐的思想意识。可以说，每个进餐群体都有特定的进餐文化。

2. 动 机

我们将在以下方面讨论动机中的各种因素。

第一，食物选择背后的价值观。

个体在选择食物时，会以多种价值观为参照。这些价值观对个体来说权重并不相同，可能会在某些时候发生变化，如在战时。此外，在餐厅和在家里，这些价值观也可能有所不同。

在评价食物时，至少可以使用四个参照系：价格、健康、口味和位置。重要的是，要知道这些参照系对不同群体的相对优势，以及它们之于不同食物的差异。

关于价值观体系，可以提出以下问题：对于这个群体来说，哪些价值观最重要？每个价值观的相对权重如何？特定食物与哪些价值观相关联？

我们在调查中发现，不同群体和每个群体内提到各种参照系的频率存在显著差异。在高收入水平群体中，健康是主导价值观，价格和口味的重要性较低，且大致相等。在中收入水平群体中，价格占主导地位，健康的重要性明显较低，口味的重要性更低。低收入水平群体和黑人群体也是如此，只是价格和健康之间的差异更大，价格是最重要的考虑因素。捷克人群体介于高收入水平群体和中收入水平群体之间，对价格和健康的关注程度大致相当，对口味的关注则低得多。

为了知道选择哪种食物，除了了解一般的价值体系和每个参照系的相对权重外，还必须知道每种食品在每个价值尺度上的确切位置。

我们发现，人们几乎从未提到家禽是缺钱时的一道菜，也从未提到家禽是最健康或最能填饱肚子的食物，但经常提到家禽是公司聚餐时的一道菜。

可以通过询问家庭主妇"你们家特别喜欢吃什么菜"来调查各种食物在口味量表中的位置。在所有群体中，肉类、甜点和蔬菜是最常见的受喜爱的食物。然而，对于捷克人群体来说，与甜点相比，面包被提及的频率更高。面包这个类别的消费量之所以高，很可能是因为捷克人大量食用Kolatches（一种用类似于面包的面团做成的捷克菜，里面填充着肉或水果）。

随着收入水平的降低，肉类被提及的次数越来越少。蔬菜则呈现相反的趋势，低收入水平群体和黑人群体提及蔬菜的次数明显多于高收入水平群体。这一发现可能支持这样的假设：人们喜欢他们吃的东西，而不是吃他们喜欢的东西。我们的数据并不支持普遍流行的观点，即人们最喜欢的食物通常是那些难以获得的食物。

家庭主妇还被问到"你认为哪些食物是日常饮食中必不可少的"。蔬菜和牛奶是所有群体最常提到的基本食物。与高收入水平群体相比，低收入水平群体、捷克人群体和黑人群体认为面包是必不可少的食物的频率高得多。在高收入水平群体中，水果被视为必需品的频率比其他群体高得多。在鸡蛋方面也存在类似的差异。

第二，食物需求。

我们要认识到，各种参照系的相对权重会随着需求的改变而改变。

与所有需求的基本现象相一致的是,持续食用同类食物会导致该食物的吸引力下降。这是影响日常和季节性食物选择周期的一个强有力的因素。它在不同程度上影响着不同的食物。例如,其对面包的影响小于对肉类的影响。

满意度也会影响食物的吸引力,并改变各种价值尺度的相对权重。如果一个人能吃到的食物变少了,那么口味尺度的相对权重往往会减小,而更倾向于食物的本质方面。如果菜篮子里的食物很充足,家庭主妇在选择食物时就会比菜篮子空着的时候更加挑剔。

情境因素相当明显。例如,当家庭主妇在月底缺钱或为客人准备饭菜时,相应参照系的权重会增加。

近十年来对丰富多样的饮食的持续倡导,加强了推动日常饮食变化的文化力量。

第三,需要克服的障碍。

虽然在规划饮食习惯的改变时必须考虑到各种渠道可能遇到的障碍,但本研究并没有以特定方式探讨这些问题。例如,罐装食物常因准备时间短而受到青睐。运输困难、缺乏家政服务、准备和烹饪所需的时间长等因素在多大程度上影响守门人的选择,取决于守门人的具体情况。

3. 冲　突

我们已经讨论了一些有利于或不利于选择特定食物的力量。它们在实际选择情境中同时出现会造成冲突。

一般来说,当一方面存在从事某种活动(如购买食物)的动力,另一方面存在反对该活动的力量时,就会出现冲突。价格上涨是人们购买已经习惯的食物的阻力,加剧了所有群体在食物领域的冲突。低收入水平群体在购买食物方面可能比高收入水平群体遇到更多的冲突,因为他们购买想要的食物的自由受到经济能力的限制。中收入水平群体可能会比低收入水平群体经历更多的冲突,因为他们在心理上是一个边缘群体。中收入水平群体努力争取经济能力较强的人的社会地位,同时又害怕跌落到低收入水平群体。

改变饮食习惯的建议在多大程度上触及冲突程度高或低的食物领域,是影响人们反应情绪化程度的因素之一。

在这项研究进行期间,食品价格上涨,而人们的收入并没有相应增加。我们提出了三个有关食品紧缩的问题:(1)由于食品价格上涨,您减少了哪些食品？（2）如果价格继续上涨，您可能会削减哪些食品？（3）即使价格继续上涨，您特别不想削减哪些食品？

根据对这三个问题的回答，可以构建一个冲突量表。

如果调查对象在回答问题时提到了某种食物，就可以假设存在与该食物相关的冲突，并且冲突程度会逐渐增加：（1）该食物已经被削减，并且可能进一步减少（问题1和问题2）；（2）该食物可能被削减，但个体不想削减（问题2和问题3）；（3）该食物已经被削减，但个体不想削减（问题1和问题3）。

对于群体而言，肉类的冲突等级明显高于其他食物。不过，肉类的冲突等级在不同的群体之间差异很大：在高收入水平群体中的冲突评级最低，在捷克人群体和中收入水平群体中的冲突评级最高。蔬菜在整个群体中排名第二，牛奶在整个群体中排名第三。这三种产生最大冲突的食物也被认为是最重要的食物。我们的研究发现，肉类是最常被削减的食物。尽管它被认为是必需品，但也是最昂贵的食物之一，砍掉它比砍掉其他任何食物都能节省更多的钱。从这一分析中，我们也应该预料到削减肉类会产生最大的情绪困扰。

（三）应用于改变问题

只有通过改变饮食习惯的实际尝试，也就是通过实验，才能最终研究出阻碍饮食习惯向某一方向改变的力量有多大。再多的问卷调查也不能代替实验。不过，从访谈中收集到的许多信息都有助于制定实验计划。

1. 基本食物的可替代性

改变饮食习惯的某些动力的效果取决于饮食习惯的灵活性。与灵活性有关的一个因素是，不受欢迎或无法获得的食物在多大程度上能够被另一种食物取代。

我们通过询问家庭主妇会用什么来替代列表中的基本食物来进行探讨。总体上，替代品属于营养上相似的类别：橙子代替柠檬，脂肪奶酪和鸡蛋代替肉类，人造植物黄油代替天然动物黄油，其他种类的蔬菜代替指定的蔬菜，水果代替蔬菜。只有低收入水平群体提到了在营养上不相似的替代品。这一发现与一个事实一致，即需求满足程度越低，可能的消费行为范围越大。

2. 饮食习惯改变的基础

饮食习惯改变的第一个原因是食物供应改变。例如，在食物短缺的情况下，可获得食物的范围会大幅缩小。这就需要改变食物的种类，并经常改变消费的数量。

饮食习惯改变的第二个原因是食物渠道改变。例如，在战争时期转向更易获得的渠道，如园艺和罐头制作。

饮食习惯改变的第三个原因是心理改变："别人的食物"可能会变成"我们的食物"。食物短缺可能促成这种变化。例如，在肉类配给期间，淋巴肉的使用量有所增加。以前，家庭主妇对这样的肉不屑一顾，但现在因为它们很容易买到，而且价格低廉，她可能会认真考虑并经常购买。类似的变化也可能发生在进餐模式方面。在美国文化中，菜篮子包括早餐、午餐和晚餐三个部分；许多食物被认为只适合其中一部分。在食物短缺的情况下，这种情况可能会改变。午餐结构最简单，因此与其他两餐相比，人们可能更愿意改变午餐的内容。

饮食习惯改变的第四个原因是参照系效力的改变。这可以通过以下方式来实现。

（1）改变参照系的相对效力。例如，战争期间对营养饮食的强调是为了提高健康参照系的相对效力（"吃得好，才能强国"）。

（2）改变参照系的内容，即与之相关的食物。在战争初期，家禽毫无疑问地从一种很少有人吃的食物转变为其他较少可获得的肉类的日常替代品。很有可能，人们一开始对把家禽作为日常膳食的普通肉类有一些抵制，因为它在"炫耀的"或"陪客的"参照系中地位较高。

饮食习惯改变的第五个原因是进餐群体的归属感改变。这里应该提到学校午餐和工厂进餐的增加。

综上所述，饮食行为是由食物情境动态决定的，其中包括食物进入餐桌的渠道、在各个环节管理渠道的守门人及守门人的饮食观念。价值观体系是决定食物选择的一些力量的基础，并且会带来不同强度的冲突。

五、理论的普遍性

我们特别针对饮食习惯的变化所做的分析是普遍适用的。社会渠道和经济渠道可以在任何形式的正式机构中被区分出来。在这些渠道中，可以设置门区。社会变化在很大程度上是通过改变渠道中这些特定部分的力量丛而产生的。分析任务从心理生态学的角度切入，首先对非心理数据进行调查，以确定渠道各部分控制者的边界条件。

门区要么由公正的规则管理，要么由守门人管理。在后一种情况下，个体或群体掌权，决定"进"或"出"。了解门的功能就等同于了解影响守门人决策的因素，而改变社会进程就意味着影响或取代守门人。因此，我们需要找到真正的守门人。这在本质上需要进行社会学分析，而且必须在了解需要研究哪些人的心理或对哪些人进行教育之前开展。

类似的考虑适用于任何具有渠道、大门和守门人特征的社会丛。只要影响守门人决策的力量没有改变，对少数群体的歧视就不会改变。守门人的决策部分取决于他们的思想意识，即决定何为好坏的价值观和信仰体系，部分取决于他们对特定情境的感知方式。

如果试图减少工厂、学校或其他任何组织机构内的歧视，我们应该将其中的社会生活视为通过某些渠道流动的东西。这样一来，我们就会看到，是执行人员或董事会在决定谁被纳入组织、谁被排除在外、谁被提拔等。在组织机构中，歧视与使组织成员的生活在确定的渠道中流动的机制密切相关。因此，歧视与管理问题有关，与决定做什么和不做什么的守门人的行为有关。

我们在分析食物渠道时看到，过门区之前的力量丛与过门区之后的力量丛明显不同。昂贵的食物在进入渠道时会遇到强大的阻力，但一旦进入渠道，同样的力量会推动它继续流动。这种情况不仅适用于食物渠道，而且适用于新闻在一个群体中的传播，适用于商品的流动及许多组织中个体的社会行动。例如，一所大学可能在录取政策上非常严格，可能会通过设置强有力的阻碍来过滤掉实力较弱的考生。然而，一旦学生被录取，学校通常会尽其所能帮助学生获得发展。许多商业机构也奉行类似的政策。那些歧视少数群体成员的组织经常使用的理由是，他们不准备接受那些他们无法充分提拔的人。

社会渠道、社会感知和决策之间的关系在方法论和实践上都具有相当重要的意义。渠道理论和守门人理论有助于更准确地定义商品流动和人员流动中某些客观的社会学问题如何与主观的心理问题和文化问题交叉。它们指出对具有社会学特征的大门或渠道来说，个体或群体的决策具有特别重要的社会影响。

第九章

群体动力学前沿

（1947）

第二次世界大战带来了一个社会几乎没有意识到的副产品，那就是社会科学达到了新的发展阶段。这一进展实际上可能与原子弹一样具有革命性。将文化人类学应用于现代文化而非原始文化，在实验室内外开展群体实验，对大型社会群体的社会心理进行测量，以及把经济、文化与心理事实结合起来，所有这些发展在战前就已开始。通过提供前所未有的设施，并要求对科学问题提出切实可行的解决方案，战争极大地加速了社会科学向新发展水平的转变。

这一发展的科学方面围绕着三个目标展开：一是整合社会科学；二是从描述社会群体转向描述变化中的群体生活的动态问题；三是发展社会研究的新工具和新技术。

理论进步几乎跟不上技术的发展。然而，对社会科学、物理科学和生物科学来说，没有充分的概念发展就不能超越一定的阶段。对理论化的敌意十年前在许多社会科学中占主导地位，而现在几乎完全消失，取而代之的是对更合理的概念和更高层次的理论得到相对广泛的认可。如果社会科学要达到社会所需的实用水平，以赢得与人类使用自然科学所释放的破坏性能力的竞赛，那么理论的发展必须相当迅速。

一、社会科学中的概念、方法和现实

（一）科学的发展阶段

在规划和实施研究时，需要对现阶段的科学发展有清晰的认识。研究意味着从已知迈向未知。要选择具有科学意义的目标和程序，仅了解特定阶段的现有事实知识是不够的，还必须摆脱特定发展阶段的偏见。

为了与科学细节保持足够的距离，并获得确定下一步行动的正确视角，科学家可以利用科学比较理论（comparative theory of science）的研究成果。科学比较涉及科学的发展阶段、不同发展阶段之间的差异等，有时可以为实证科学家提供有用的标尺或路标。

在迈向下一个科学步骤时，必须克服的障碍类型往往与人们预期的大相径庭。回过头看，我们往往很难理解，为什么有人会受到那些拖延了科学进步相当长时间的论点的影响。

卡西尔对自然科学的发展阶段进行过分析，非常善于从研究者的角度来看待逻辑问题。他指出，科学进步的形式往往是改变被认为是"真实"或"存在"的东西（4）。

（二）经验科学中存在的问题

关于存在的争论似乎具有形而上学的性质，因此可能在经验科学（empirical sciences）中不被期望提及。实际上，关于存在或不存在的观点在经验科学中相当普遍，并对科学发展产生了极大的影响。给某事物贴上"不存在"的标签，就相当于宣布它"不在科学家的研究范围之内"。给某事物贴上"存在"的标签，会自然而然地促使科学家把该事物视为研究对象；还包括必须把它的特性视为整个理论体系中不可忽视的事实，并且意味着人们用来指称这一事物的术语被接受为"科学的概念"而不是"单纯的词语"。

社会科学关于存在的信念，在赋予心理现象和社会现象"完全现实"的程度上，以及在更深层次的动态属性的现实性上都发生了变化。

例如，20世纪初，实验心理学中的意愿和情绪不得不与一种盛行的态度进行斗争，这种态度将意志、情绪和情感置于"诗意领域"，而在科学家看来，这一领域没有任何东西可以被视为存在。尽管心理学家在私人生活中必须实事求是地处理这些事实，但科学意义上的事实领域并不包括它们。情绪被宣布为无形的东西，并且是不断流动的，无法通过科学分析或实验程序加以确定。这样的方法论并不否认现象的存在，但同样具有将这一主题排除在实证科学领域之外的效果。

与社会禁忌一样，科学禁忌与其说是通过理性论证来维持的，不如说是通过科学家的共同态度来维持的：任何不严格遵守禁忌的科学行会成员都会被视为怪人；他会被怀疑不遵循批判性思维的科学标准。

（三）社会现象的现实性

在原子弹出现之前，一般的物理学家几乎不愿意承认社会现象与物理实体具有相同程度的现实性。广岛和长崎的事件促使物理学家开始考虑社会事实可能具有相等的现实性。这种思想的转变似乎并不基于哲学上的考虑。原子弹以戏剧性的方式揭示了社会事件不仅是物理事件的结果，而且是其发生的条件。逐渐地，自然科学家将社会科学家视为对事实进行研究的调查者，而不仅仅是对梦想和言辞感兴趣的人，因为社会事实的真实性并不亚于物理事实，同样可以采用客观方式进行研究。

社会科学家本身对他们所研究的实体的真实性有着更强的信念。然而，这种信念往往局限于他们碰巧熟悉的特定狭窄区域。例如，经济学家很难像承认价格和其他经济数据那样承认心理学、人类学或法学数据的真实性。一些心理学家仍然对人类学家所关注的文化事实的真实性持怀疑态度。他们倾向于只把个人看作真实的存在，而不倾向于把群体气氛看作真实的、可测量的东西，就像我们所说的物理引力一样。像领导力这样的概念，即使在已经证明不仅可以评判领导能力，而且可以衡量领导能力之后，仍然保留着神秘主义光环。

否认一个群体的存在或否认群体生活的某些方面，所依据的论据是：单位只有达到一定的规模才存在，或涉及技术方法问题，或涉及概念问题。

（四）现实与动态整体

卡西尔展示了物理学如何周期性地对原子、电子或其他当时被认为是物体最小组成部分的东西进行讨论（4）。在社会科学中，人们怀疑的通常不是部分，而是整体。

从逻辑上讲，没有理由去区分分子、原子或离子的现实性。或者更笼统地说，没有理由去区分整体或部分的现实性。群体有自身的属性，这些属性不同于子群或单个成员的属性。这就像分子的性质不同于组成它们的原子或离子的性质。

在社会场域和物理场域，动态整体的结构特性不同于其子部分的结构特性。必须对这两组属性都加以研究。两者孰重孰轻，取决于所要回答的问题，但它们之间并不存在现实差异。

如果接受了这一基本陈述，那么群体的存在问题就失去了形而上学色彩。取而代之的是一系列经验问题。这些问题等同于化学问题，即某一集合体是否是不同类型原子的混合物，或者这些原子是否形成了某一类型的分子。无论是在化学中还是在社会科学中，对这类问题的回答都必须以对手头案例某些可检验特性的经验探究为基础。

例如，说生活在一个小镇上的金发女人"作为一个群体而存在"可能是错误的，因为群体是一个动态的整体，其特点是成员之间相互依赖。一个小镇上的金发女人只是一些个体，根据其中一个属性的相似性被"归入一个概念"。然而，如果车间里的金发成员被视为"人造的未成年人"，并受到歧视，那么他们很可能成为一个具有特定结构属性的群体。

结构特性针对的是各部分之间的关系，而不是部分或元素本身。卡西尔强调，在数学和物理学的发展史上，关系的恒定性而非元素的恒定性越来越重要，并逐渐改变了人们对本质的认识。社会科学好像也有类似的发展。

（五）现实与方法；记录与实验

如果对一个实体存在的认可取决于这个实体显示出自身的属性或恒定性，那么关于什么是真实或虚幻的判断就应该受到显示社会属性的可能性变化的影响。

社会科学大大改进了记录小型群体和大型群体的结构，以及各方面群体生活的技术。社会测量技术、群体观察技术、访谈技术和其他技术，使我们能够越来越多地收集有关群体结构、群体关系及群体生活的可靠数据。

实验可能是打破禁忌，即反对相信社会实体存在最有效的手段。如果只是描述一种领导力的形式，科学家会受到批评，人们会认为其所使用的分类仅仅反映了科学家的主观看法，并不符合其所研究现象的真实属性。如果科学家对领导力进行实验并改变其形式，那么他所依赖的就是操作性定义，即将领导力形式的概念与创造这种领导力形式的程序或检验其存在的程序联系起来。这种概念的现实性是通过"做一些事情"而不是"看"来确定的，与某些主观的分类要素无关。从阿基米德到爱因斯坦，物理学的发展表明，实验程序的这一实践方面通过改变科学家对什么是真实、什么不是真实的信念而连续改变着，有时甚至彻底改变了有关物理世界的科学概念。

为了在实验中改变一种社会现象，实验者必须掌握所有基本因素，即使他还不能对这些因素进行令人满意的分析。在这一点上的重大疏忽或错误判断会导致实验失败。在社会研究中，实验者必须考虑到个体成员的个性、群体结构、思想意识、文化价值观及经济状况等因素。群体实验是社会管理的一种形式。与社会管理一样，要想取得成功，就必须考虑到对当前情况至关重要的各种因素。因此，群体实验会导致社会科学的自然融合，迫使社会科学家认识到决定群体生活的所有因素是现实存在的。

（六）社会现实与概念

与社会实践者相比，社会科学家似乎更有机会实现这种现实的整合。几千年来，包括国王、祭司、政治家、教育家、生产者、父母在内的所有个体，都在日复一日地试图影响更小或更大的群体。人们可能会认为，这将导致智慧的积累。遗憾的是，事实并非如此。

我们知道，外交官的思维方式往往非常片面，可能只会选择法律、经济或军事战略方面的策略。我们知道，制造商往往对如何让一个工作团队运转持有非常扭曲的看法。我们还知道，今天甚至没有人能回答"什么决定了委员会会议的效率"这样相对简单的问题。

有几个因素共同抵制着实践经验带来的清晰洞察力。事务负责人当然相信群体生活的真实性，但他通常反对概念性分析，而更喜欢从直觉等角度来思考问题。优秀的实践者坚持认为，不可能仅以简单明了的规则来说明如何实现一个社会目标，必须根据不同的情况采取不同的行动。计划必须高度灵活，并对不断变化的情况保持敏感。

如果试图将这些观点转化为科学语言，它们相当于以下陈述。

第一，社会事件依赖于整个社会场域，而不是几个被选定的项目。这是场论方法的基本观点，它在物理学中取得了成功，在心理学中也得到了稳步发展。它对社会场域的研究必将具有重要意义，因为表述了某些相互依赖的基本的普遍特征。

第二，否定简单规则与下述科学分析的重要原则部分一致。科学试图将某些可观测的（表型的）数据与其他可观测的数据联系起来。然而，对于相互依赖问题来说，把一组表型数据与其他表型数据直接联系起来是不切实际的。相反，有必要插入中间变量（intervening variables）。用更通俗的语言来说，即实践者和科学家都仅仅将可观测的数据视为症状。它们是一些深层事实的表层迹象。实践者要学会解读症状，就像物理学家解读仪器一样。表达物理定律的方程式指的是压力、能量或温度等更深层次的动态实体，而不是被直接观察到的现象，如仪器指针的移动（4）。

社会事件的动力学也具有这种动力学的一般特征。如果可以将一个可直接观察到的群体行为 B 与另一个行为 B^1 [$B = F(B^1)$，其中 F 表示一个简单函数] 联系起来，那么社会实践者就有可能制定出简单的程序规则。当社会实践者否认这些规则能有更多的实际应用时，他似乎在暗示这个函数 F 是复杂的。我倾向于把相关陈述解释为，在群体生活中，外表也应该与基本事实（underlying facts）区分开来。外表的相似性可能与基本属性的差异性同时存在，反之亦然。只有针对基本的动态实体，才能形成规律：$k = F(n, m)$。其中，k、n、m 指的不是行为症状，而是中间变量。

对于社会科学家来说，这意味着他应该放弃对群体结构、群体紧张或社会力量的思考，而将其视为一种流行的比喻或类比，并尽可能地将其从科学中剔除。虽然社会科学没有必要照搬物理科学的具体概念，但社会科学家应该清楚，他也需要中间变量。这些动态的事实是社会科学家和社会实践者的重要参考。

（七）社会场域的主观因素与客观因素；三步程序

最后一点涉及概念化和一般性方法论。例如，为了预测一段婚姻的走向，心理学家可能会分析丈夫 H 的生活空间。这种分析涉及丈夫周围的物理事实和社会事实，包括妻子 W 的期望和性格，并全部以丈夫的感知方式表示出来。假设这个分析足够完整，则可以推导出作用在丈夫身上的合力（见图 19，左上图）。这相当于预测丈夫下一步要做什么。关于丈夫生活空间的数据可能足够详尽，足以确定他所看到的对妻子的合力。然而，这个合力并不能表明妻子实际会做什么，而仅仅是丈夫期望妻子做什么。

要推导出妻子的下一步行为，就必须分析她的生活空间（见图 19，右上图）。通常情况下，妻子看到的情况与丈夫看到的情况有所不同。假设她看到的丈夫所在的区域与丈夫对自身的认知相对应，然而，她认为自己的位置在 E 区而不是 D 区；同时 B 区和 C 区的认知结构也为她而设，与为她丈夫而设的有所不同。由于丈夫和妻子的生活空间具有差异性，作用在妻子身上的合力可能指向 F 区而不是 C 区。这意味着妻子实际上会走向 F 区，而不是像丈夫期望的那样走向 C 区。

上述推导为预测丈夫和妻子的下一步行为提供了基础，即丈夫走向 B 区，妻子走向 F 区（见图 19，中间图）。

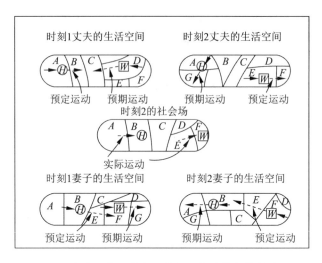

图 19 丈夫和妻子的生活空间及包含他们的社会场

我们要如何继续解答预测婚姻走向的问题呢？丈夫和妻子都没有预料到对方会像他或她实际做的那样行事。显然，下一步在很大程度上取决于双方对这·意外情况的反应，即如何解释对方的行为，或者如何感知新情况。

原本预期妻子从 D 区到 C 区移动的丈夫，现在看到她朝着相反方向的 F 区移动，可能会认为妻子"改变了主意"。在这种情况下，丈夫可能预期妻子的下一步行动沿着相同的方向进行，即朝向 G 区移动（见图 19，左下图）。此外，妻子的行为可能会改变 C 区对丈夫的含义，即丈夫对情境的认知结构。看到丈夫移动到 B 区而不是 G 区的妻子，可能会认为丈夫是去参加一项活动，这项活动将在一定时间内结束，然后他就会返回 A 区（见图19，右下图）。因此，妻子决定加入丈夫在 B 区的行动，丈夫则由于对情境有不同的感知而打算继续前往 F 区，因为他认为这能使他更接近妻子。

显然，如果丈夫和妻子不把事情谈清楚，也就是说，如果不沟通彼此生活空间的结构，以实现信息的平衡，他们很快就会陷入麻烦。

对婚姻走向的这种分析经历了三个步骤。

第一，分别对丈夫和妻子在时间 1 的心理状况进行分析，目的是推导出双方的下一步行为。

第二，说明在时间 2 产生的社会（客观）状况。

第三，借助感知规律推导出丈夫和妻子在时间 2 的心理状况。这将为后续重复以上步骤提供基础。

这样的程序看起来很复杂，特别是如果考虑到由许多成员组成的群体。能否消除这种分析中的客观因素或主观因素呢？实际上，社会科学在这里面临两类问题：一类关于单位的大小，另一类关于感知在群体生活中的作用。如果分析群体生活总是必须包括每个成员的生活空间，那将很难实现。

对群体生活的分析可以在相对较大的单位上进行。当然，无论是在社会科学中还是在物理科学中，小单位和大单位最终都必须被统一在同一个理论体系内。

遗憾的是，将群体视为单位并不能消解社会领域在主观与客观之间的困境。如果不考虑群体目标、群体标准、群体价值观，以及群体看待自身和其他群体状况的方式，似乎就无法预测群体行为。如果有关群体对特定时期的情况没有不同的认知，那么群体冲突就会有截然不同的解决方案。要预测或理解导致两国战争的步骤，似乎必须参考两国不同的群体生活空间。这意味着对群体互动的分析必须遵循三个步骤，即从对每个群体生活空间的单独分析到整个社会场域中的群体行为，再回到对群体生活空间所产生影响的分析。

这种从感知到行动、从主观到客观的循环往复式分析并不是科学方法论的随意要求，也不局限于群体之间或个体之间的互动。这个过程反映了群体生活的一个基本特性。任何类型的群体行动或个体行动，甚至包括精神病人的行动，都受到循环因果过程的制约：个体感知或事实调查——譬如解释这一举动，都与个体行动或群体行动联系在一起，以使行动对情况的改变方式能决定感知或事实调查的内容，而事实调查的结果反过来又能影响或指导行动。

心理学、社会学和经济学中的某些流派倾向于消除感知问题。然而，所有社会科学的分析都必须考虑到该循环过程的两个部分。以下关于社会问题的数学表征的讨论不应被误解为试图贬低认知过程在群体生活中的重要性。相反，我们深信，场论心理学已经证明了将认知过程纳入这种处理方法的可能性。

二、群体生活中的准静态平衡与社会变革问题

社会变革时期往往与社会稳定时期存在很大的不同。尽管如此，我们

还是应该把这两种状态的条件放在一起分析。原因有二：一是变和不变是相对的概念；群体生活从来都不是没有变化的，只是变化的程度和类型不同。二是任何表述变化条件的公式都隐含着不变化的条件，只有在潜在变化的背景下才能分析不变的条件。

（一）恒常性与抗拒改变

必须充分区分两个问题：前者涉及实际情况是变化的还是不变的，后者涉及对改变的抗拒。例如，一个群体在两周内可能没有什么变化。这个群体可能是正在某个岛上一起度假的朋友，也可能是工厂里的工作团队。假设这个群体的生活条件在此期间恰好保持不变：没有人离开群体，没有新人加入群体，没有发生重大摩擦，活动或工作设施保持不变等。在这种情况下，群体生活的恒常性，比如说生产水平的不变，并不需要任何其他解释，只需要提到一个原则：相同的条件导致相同的效果。

如果工作团队的成员生病了，或者生产了劣质材料或优质材料，但工作团队的生产水平仍保持不变，情况则不同。如果尽管工作团队的生活环境发生了变化，但生产仍保持在同一水平，那么我们就可以说工作团队对生产率的变化有抗拒。但是，群体举动的恒常性并不能从抗拒变化的意义上得到证明，群体举动产生的大幅变化也不能证明抗拒力较小。只有把群体恒常性的实际程度与使其趋向或偏离目前状态的力量联系起来，才能谈到群体生活在某一方面的抗拒程度或稳定程度。

社会管理的实际任务，以及了解群体生活动态的科学任务，都需要洞察人们对具体变化的渴望和抗拒。为了充分解决这些问题，甚至为了提出这些问题，我们需要一个分析系统，以便在群体环境中体现社会力量。以下考虑更多是为了改进这些分析工具，而不是分析某个具体案例。

（二）社会场与相空间

分析群体生活的一个基本工具是将群体及其环境描述为一个社会场。这意味着，社会事件被视为发生在共存的社会实体（如群体、亚群、成员、障碍、沟通渠道等）中，并且是社会实体相互作用产生的结果。实体作为场的组成部分，其相对位置是场的基本特征之一。这种相对位置代表了群体的结构及其生态环境，还表达了场内移动的基本可能性。

在这样的场中会发生什么，取决于整个场的力的分布。预测的前提是能够确定场中各点所产生的力的强度和方向。

根据一般的场论，群体生活问题的解决最终必须以这种分析程序为基础。只有在实际环境中考虑有关的群体，我们才能确保没有忽略任何可能的基本概念。

社会问题的某些方面还可以通过一种不同的分析工具来解答，即相空间。相空间是一个坐标系，对应于一种属性的不同强度。相空间无意代表由群体、个体及其生态环境组成的场，而是集中在一个或几个因素上。它通过图表或方程来表示场或场中某一事件的几个属性、变量或方面之间的定量关系。

在讨论变化的条件时，我们使用了相空间的概念，并意识到最终必须回到实际的社会场。

（三）作为准静态过程的社会状态

可以用图表中的曲线来展示 A 镇和 B 镇中黑人歧视的变化，其中纵坐标表示歧视程度，横坐标表示时间（见图 20）。这样就可以表示出两个城镇的歧视程度（A 比 B 更歧视黑人）、变化的方向和速度（从时间 2 到时间 3，A 的歧视逐渐减少，B 的歧视在时间 3 突然增加）、波动的幅度（从时间 4 到时间 6，A 的歧视波动较大，B 的歧视波动较小）。

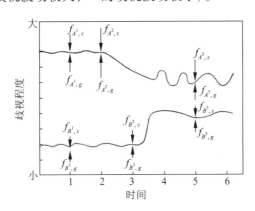

图 20　决定两个城镇歧视程度的平衡水平和相反力量的强度

这里所说的歧视程度，显然不是指一个静态对象的质量，而是指一个过程的质量，即两个种群的相互作用。歧视涉及一系列拒绝和许可、排序和让步，能表明个体在日常生活中开放和封闭的可能性。

同样，当谈论一个工作团队的生产水平时，我们指的是产品流（flow）。在这两种情况下，我们都在处理一个过程。以河流为例，即使速度和方向保持不变，它也在不断改变自身的元素。换言之，我们指的是准静态平衡过程的特性。科勒（Koehler）强调了准静态平衡对于个体生活心理问题的重要性（6）。

关于准静态过程，我们必须区分两个问题：为什么当前情况下的过程是在这个特定的水平上进行的（例如，为什么这条河中的水以这个特定的速度流动）？改变当前环境的条件是什么？

（四）对准静态社会平衡的一般分析

关于准静态过程的特点与当前条件的关系，可以做些一般性的比较性分析。

通常来说，分析性的概念工具（中间变量）必须发展到相对精细的阶段，这样才能与可观察的事实联系起来。初期，利用二次推导（secondary derivations）进行实证似乎更容易；只有通过逐步的实验设计，才能更直接地检验基本原理。例如，"力的概念"相对于"力的结果"更为基本。然而，在心理学和社会学中，将可观察的事实与力的结果相联系要比与力的组成部分相联系容易得多：行为的某些方面可以直接与合力相关联，而我们目前只能在特殊情况下确定心理组成部分的力（3）。因此，在讨论实例和具体的可检验理论之前，最好先对概念进行详细的分析。

1. 准静态过程的水平作为准静态平衡

以歧视为例，某些社会力量会导致更多的歧视，如某些阶层的白人希望为自己保留某些工作、白人和有色人种对"合适的工作"或"不合适的工作"的认识等。还有一些力量反对更大程度的歧视，如有色人种可能会反抗更严重的歧视，白人可能会认为过于歧视是不公平的。如果我们用 $f_{A,g}$ 来表示 A 社区中歧视程度较高的力，用 $f_{A,s}$ 来表示歧视程度较低的力，那么就可以得出这样的结论：$f_{A,g}$ 和 $f_{A,s}$ 在强度上相等，在方向上相反。①

---

① 力的标志基本上遵循我在心理问题中使用的标志（8）：$f_{P,g}$ 表示作用在个体 P 上，指向 g 的力。$f_{P,-g}$ 表示作用在 P 上，指向远离 g 的方向的力。$rf_{P,g}$ 是阻止 P 向 g 方向移动的约束力。$f^*_{P,g}$ 表示具有指向 g 方向的合力。$f_{P,g}$ 的强度用 $|f_{P,g}|$ 表示。

如果我们观察的不是个体 P 而是群体 Gr，则指向 g 的力为 $f_{Gr,g}$，远离 g 的力为 $f_{Gr,-g}$。为了引用作用在不同群体 A 和 B 上的力，或者作用在同一群体不同位置 A 和 B 上的力，我们将使用符号 $f_{Gr,A,g}$ 和 $f_{Gr,B,g}$，或者简写为 $f_{A,g}$ 和 $f_{B,g}$。读者应该记住，如果我们说在位置（或一个水平）A 存在力 $f_{A,g}$，我们指的是一种作用在位置 A 的群体上的力，或者如果该群体在该位置，该力会作用在该群体上。力场的概念涉及这些潜在位置。

（1）$f_{A,g} + f_{A,s} = 0$

这个方程并不确定力的绝对强度。在时间 1，城镇 A 中对立力（opposing forces）的强度可能小于或大于城镇 B 中的力，即 $|f_{A,g}| > |f_{B,g}|$（见图 20）。对立力的强度可能在水平不变的情况下增加。例如，在城镇 A 的歧视水平下降之前，对立力可能已经增强了：

$$|f_{A,s}|^2 = |f_{A,g}|^2 > |f_{A,s}|^1 = |f_{A,g}|^1$$

这意味着群体张力（group tension）已经增加。城镇 B 在歧视增加之前可能发生了类似的对立力增加事件，即时间 3 处：

$$|f_{B,s}|^3 = |f_{B,g}|^3 > |f_{B,s}|^1 = |f_{B,g}|^1$$

在社会变革之前，对立力量可能会增加，也可能不会增加。然而，在某些条件下，如果事先减少张力，社会变革能更容易实现。

在城镇 A 的歧视减少后，紧张状态可能逐渐减弱，使得

$$|f_{A,s}|^5 < |f_{A,s}|^3$$

然而，在某些情况下，张力会增加：歧视程度的降低可能导致被压抑群体对进一步的发展施加更强的压力，反压力（counterpressure）也会增加。在歧视水平增加后，对立力可能再次减少，或者可能长期保持在较高水平。

总的来说，准静态社会状态对应着同样强大的对立力，但是关于它们的绝对强度我们无法做出一般性论断。

2. 力　场

准静止过程并不完全恒定，而是在平均水平 L 周围呈现出波动。如果假设波动由附加力量强度的变化所致，并且水平 L 的变化量 n 是这个力量强度的函数，在 L 周围的波动区域则存在一个力场，具有以下特征：在 L 和 $(L+n)$ 及 L 和 $(L-n)$ 之间的所有水平上，对立力都不相等，而更强的力量指向水平 L。

（2）$|f_{(L+n),L}| > |f_{(L+n),-L}|$

$\qquad |f_{(L-n),L}| > |f_{(L-n),-L}|$

如果考虑合力 $f_{L,x}^*$，其中 $f_{L,x}^* = f_{L,s} + f_{L,g}$，这个陈述的意义就会更加清晰。对于准静态过程，在水平 L 上的合力等于零（见图 21）。

（3）$f_{L,x}^* = 0$

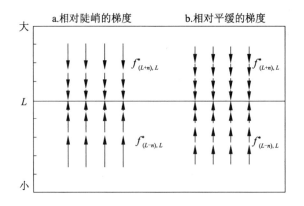

图 21　合力的梯度

邻能级（neighboring levels）合力（$L \pm n$）的方向朝向 L 能级，其强度随与 L 的距离的增加而增大，即 L 邻能级合力具有正中心力场（positive central force field）的特征（8）。①

（4）$f^*_{(L \pm n),L} = F_n$

函数 F 的性质决定了在其他条件相同的情况下，社会过程在特定情况下波动的程度。当且仅当 L 的数值发生变化且相反的力相等时，准静态过程的水平才会发生变化。如果合力场失去了中心场的结构，社会过程就失去了准静态特性。

3. 邻域范围内的力场和超出邻域范围的力场

必须认识到，准静态过程的前提是力场的中心结构只存在于 L 的某个邻域范围（Neighborhood Range）内。换句话说，在一定的范围内，需要更强的力来更大程度地改变水平 L，而这些力的减弱将导致过程向先前的水平回归（4）。然而，如果变化已经超出了这个范围，达到了一定水平（$L \pm m$），那么这个过程可能会表现出继续前进的趋势，而不会再返回先前的水平。这似乎是变革克服了最初的阻力的典型表现。就力场而言，这意味着在 L 的邻域范围之外，所产生的力会指向 L 以外的地方，而不指向 L 的方向。

显而易见，对于大多数管理问题来说，有必要确定其静态平衡特征的范围。

---

① 正向中心力场被定义为指向一个区域的力量丛。在一个包含时间维度的相空间中，可以使用这个术语来描述所有力都指向一个水平的丛。

4. 不同梯度的影响

在讲经验案例之前，让我们先讲一下某些附加的分析结论。表述（4）描述了邻近力场的结构，但其梯度尚未得到表征。邻近力场的梯度或大或小（见图21），在 L 以上和以下的梯度可能不同。

（5）给定相同的作用力强度变化量 $f^*_{L,x}$，社会过程水平的变化量越小，梯度越陡。这既适用于 L 的永久性变化，也适用于周期性变化。

到目前为止，我们提到的是群体作为一个整体的行为。如果考虑群体内部的个体差异，那么可以这样说：

（6）在其他条件相同的情况下，合力场梯度在群体水平附近越陡，群体中个体的行为差异越小。允许程度不同的情况可以被看作反映群体中个体梯度不同的例子。在利皮特和怀特的实验中，民主型领导者所允许的活动范围更大，与此同时，个体之间在向领导者提出建议、进行会场外谈话及要求同伴注意等方面的行为差异也更大（14）。

我们并不希望发现这种关系是简单的，而将群体整体层面的变化难易程度与整体内部的个体差异进行定量关联非常重要。

三、群体生活中不同领域的准静态平衡的例子

下面的例子并不是为了证明某一理论在特定情况下的正确性，而是为了说明原理，同时为对社会力量的测量做准备。就具体情况而言，它们代表的是必须通过实验来检验的假设。由于没有足够的分组实验数据来说明应该讨论的各种分析原则，我们冒昧地使用了与分组、不属于分组的群体和个体有关的数据。

（一）民主氛围和专断氛围中的攻击性

利皮特（13）、利皮特和怀特（14）比较了同一组男孩在民主氛围和专断氛围下彼此攻击的次数。由于个性和活动类型保持不变，这种变化可以归因于不同的社会氛围或领导形式。他们发现，在专断氛围中，成员间攻击性的群体平均值要么很高，要么很低；在民主氛围中，成员间攻击性的群体平均值处于中等水平（见图22）。

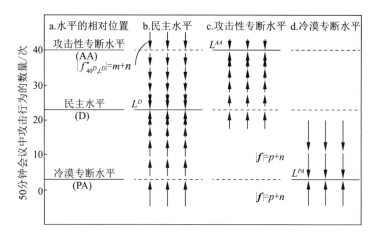

图22　攻击性专断、民主和冷漠专断在不同攻击性水平下的力场

假设每一个攻击性水平都是准静态平衡的，进而询问哪些力量倾向于提高水平，哪些力量倾向于降低水平。一个因素是活动的类型：激烈的游戏比安静的工作提供了更多的冲突机会；对男孩来说，一定程度的打斗可能很有趣。反对群体间攻击的力量可能是成员之间的友谊、成人领导者的存在、环境的庄重性。

实际情况表明，在民主氛围中，相互冲突的力量会达到一种平衡，即 $f^*_{L^D,x} = 0$（其中，$L^D = 23$）。这意味着一个如图22b所示的合力场。

如果将民主氛围中的力场作为比较的基础，那么在攻击性专断氛围中，更高水平的攻击性（$L^{AA} = 40$）可以通过增强更多攻击性的力的强度或者减弱更少攻击性的力的强度来解释。事实上，这两种力量似乎在专断氛围中都发生了改变：专断型领导风格和自由活动空间受限引起的恼怒增加了攻击的力量。

$$|f_{AAGr,g}| > |f_{DGr,g}|$$

利皮特发现，在专断氛围下，"我们的感觉"（we-feeling）会减少，而这种感觉往往会降低成员内部的攻击性。

$$|f_{AAGr,s}| < |f_{DGr,s}|$$

这足以解释为什么在专断氛围中，攻击性的水平会增加（$L^D < L^{AA}$）。如果没有其他变化，我们甚至可以推导出关于一个民主情境中力场梯度的陈述：如果力量增加量 $f_{Gr,g}$ 为 m，力量减小量 $f_{Gr,s}$ 为 n，那么40级的合力的强度将为 $|f^*_{40^D,L^D}| = m + n$。

为什么冷漠专断中的攻击性很低（$L^{PA}=3$）？利皮特和怀特发现，在两种类型的专断氛围中，"我们的感觉"都很低（14）；令人沮丧的专断型领导者的恼人影响不太可能不存在。我们更倾向于认为，专断型领导形式意味着一种额外的力量（$f_{Gr,c}$），对应于更高程度的威权控制（authoritarian control），并且在此情况下具有抵制公开攻击的倾向。

一般来说，我们可以假定这种力量相当强大并且远远大于 $m+n$，即 $f_{PAGr,c}=p>m+n$。尽管攻击的力量较大，但这种专断仍会使公开攻击保持在很低的水平。只有当这种控制由于某种原因被适当削弱至 $|f_{Gr,c}|<m+n$ 时，才会出现公开的攻击倾向。

据此，我们可以得出以下结论：尽管在冷漠专断的氛围中，在 L^{PA} 水平上的合力是零（$f^*_{L^{PA},x}=0$），但构成合力的对立成分比在民主氛围中更多。在其他条件相同的情况下，其附加部分的强度——与民主氛围相比——等于专断控制的力加上因"我们的感觉"的差异而产生的力（$|f|=p+n$）。换句话说，可以预期，尽管表面上秩序平静，在冷漠专断的氛围中仍存在高强度的内部张力，这个额外的张力相当于强度为 $|f|=p+n$ 的反力。

由于专断氛围比民主氛围更具限制性，人们不禁要问，在专断氛围中为什么会出现高水平的群体内攻击行为？答案就在于，专断的限制性会产生两种相互矛盾的影响：第一，它会导致群体成员产生挫败感，因此会导致 $f_{P,g}$ 的增加，进而带来更多的攻击行为。第二，限制的控制方面等同于对群体内攻击行为的约束力 $rf_{\overline{P,g}}$。这种内在矛盾是专断情境所固有的，也是较高张力的基础。

从管理的角度看，专断型领导者面临的任务是建立一个强度和梯度都很高的约束力场（$rf_{\overline{P,g}}$），使群体内的公开攻击强度不超过一定水平。作为第一步，专断型领导者通常试图加强行动控制手段。加强暴力或其他权力手段相当于提高控制能力。如果该手段实际上被用于加强镇压，会导致更严重的冲突。这意味着一个螺旋式上升的过程已经开始，将出现日益增加的紧张、更强的攻击力和压制力。

专断型领导者有两种方法来避免这种螺旋式上升。第一种方法是使个体将"盲目服从领导"作为一种价值观。这样一来，限制性控制就会减少挫折感，或者至少减少公开的攻击行为。德国文化和日本文化中就有较强的服从观念。第二种方法基于这样一个事实，即冲突导致的紧张关系在动态上等同于一种需求。在这种情况下，通过满足需求，即通过采用公开的攻击手段，至少能在一定时间内降低 $f_{P,g}$。允许公开攻击，但以对专断型领导者不产生危险的方式引导攻击，这是专断型领导者进行社会管理的古老技巧。从一般理论中得出的另一个结论是，如果在冷漠专断的情况下放弃专断控制，那么随着 $f_{Gr,c}$ 的消失，会出现高度的公开攻击。这是因为远离专断氛围并实现民主或自由放任（laissez-faire）的氛围，相当于消除了约束力场。事实上，利皮特和怀特在从冷漠专断向自由放任或民主的过渡中观察到了明显的沸腾（boiling over）现象（见图 23）。这与理论相吻合。在从专断向自由放任过渡的情况下，这种沸腾达到了比向民主过渡更高的水平，因为在民主氛围中，抵消成员间攻击的一般控制或自我控制程度比在自由放任中更强。

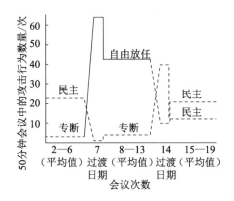

图 23　不同社会环境下两组男孩的攻击行为

这种相空间的表述方式只考虑到了社会场实际进程的某些方面。例如，如果权威控制被削弱到允许成员间公开攻击的程度，那么这种攻击很可能会进一步削弱控制水平（除非领导者通过加强控制来对这种情况做出反应）。我们在预测时必须考虑到这些循环因果过程。

（二）影响个人行为水平的社会氛围

图 24 表示权威群体成员萨拉和民主群体成员休的支配行为量。在第一次会议中，两名成员的行为量持平，但之后随着群体氛围的变化，他们的行为也发生了改变。在第九次会议后，这两名成员从一个群体转移到另一个群体。事实上，转移后，他们迅速显示出变更前另一名成员的行为水平，这表明，与两种氛围相对应的合力场的强度和梯度对于个体来说大致相同。

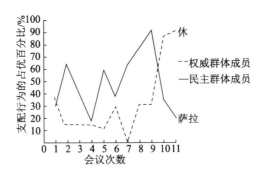

图 24 从一个群体转移到另一个群体的效应

（三）替罪羊现象与行为层次的相互依赖

可以用一个具有攻击性的专断群体中各个成员所给予和接收的优势数据，作为对几个有关准静态过程的一般性观点的例证。

1. 将接收到的敌意水平作为平衡状态

将"受到攻击"这种被动属性视为一种准静态平衡是合理的。所受攻击的量部分取决于个体引起或招致攻击的程度及他反击或不反击的方式。其他因素还包括其他成员的攻击性、群体氛围等。总体而言，这种结构的力与其他平衡情况下的力相同：力始终取决于群体或个体的特征及其与周围环境的关系。

2. 退出和中心力场的范围

如图 25 所示，替罪羊 B 在第六次会议退出俱乐部，替罪羊 C 在第九次会议退出。这些都是一个普遍事实的例子，即当平衡水平产生足够大的变化时，会导致整体情况特征的基本变化：过多的主导会使成员离开。

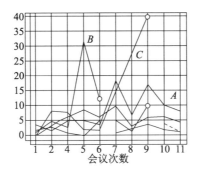

图 25 群体中个体所受的支配

人们可能会试图通过一个具有明确范围的中心力场来表示个体在受到太多敌意后离开俱乐部的倾向，超出该范围的合力会指向远离平衡水平。然而，相空间的坐标只涉及时间和获得的支配地位的程度。为了表述个体退出俱乐部这个事实，要么必须参考实际社会场中的力量丛，要么必须将"渴望加入俱乐部的程度"引入相空间的第三个维度。

3. 互动过程和循环因果过程

替罪羊 A 和 B 接受了很多支配行为，他们自己也表现出大量支配行为。这表明被攻击和攻击之间有着密切的关系。这种关系具有循环因果过程的特征：A 对 B 的攻击提高了 B 的心理准备；B 对 A 的攻击又提高了 A 的心理准备；等等。这将导致 A、B 和整个群体的平衡水平不断提高。然而，这只在一定范围内成立：如果 A 的攻击成功，B 就可能屈服。这是另一个例子，说明了如下事实：决定平衡水平的力场的变化会导致社会进程的变化，其本身可能会影响整个局势，使局势朝着力场进一步变化的方向发展。当然，这也可以被看作一种非平衡的情况，这种非平衡对应的是各种力量丛偏离了目前的水平。

（四）工厂生产的例子

一个工厂或一个工作团队的整体产出经常在较长时间内保持相对稳定的水平。这可以被看作一种准静止平衡。分析相关的力对了解和规划变化来说至关重要。

阻碍生产的力量之一是艰苦或快节奏的工作带来的压力。人类活动是有上限的。对于许多类型的工作来说，越接近上限，使之远离压力的力（$f_{P,-st}$）增加得越快。力场的梯度可能类似于指数曲线。

人们普遍认为，赚取更多金钱的欲望（$f_{P,m}$）是提高生产水平最重要的力量。为了对抗使人们远离快节奏工作的反向力的梯度（$f_{P,-st}$），企业采用了各种奖励制度，如对超过一定标准的员工给予更高的薪酬。

实际上，有几个原因使得提高产出的力不可能与单位工资率成正比。对不同的人来说，增加一定数额的收入意味着完全不同的事情。十年前，一些从北方迁往南方的工厂发现，南方工人的生产水平低于北方工人的生产水平。其中一个原因是，南方农村女孩的周薪远远高于以前，因此不再追求通过付出额外的额外努力赚更多的钱。

收入总额与力场强度和梯度之间的关系与群体的亚文化（subculture）

密切相关。一个相当常见的模式如下：一个足够低的水平将导致一股向更高收入迈进的强大力量（$f_{P,m}$）；一个足够高的水平只产生一股向更高收入迈进的弱小力量。在某些社会群体中，图表上的单位相当于十美元，而在另一些社会群体中则相当于一百或一千美元。因此，与激励相对应的力（$f_{P,m}$）的强弱取决于群体的总体生活水平。

在团队合作中，团队成员会希望自己的水平不高出或低于其他成员太多。这尤其适用于装配线上的工人。阻止提速的一个重要力量可能是担心临时提速会引来主管或领班要求长久保持更高的生产速度。

图 26 展示了巴维拉斯的实验数据。整个缝纫厂、实验组和对照组的产量都呈现出典型的准静态特征。在引入了进度卡（pacing card）或群体决策后，实验组的产出显著增加到一个新的平衡水平。这些方法似乎部分基于减少使产量下降的力的程序，而不是基于增加新的力以达到更高水平的程序。

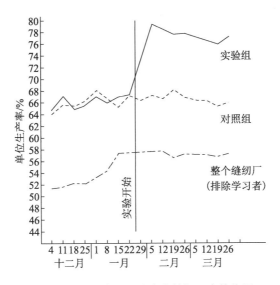

图 26 群体决策与进度卡在缝纫厂中的作用

（五）改变行为等级的两种基本方法

对于所有类型的社会管理而言，生产水平都属于准静态平衡，可以通过在期望的方向上增加力量或通过减少相反的力量来改变。这一点具有重要的实际意义。

（7）如果通过增加朝着 L^2 的力来实现从水平 L^1 到 L^2 的变化，那么所产生的次级影响（secondary effects）应与通过减少反向力以达到同等水平变化时的次级影响不同（见图27）。新水平 L^2 上的过程在第一种情况下将伴随着相对较高的张力状态，在第二种情况下则伴随着相对较低的张力状态。

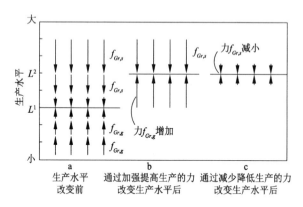

图27　由于生产水平变化的不同方式导致的两种可能的张力状态

当张力增加到一定程度以上时，随之而来的是更多的疲劳感、更强的攻击性、更明显的情绪化和更低效的建设性（constructiveness），因此，第二种方法比高压方法更可取。

图28 提供了一个神经质的（nervous）工人的例子，这与上述考虑是一致的。她的平均生产水平高于小组均值，但是生产速度变化极大，而且经常旷工。使用进度卡后，她的产量提高到极高的水平，波动也明显减少。

由于不安是紧张的常见症状，我们可以认为稳定性的增加和缺勤的降低是生产水平变化通过图27c 而非27b 所示的力场模式实现的。

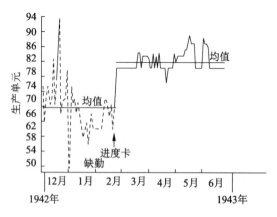

图28　进度卡对生产稳定性的影响

（六）能力、学习曲线和平衡状态

1. 能力、难度和难度的变化

影响许多社会事件水平的一个因素是能力。"能力"是一个流行术语，能够指代许多非常不同的事实，如说法语的能力和承受打击的能力。就变化层面而言，"能力"一词似乎更倾向于指代约束力而不是驱动力。驱动力——如对应于野心、目标、需求或恐惧时——是趋近或远离某物的力，往往会带来移动或变化。约束力本身并不等同于变化趋势，它是与驱动力相对立的概念。

能力的变化等同于任务难度的变化。事实上，就相空间中力的表示而言，两者是等价的。我们总是在处理个体或群体与任务之间的关系。"能力"或"难度"一词的使用，取决于我们是将主体还是将活动视为这种关系中的变量。

图 29 显示了工人从同一个缝纫工位转到其他缝纫岗位后工作产量的下降情况。从平均值方面衡量，两种工作的新手学习曲线和老手生产水平均相等，这表明在工作难度相同的情况下，转岗工人在新工作中的表现较差。对于转岗工人来说，新工作显然比原来的工作难。

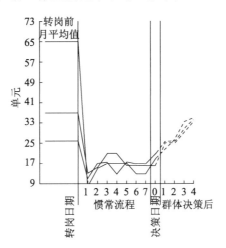

图 29　转岗后群体决策对慢工的影响

假设转移前的合力场（驱动力和约束力）与图 30 所示的中心力场相对应，引入新任务就相当于引入一种更强的约束力，或增加一种约束力，以阻碍更高的产出。

如果力场在工人转到新的工作岗位后保持不变，我们可以得出以下结论：在时间 b 处，向第二（低）层 L^2 上增加的约束力的强度 $(rf_{\overline{L^2},g})^b$ 等于变化前的合驱动力场在时间 a 处的强度。

$$(rf_{\overline{L^2},g})^b = (f^*_{L^2,g})^a$$

这意味着产出的降低伴随着张力的增加。这只是该定理的另一个例子：在其方向上增加力所带来的变化会导致张力的增加（在前一个例子中，我们将该定理应用于向上的变化，这次则将其应用于向下的变化）。

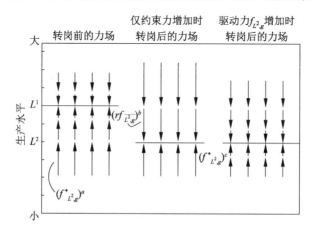

图30　转岗前后的力场

然而，这一结论与观察结果并不相符。事实上，转移后的张力似乎降低了，这表明在向较低生产水平转移的同时，向较高生产水平转移的驱动力强度也降低了。

$$(f^*_{L^2,g})^c < (f^*_{L^2,g})^a$$

有迹象表明，在这样的情况下，工作调动会明显降低工作士气，从而削减提高生产率的动力。如果这种解释是正确的，那么转岗后的学习速度应该很慢。事实上，其速度简直慢得惊人。虽然转岗工人对机器很熟悉，但他们的工作效率却提高得很慢，以至于对工厂来说，雇佣新工人优于让有经验的工人转岗。

可能有几个因素共同造成了转岗后劳动生产力的下降：一个为自己的成就感到自豪的员工重新回到了工作地位低下的状态。这很可能会影响工人的士气和工作热情。转岗前，以高于标准的水平工作的目标是可行的，但现在这个目标变得遥不可及。对抱负水平的研究表明，一个人在这种情况下往往会放弃（12），这也就解释了 $f_{L^2,g}$ 的下降。经过群体决策，学习曲线再次上升，这可能是因为新目标的设定会带来一种向更高水平迈进的力量，而没有这种力量，学习就不可能进行。

2. 学习曲线作为平衡考虑的基准线

在某些情况下，平衡必须与以非绝对值定义的基线相关联。巴维拉斯对一家工厂中负责培训初学者的人员进行了特殊培训，使得其培训的初学者的学习曲线的陡峭程度明显增加。几周后，当受过专门培训的培训员人被撤走，由未受过专门培训的培训人员取而代之时，初学者的学习曲线迅速变得平缓。这个案例和其他案例表明，在某些情况下，学习曲线很可能被视为确定力场的基线，即"等水平"线（a line of "equal level"）。

将学习曲线当作一个可能的基线，可以被理解为对一般原则的表达：

（8）应根据社会进程与相关群体（或个人）的能力（容量）的关系来分析社会力量。

如果我们接受这一普遍原则，那么，只有在相关群体的能力在此期间不发生变化的情况下，才允许将过程的绝对标准（生产的最高水平、友好程度的最高水平等）作为分析确定准静态平衡的力的参照系。

（七）主观方法与客观方法的结合

要确定力的性质，即在特定情况下的主要变量，可以使用各种各样的程序。如果要对群体生活的认知（主观）和行为（客观）两方面进行分析，就需要将各种方法结合起来。这样既能揭示主观方面，又能得出可检验的结论。下面举例说明其原理。

美国农业部的计划调查部在第二次世界大战期间为财政部进行了定期的研究，以了解购买和赎回战争债券的动机。

人们发现，最常见的推动赎回的力是疾病等实际紧急情况造成的经济压力。反对赎回的力则包括对财政储备所提供的安全感的需求、爱国主义，或者债券保存时间越长则可以获得越多的利息回报。

为了将有关力的性质的主观数据与代表平衡的曲线联系起来，必须考虑到人们赎回战争债券的能力这一客观数据。这种能力取决于未偿付的战争债券总额，因此根据定理（8），应该结合表示赎回水平占总额百分比的曲线来考虑各种力量。

珍珠港事件是美国正式参与第二次世界大战的标志，而这一事件伴随着战争债券赎回水平的明显下降。根据民众访谈，这是因为反对赎回的力量增加（而非赎回的力量减少），即爱国主义情绪高涨。根据这一解释，人们会预期在战争结束时出现相反的变化。事实上，图 31 显示了赎回水平的增加；在一定程度上，这可以被理解为爱国动机减弱的结果。

总体而言，1943 年 4 月至 1944 年 9 月、1944 年 10 月至 1945 年 7 月、1945 年 8 月至 1946 年 4 月的赎回似乎代表了一个准静态过程的三个阶段，每个阶段都表现出典型的周期性波动。伴随着反赎回力量的减小，美国财政部制定了更为宽松的赎回政策，这也与第一阶段到第二阶段的变化相吻合。

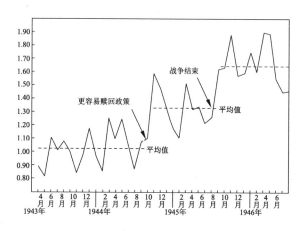

图 31　E 系列储蓄债券赎回额占未偿还债券总额的百分比

四、永久性变化的产生

（一）力场的改变

在讨论实现理想状态的方法时，不应该从"要达到的目标"的角度来思考，而应该从"从当前水平到理想水平的变化"的角度来思考。截至目前的讨论表明，一个预先规划好的变化涉及用一个在期望的 L^2 水平上达到平衡的力场取代与起始水平上的平衡相对应的力场 L^1。需要强调的是，总力场至少要在 L^1 和 L^2 之间发生变化。

改变力场的技术不能完全从对相空间的表示中推导出来。要改变河水的流速，就必须采取缩窄或拓宽河床、修整河道、清除石块等措施。要决定如何最好地实现这种实际变化，仅考虑一种特性是不够的，必须对整体情况进行研究。同理，要改变一种社会平衡，也必须考虑整个社会场，包括所涉及群体之间的关系、所涉及群体的层级组织、所涉及群体的价值体系等。必须对整个社会场的丛进行研究和重组，使社会事件以不同的方式流动。相空间内的分析更多是指出需要达到哪种效果，而不是如何达到这种效果。

（二）准静止过程和社会习惯

影响民众做出改变，如用黑面包代替白面包，意味着打破一种习俗或社会习惯。① 社会习惯通常被视为变革的障碍。就力场而言，社会习惯意味着什么？打破社会习惯又意味着什么？

如果我们把社会静态过程看作是由准静态平衡决定的，就会想到任何附加力都会导致水平的改变。我们知道，对当前水平 L 的合力为零（$f_{L,x}^* = 0$）。加入力 $|f_{L,n}| > 0$ 应使水平朝着 n 的方向的力移动到另一水平（$L+\Delta$）。变化量 Δ 由公式（9）决定：

（9）　$|f_{(L+n),L}^*| = |f_{L,n}|$

社会习惯这一概念似乎意味着，尽管施加了某种力量 $f_{L,n}$，但由于某种内在抗拒，社会进程的变化程度会小于 Δ。要克服这种内在抗拒，似乎需要一种额外的力，一种足以打破习惯、解冻习俗的力量。

有人可能试图否认社会习惯中存在这种内在的抗拒。或许社会习惯只是指梯度太陡的情况，以至于增加力 $f_{L,n}$ 所产生的变化并不容易被感知。但这种解释是不够的，充其量只是将习惯问题转化为这样一个问题：为什么力场在 L 附近显示出如此陡峭的梯度？

社会习惯理论的答案是，历史的恒常性创造了一个附加力场（additional force field）。在保持社会进程处于当前水平的其他力之外，附加力场也倾向于维持目前的水平。这种理论暗含两个陈述：一是附加力场是存在的，二是社会习惯与社会习惯的历史起源问题相关。在此，我们主要关注的是附加力场的性质。

社会生活发展到一定阶段，往往会出现组织机构。社会习惯的第二个可能来源与群体的价值体系和精神气质有关。

（三）个人行为和群体标准

在讨论力场时，我们将个体或群体视为力场的作用点。现在，让我们

---

① 习惯这个概念在几十年的心理学发展中变得混乱。今天可以将其视为指涉各种过程的普遍术语。它应该被几个更合适的概念取代（见第四章）。

考虑一下个人与社会进程层面的关系。

个体 P 的个人行为水平（L^P）可能与代表群体标准（L^{Gr}）的水平具有一定程度的差异（$|L^{Gr}-L^P|=n$）。不同的文化允许或鼓励这种差异的程度不同。如果个体试图过分偏离群体标准，他就会发现自己的处境越来越艰难。他将受到嘲笑、被严厉地对待，最后被逐出群体。因此，大多数人都非常接近他们所属或希望所属的群体的标准。

换句话说，群体水平不仅仅是由环境提供的 $f_{L,g}$ 和 $f_{L,a}$ 作用下的平衡水平。这个水平本身就具有价值。当处于一个力 $f_{P,L}$ 作用下的中心力场时，若 $f_{P,L}$ 维持了个体与群体标准的一致，它就具有正价。

（四）具有和不具有社会价值的群体水平及抗拒改变

尽管群体水平的价值特征相当普遍，但并不适用于所有类型的过程。例如，很少有人知道 1943 年 4 月至 1944 年 8 月美国战争债券赎回率约为百分之一。在考量赎回决策价值的因素中，并不包括保持赎回率在某一水平附近波动的价值。从这方面看，这与试图跟上工作团队的个体的情境完全不同。

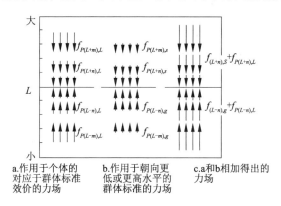

图 32　群体标准具有社会价值和不具有社会价值时的力场

无论某一水平获得或不获得价值的原因是什么，这种差异对于变化问题都是重要的。

假设对 G_r 和 G_r^1 两个群体，如果不考虑 L 的社会价值，合力场对应于图 32b。若不考虑 G_r，仅考虑 G_r^1，假设水平 L 对成员具有社会价值，这个值应该对应于图 32a 所示力场。假设施加在个体上的力 f 改变了他对 g 的行为。在 G_r 中，变化量将由反力 $f_{(L+n),s}$ 的梯度决定，其中反力 $f_{(L+n),s}$ 由 $f_{(L+n),g}+f_{P,L}$ 决定（见图 32c）。这意味着：

（10）群体标准的社会价值越高，群体成员偏离这一水平的阻力就越大。

许多社会习惯的情况似乎涉及具有社会价值的群体标准，而变化抗拒往往可以通过定理（10）来解释。如果这一理论是正确的，那么就可以对打破社会习惯做出一定的推导。

（五）改变社会行为的个人程序和群体程序

如果变化抗拒部分取决于群体标准对个体的价值，那么采用一种程序来降低群体标准的价值强度或改变个体认为具有社会价值的水平会减小变化抗拒。

上述第二点也是"以小组为载体"的变化能够取得成效的原因之一，这种变化以面对面的群体形式接近个体（17）。也许人们会期望个体比志同道合的人组成的群体更易被接受。但是研究者在领导力培训、改变饮食习惯、工作生产、犯罪、酗酒、偏见等方面取得的经验似乎表明，改变组成一个群体的个体通常比单独改变其中任何一个人都容易（10）。只要群体的价值观不变，个体就会更加强烈地抗拒变化，因为变化会使他更偏离群体标准。如果群体标准本身发生了变化，因个体与群体标准的关系而产生的阻力就会消除。

（六）变化的三个步骤：群体标准的解冻、移动和冻结

群体表现（group performance）向更高水平的转变往往是短暂的；在一针"强心剂"之后，群体生活很快就会恢复到以前的水平。这表明，将有计划地改变群体表现的目标仅仅定义为达到一个新的水平是不够的。新水平的持久性，或在一段预期时间内的持久性，应被包括在目标中。因此，成功的变化包括三个方面：从当前的水平 L^1 解冻（如有必要），进入新的水平 L^2，将群体生活冻结在新的水平上。因为任何水平都是由力场决定的，所以永久性意味着新的力场相对稳定，不会发生变化。

在不同的情况下，当前水平的解冻可能涉及完全不同的问题。奥尔波特（G. W. Allport）描述了在消除偏见之前似乎必须进行的"宣泄"。为了打破自满情绪和自以为是的外壳，有时需要故意引起激动情绪。

冻结新水平的问题也是如此。有时，可以建立一个相当于稳定的循环因果过程的组织结构。

（七）作为变更程序的群体决策

下面是一个群体决策的例子，涉及生活在美国中西部小镇的家庭主妇。

其中一些家庭主妇接触过关于呼吁增加新鲜牛奶消费量的精彩讲座，另一些家庭主妇参与了逐步决定增加新鲜牛奶消费量的讨论（16）。在这个过程中，我们没有使用高压的销售技巧；事实上，我们尽量注意避免施加任何压力。两组家庭主妇所用的时间相同。在两周和四周之后，我们对新鲜牛奶消费量的变化进行了调查。图 33 清晰地展示了群体决策的优越性。

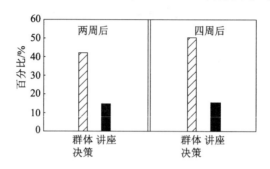

图 33　在群体决策和讲座之后，报告新鲜牛奶消费量增加的家庭主妇的百分比

对于到艾奥瓦州立医院产科就诊的农妇，我们将个体治疗的效果与群体决策治疗的效果进行了比较。在出院前，她们学习了有关喂养婴儿的正确方法并接受了给婴儿喂食橙汁和鱼肝油的个别指导。我们将这一程序与六位母亲作为一个小组进行讨论和决策的程序进行了比较。在第一种情况下，营养学家对一位单身母亲进行了大约二十五分钟的指导；在第二种情况下，营养学家花了同样的时间对由六位母亲构成的小组进行了指导。

图 34 显示了群体决策程序的优越性。在四周时，群体决策组的每一位母亲都按建议量给婴儿喂食了鱼肝油。

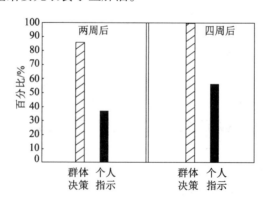

图 34　给鱼肝油时遵从群体决策或个人指示的母亲的百分比

图 35 展示的是巴维拉斯报告的某工厂团队中三个群体决策的优质案例，该团队在九个月内发生了持久性变化。

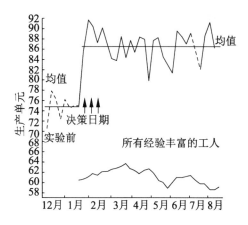

图 35　群体决策对缝纫机操作员的影响

该文所报告的实验只包含一些必要的变化。虽然在某些情况下，这种方法比较容易执行，但在另一些情况下则需要技巧，并以某些一般条件为前提。急于通过群体决策提高工厂产量的管理人员很可能遭遇失败。社会管理和医学一样，没有成药，每种情况都需要仔细诊断。尽管如此，群体决策实验的进展足以澄清社会变革中的一些普遍问题。

我们已经看到，有计划的社会变革是由解冻原水平、变化水平和在新水平上冻结组成的。在这三个方面，群体决策都具有群体程序的一般优势。如果采用的是个体程序，那么个体对价值标准的依赖性所对应的力场就会成为变化抗拒。然而，如果成功地改变了群体标准，这种力场也会促进个体的改变，并使个体行为稳定在新的群体水平上。

有时，这种面对面群体的价值体系会与更大的文化背景下的价值观发生冲突，因此有必要将其分离开来。例如，在对娱乐行业的领导者进行从专断模式到民主模式的培训时，巴维拉斯确保了他们不受娱乐中心行政部门的干扰（2）。营地或研讨会在改变思想意识或行为方面是否有效，部分取决于能否在改变过程中创建这样的"文化孤岛"。亚文化对研讨会的接受程度越高，研讨会越与世隔绝，越能最大限度地减少对变革的抵触情绪，而这种抵触情绪是建立在个体与更大群体的标准的关系之上的。

威勒曼（Willerman）说明了群体决策是促进变化的一个原因（9）。图

36 显示了群体成员对于全体从食用白面包转变到食用全麦面包的渴望程度。如果个体只是被要求改变，那么渴望程度主要取决于个体对全麦面包的偏好程度。在群体决策的情况下，渴望程度似乎相对独立于个人偏好，个体似乎主要作为集体成员行事。

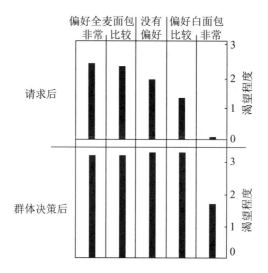

图36　在请求和群体决策后，个人偏好与渴望程度的关系

　　有利于群体决策的第二个因素与动机和行动之间的关系有关。讲座，尤其是讨论，可能会非常有效地将动机引向预期的方向。然而，仅有动机还不足以导致改变，还需要在动机和行动之间建立联系。群体决策可以提供这种联系，而讲座甚至讨论通常无法提供这种联系。这似乎在一定程度上解释了一个自相矛盾的事实，即像群体决策这样一个只需几分钟的过程，能够影响个体今后几个月的行为。群体决策将动机与行动联系在一起，同时，由于个体倾向于"坚持自己的决策"或"遵守对群体的承诺"，这种联系还具有冻结效应。第二个因素的重要性对于在学生合作社长期共处的同学、同一街区偶尔见面的的家庭主妇及互不联系的农场母亲来说是不同的。然而，实验表明，即使是有关个人成就的决策，也可以在成员不再见面的群体环境中产生效果。将新水平的持久性完全归因于群体决策的冻结效应是不正确的。在许多情况下，其他因素可能更为重要。在决定食用更多新鲜牛奶后，家庭主妇可能会与送奶工签下长期订单，从而自动保持较高的新鲜牛奶消费量。这些问题导致了社会领域的重建问题，尤其是社会进程的引导问题。

社会生活的许多方面都可以被视为准静态过程。它们可以被视为准静态平衡的状态，也就是力量丛的结构可以被明确界定的状态。必须确定这些力，并对其进行测量。科学的概念分析是这一步的先决条件。

对社会力进行科学处理，要有适合社会过程性质的分析手段，并且该手段在技术上要适合作为数学处理的桥梁。实现这一目的的基本手段是将社会状况表示为社会场。社会过程的某些方面可以通过被称为"相空间"的坐标系来处理。

若使用相空间来分析社会平衡，就必须澄清某些分析上的技术性问题，如在过程的某个水平上对立力的强弱关系、邻域范围内外的力场结构、波动和个体差异的形式条件、力量与能力的关系、力量与张力的关系。

通过这种技术分析，我们可以更准确地阐述有计划的社会变化的问题和变化抗拒的问题。它允许对变化中特定目标的选取问题，对产生相同变化量的不同方法，以及对这些方法的次要影响的差异，做出一般性陈述。有理论认为，抗拒变化的原因之一在于个体与群体标准的关系。该理论从以下方面得出结论：某些类型的社会平衡对变化的抗拒，社会水平的解冻、移动和冻结，群体程序对改变态度或行为的影响。

其所使用的分析工具同样适用于群体生活中的文化、生态、社会和心理领域。它们适用于各种各样的过程，如工厂、工作团队和工人个人的生产水平；个人能力和国家能力的变化；具有和不具有文化价值的群体标准；一个群体的活动及群体之间、个体之间、个体与群体之间的互动。

这种分析认为，群体生活的各个方面和各种规模的社会单位具有同等的现实性。其应用取决于过程的结构特性及发生过程的整体环境。我们对准静态平衡的研究是以社会科学领域中首先出现在心理学中的分析概念为基础的。心理力量、张力、冲突（力的平衡）、力场和诱导场等概念的应用范围逐渐从个体心理学领域的过程和事件扩展到社会学和文化人类学领域。根据最近对数理经济学中处理平衡问题的了解，我相信，这种处理方法虽然有不同的起源，也许还基于不同的哲学，但也完全符合我们的考虑因素。

一方面，对经济数据的测量非常容易实现；另一方面，心理和文化事件性质繁杂，使得研究这些领域的方法趋于分离。这可能促使一些数学经济学家试图发展一种没有人和没有文化的生态学，就像一些倾向于数学的心理学家试图发展一种没有有机体的学习理论一样。不过，我们也可以暂时搁置哲学解释，而把数理经济学的等式看作对事件某些方面的处理，这在方法论上与我们通过相空间对社会过程某些方面的处理类似；在这两种情况下，我们都必须认识到，为了进行预测，最终必须参照具备所有基本属性的整个社会领域。如果能意识到对社会领域的某些方面进行单独分析处理的局限性，那么这种处理方法就是有益的，也是必要的。当然，数理经济学已经为处理群体生活的某些基本内容开发出强大的分析工具。如果我们的考虑是正确的，这就意味着我们有可能与数理经济学携手合作，而且我看不出处理经济平衡的方法（5，7，19）或者竞争情境中的群体处理方法（20）有什么理由不适用于社会生活的其他领域。

数理经济学的分析工具对于社会力的衡量大有帮助。迄今为止，只有个体心理学的部分领域完成了这一任务（3）。这项任务包括三个步骤：充分发展有关社会力的分析概念和理论，通过方程对其进行原则上的量化，对具体案例进行测量。我们已经在第一步上取得了足够的进展，可以推动社会科学的各个分支合作完成第二项和第三项任务。

对经济学而言，这种融合意味着在考量中涵盖相关人群的文化和心理特性，从而大大提高分析具体案例和做出正确预测的能力。经济学必须认识到上文在讨论三步程序时提到的认知问题，并且准备好在某些方面使其分析程序复杂化。

社会科学的融合将使经济学的实验程序在理论检验和见解发展方面获得巨大优势。实验程序与数学程序的结合是光、电和其他物理科学分支研究融合的主要手段。同样的结合或许注定会使社会科学的整合成为现实。

参考资料

1. ALLPORT G W. Catharsis and the reduction of prejudice［J］. Journal of Social Issues，1945，1（3）：3-10.

2. BAVELAS A. Morale and the training of leaders［M］//WATSON G. Civilian Morale. Boston：Houghton Mifflin Company，1942.

3. CARTWRIGHT D，FESTINGER L. A quantitative theory of decision［J］. Psychological Review，1943，50：595-621.

4. CASSIRER E. Substance and function［M］. Chicago：Open

Court, 1923.

5. HICKS J R. Value and capital [M]. Oxford: The Clarendon Press, 1939.

6. KÖHLER W. The place of value in a world of fact [M]. New York: Liveright Publishing Corporation, 1938.

7. LANGE O. Price flexibility and employment [M]. Chicago: University of Chicago Press, 1945.

8. LEWIN K. The conceptual representation and the measurement of psychological forces [J]. Contributions to Psychological Theory, 1938, 1 (4).

9. LEWIN K. Forces behind food habits and methods of change [J]. Bulletin of the National Research Council, 1943, 108: 35-65.

10. LEWIN K. Resolving social conflicts [M]. New York: Harper & Brothers, 1948: Chapter 4.

11. LEWIN K, LIPPITT R, WHITE R. Patterns of aggressive behavior in experimentally created "social climates" [J]. Journal of Social Psychology, 1939, 10: 271-299.

12. LEWIN K, DEMBO T, FESTINGER L, et al. Level of aspiration [M] //HUNT J M. Personality and the behavior disorders. New York: The Ronald Press Co. , 1944.

13. LIPPITT R. An experimental study of authoritarian and democratic group atmospheres [J]. University of Iowa Studies in Child Welfare, 1940, 16: 45-195.

14. LIPPITT R, WHITE R. The "social climate" of children's groups [M] //BARKER R, KOUNIN J, WRIGHT H. Child Behavior and Development. New York: McGraw-Hill Book Co. , 1943.

15. MAIER N R F. Psychology in industry [M]. Boston: Houghton Mifflin Company, 1946.

16. RADKE M, KLISURICH D. Experiments in changing food habits [J]. Journal of the American Dietetic Association, 1947, 23: 403-409.

17. REDL F. Clinical group work with children [M] //Group Work and the Social Scene Today. New York: Association Press, 1943.

18. ROETHLISBERGER F J, DICKSON W J. Management and the worker [M]. Cambridge: Harvard University Press, 1939.

19. SAMUELSON P A. The stability of equilibrium: linear and nonlinear systems [J]. Econometrica, 1942, 10: 1-25.

20. VON NEUMANN J, MORGENSTERN O. Theory of games and economic behavior [M]. Princeton: Princeton University Press, 1944.

第十章

以行为和发展作为整体情境的函数

（1946）

如果一个人希望利用有关发展、个性、社会关系、认知和动机的大量事实去理解、指导或预测任何特定个人的行为，那么必须把这些数据联系起来，使它们在特定的时间适用于特定的人。本章将讨论有助于实现这一目标的程序和概念，以及一些方法论问题，并且会以认知、动机和发展方面的某些问题作为例子。

一、分析、概念和理论

（一）心理场

科学程序是分析性的，因为它试图确定或分离各种因素的影响。例如，它研究光线、饥饿、失败、表扬对儿童的影响。然而，人们普遍认为，特定刺激的效果取决于刺激丛（stimulus constellation）和当时特定个体的状态。与相同视网膜刺激相对应的视觉物体，其被感知到的形状、大小和颜色，会因视觉背景和视野其余部分的性质的不同而有很大差异（46）。当母亲在场或不在场时，房间里的玩具和其他物体可能会导致一岁的孩子产生截然不同的反应（6）。总体而言，行为（B）是个体（P）和他的环境（E）的函数（F），即 $B=F(P, E)$。这一公式既适用于情绪爆发，也适用于有目的的定向活动；既适用于做梦、许愿、思考，也适用于说话和行动。

在这个行为公式中，个体的状态和环境的状态并不是相互独立的。一个孩子如何看待一个特定的物理环境（例如，冰冻的池塘对他来说是否危险），取决于这个孩子的心理发展状态、性格及思想意识。即使处在相同的物理或社会环境中，新生儿、一岁儿童和十岁儿童生活的世界也是不同的。同一个孩子在饥饿或饱足、精力充沛或疲劳时也是如此。换句话说，$E=F(P)$。

反之亦然，个体的状态取决于他所处的环境：$P = F(E)$。个体在受到鼓励后的状态与受到挫折后的状态不同（34），在安全区域中的状态与在紧张区域中的状态不同（95），在民主的群体氛围中的状态与在专断的群体氛围中的状态不同（82）。进行智力测验的儿童的瞬时智力水平，在与考官关系融洽的环境中和在与考官关系不融洽的环境中不同。人们一致认为，环境可能会改变智力，但针对环境能在多大程度上改变智力众说纷纭（21，50，118，119，128）。当然，成长中的个体的思想意识、价值观和态度在很大程度上取决于他所成长的文化（38，92）及他属于特权群体还是弱势群体（27，80）。

可以说，行为和发展①取决于个体的状态和其所处的环境：$B = F(P, E)$。在这个等式中，个体（P）和环境（E）必须被视为相互依赖的变量。换句话说，要理解或预测行为，个体与他所处的环境必须被视为相互依赖的因素丛。我们将这些因素的总体称为该个体的生活空间（LSp），并写成 $B = F(P, E) = F(LSp)$。因此，生活空间既包括个体，也包括其心理环境。解释行为的任务就等同于：找到生活空间的科学表征；确定将行为与生活空间联系起来的函数（F），这个函数通常被称为定律。

小说家在讲述一个人的行为和成长背后的故事时，会提供关于这个人父母、兄弟姐妹、性格、智力、职业、朋友和地位的详细资料，并将这些信息作为整体情境的一部分的方式呈现出来。心理学必须以科学而非诗意的方式完成相同的任务。这种方法应该是分析性的，因为必须明确区分影响行为的不同因素。在科学中，这些数据也必须在特定情境的特定环境中得到体现。场是相互依赖的共存事实的整体（31）。心理学必须把包括个体和环境在内的生活空间视为一个场。

关于什么手段最适合科学地分析和表述一个心理场，必须根据它们在解释行为方面的效果来判断。在这方面，应牢记以下要点：

（1）正确引导儿童或从理论上理解儿童行为的前提是区分老师、父母或实验者所看到的情境与作为儿童的生活空间而存在的情境。心理学的客观性要求正确地表示该个体在特定时间的场域。对于这个场域来说，儿童的友谊、有意识和无意识的目标、梦想、恐惧与物质环境一样重要。由于

---

① 可能以同样的方式正式处理决定发展的因素与决定行为的因素大大简化了心理学理论。这要归功于唐纳德·K. 亚当斯（Donald K. Adams）。

这个场域对于每个年龄段的每个个体来说都不同，而物理学或社会学所描述的情境对于每个个体来说都一样，因此不能用物理学或社会学来代替。了解物理和社会条件也很重要，因为它们限制了生活空间的多样性，可能成为心理场的边界条件。

（2）心理情境的社会方面至少与物理方面同等重要。这一点甚至适用于非常年幼的孩子。

（3）要正确地描述心理场的特征，就必须考虑到特定目标、刺激、需求、社会关系，以及气氛（如友好、紧张或敌对的气氛）或自由度等场的特征。场的整体特征在心理学中的重要性不亚于重力场对经典物理学中事件的解释。心理氛围是经验现实，并且是科学可描述的事实（82）。

（4）心理场是行为的决定因素，这意味着在特定时间内影响行为的一切因素都应该在当时存在的心理场中得到体现。只有那些事实才会影响作为当前场的一部分的行为（见第三章）。

（5）为了避免不必要的假设，我们可以用数学术语来表示心理场中各个部分的相互关系，而不必追问心理场背后的本质是什么。心理场的这种数学表征和表达心理规律的方程就是预测行为需要知道的全部内容。

（二）理论和构建：规律和个案

没有理论，心理学就不可能超越仅仅收集和描述没有预测价值的事实。如果不对可直接观察到的表型特征背后的动态特性进行描述，就不可能处理条件或效应的问题。

"需求""联想""条件反射""兴奋倾向""格式塔""力比多""超我"等术语都是理论构建的例子，不同的心理学流派都试图用这些术语来描述某些潜在的动态或基因型事实。重要的是，要把那些对预测和解释至关重要的事实与它们的各种症状区分开来。例如，愤怒会导致不同的症状，如喧闹和极度礼貌（25）；紧张会导致攻击性和情感淡漠（82）。同一人格可能会表现出完全相反的行为。换句话说，一个人的某种状态对应于各种行为，并且只能从明确行为和情境的综合确定中推断出来。所以，行为是由个体和环境决定的 $[B=F(P, E)]$，而不是由个体或环境单独决定的。

心理学从来没有回避理论，也不可能回避理论（16，59，79，101，123），但可以试图消除那些经常在没有明确意图或以隐藏的方式引入的推测性理论，并尝试使用公开陈述的经验理论。有效的经验理论主要有以下要求：

（1）构建通过操作性定义或通过对应于不同情况的多个操作性定义与可观察事实（症状）相关联，具有明确定义的概念属性。这些属性与某些数学（逻辑）概念相协调，这种协调则是逻辑上严格推导的先决条件。

（2）规律（行为与由某些构建表征的场域之间的关系，或决定该场域的各种因素之间的关系）应通过实验来验证。只有在任何心理学分支的数据都不与之相悖的情况下，定律才能被视为有效。从这个意义上说，定律始终具有普遍性。

一般规律和个体差异的问题常常看起来毫不相干，然而任何预测都必须考虑这两类问题。

仅举一例来说明一般规律研究与个体差异研究的联系：卡斯滕（Karsten）认为，一项活动被满足的速度会随着该活动在心理上的中心（而非边缘）程度而增加（68）。这一命题具有普遍规律的性质。如果该命题正确，它将解释为什么愉快和不愉快的活动能比相对中性的活动更快提供满足，以及为什么女装的流行趋势比男装的流行趋势变化得更快。通过这一定律，我们可以解释同一个人在不同状态下表现出的饱足速度的变化。例如，某些活动在月经期间比在其他时间更重要，也就是说会在月经期间更快达到饱和状态。如果把这一规律应用于年龄差异，就可以解释为什么某些活动的饱足速度在年长儿童中比在年幼儿童中慢。最后，它还能解释为什么某些过度敏感的问题儿童比该年龄段的普通儿童更快达到饱足点。

可见，个体差异、年龄层次、个性、特定情境和一般规律等问题是紧密交织在一起的。定律用与某些变量相关联的方程式来表示。个体差异必须被视为这些变量在特定情况下的具体值。换句话说，一般规律和个体差异只是一个问题的两个方面；它们彼此相互依赖，对一个方面的研究离不开对另一个方面的研究。这就意味着，儿童心理学所提供的关于不同年龄阶段的数据只有在与特定时间内支配特定儿童行为的具体情境联系起来时，才对理解和指导个别儿童具有实用价值。

上述关于心理饱足的例子也说明，定律应该而且通常可以应用于心理学的所有领域。理论和构建的主要功能之一，是将心理学的各个领域结合在一起，否则这些领域会分崩离析，成为许多互不关联的学科。

（三）心理学中的微观单位和宏观单位

偏见严重阻碍研究进展的一个问题是如何处理不同大小的单位。在儿童心理学中，我们既想了解在抓握动作中各个手指的运动（54）或舌头的运动（48）的发展和条件，也想探究家庭背景对儿童学业表现的影响，以及儿童童年时与父母的关系对其成年后行为的影响。儿童心理学关注的是与几分之一秒的时间单位（如眼睑反应）和以几年或几十年的时间单位（如生活史问题）有关的问题。

例如，对口吃的研究涉及以下方面：一个音或音节在单词中的位置（18）；一个单词在句子中的位置（17，19）；段落文本中句子的重要性（64）；这种言语表达与当前社会情境的关系——独自说话或对少量或大量观众讲话（7，100）；家庭将孩子归类为口吃者的影响（53）；个体在家庭中的地位，如他在兄弟姐妹中的排序（104）；个体在整个人群中的地位（124）；个体生活空间的整体氛围。换句话说，有必要研究规模大不相同的行动单位和范围大不相同的情境，如即时情境（immediate situation）和整体情境（situation at large）。

如果采用适合的方法，是有可能对不同大小的单位进行客观观察的（9，83）。然而，试图通过观察微观单位来可靠地确定宏观单位，在心理学和其他科学中必然会失败。例如，通过描述太阳中每个离子的运动来描述太阳的运动，这在技术上是不可能的。

二、特定心理场中的行为
（一）生活空间的认知结构

在发展过程中，生活空间的突出特征是日益分化。这一因素的重要性已在语言发展（49）、知识（122）、社会相互关系（95）、情感（63）和行动（34）的发展中得到证明。

新生儿的生活空间可以被描述为一个场，其中区域相对较少，而且只能模糊地进行分辨（74）。这种情境可能对应于一种舒适程度较高或较低的一般状态。没有明确的对象被区分出来。这里不存在"我自己的身体"这样的区域，不存在对未来事件的预期，婴儿受到眼前情境的支配。

最早出现明确特征的部位似乎与进食和排泄有关。在出生后三到六天，孩子就会对哺乳做出反应（88）。在其他方面，生活空间的大小和分化程度也有类似的增加。婴儿会研究自己的身体和周围的物质环境（20）。在最初的几个月里，某些社会关系开始发展。

生活空间在心理时间维度上的增加一直持续到个体成年。计划延伸到更远的未来，持续时间越来越长的活动被组织成一个单位。例如，在两岁到六岁之间，游戏单位的持续时间增加（9）。

生活空间的分化也在现实维度和非现实维度上有所增加。不同程度的非现实性对应着不同程度的幻想。它们既包括积极的愿望，也包括恐惧。从动态上说，非现实的程度对应于更流动的媒介（15，32），与个体的中心层关系更为密切。这一事实对于梦的心理学（42，43）而言尤为重要。游戏可以被理解为与非现实层面密切相关的现实层面的行动（116）。在人格研究中，游戏利用了这样一个事实，即非现实层面与个体的中心层密切相关（56）。

心理未来中的非现实水平与对未来的愿望或恐惧相对应；现实水平则与期待的东西相对应。生活空间的结构在非现实层面和现实层面的差异，对儿童的规划和发展非常重要（9）。希望对应于心理未来某处的现实和非现实之间的充分相似性；内疚对应于心理过去中现实与非现实之间的某种差异。在小孩子身上，真话和谎话、感知和想象的区分不如在大孩子身上那么明显（39，99，116）。部分原因是小孩子生活空间的分化尚未发展到成人所特有的那种把生活空间区分为现实层面和非现实层面的程度。

在发展过程中，生活空间在范围和分化程度上的增长速度差异很大。智力，或更具体地说，个体的心理年龄与心理环境的分化程度之间似乎存在着密切的关系（76，77）。如果这一观点正确，那么智商的差异就应被视为生活空间不断增加的不同分化率。类似的考虑也适用于运动发展和社会发展。

图 37a 和图 37b 是两个发展阶段整体生活空间范围和分化程度的示意图。这种分化涉及心理环境及个体本身。例如，需求的日益分化可以表现为个体内部区域分化的加剧。这两个发展阶段之间的主要区别有：生活空间范围扩大，涉及心理现在的部分内容、心理过去和心理未来的时间透视，以及现实维度和非现实维度；生活空间的各个层面日益分化为多种社会关系和活动领域；生活空间变得日益组织化；生活空间的总体流动性产生变化。

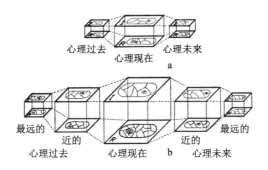

心理过去　心理现在　心理未来

a

最远的　近的　心理现在　b　近的　最远的
心理过去　　　　　　　　　心理未来

图37　两个发展阶段的生活空间

a代表小孩子的生活空间。b显示出大孩子的生活空间在现状、现实维度和非现实维度、时间透视上的分化程度较高。其中，R指现实维度；I指非现实维度。

　　并不是所有的生活空间儿童都能进入。小孩子看到大孩子在从事某些活动，也想去做，但发现自己无法进入这些活动，因为不够强壮或不够聪明。成人的禁令或其他社会禁忌也限制了小孩子的自由活动空间。

　　生活空间中可进入区域和不可进入区域的关系、自由活动空间的大小、可进入区域和不可进入区域边界的精确性，对正常儿童和异常儿童的行为和发展至关重要（78）。

　　生活空间作为一个整体朝着与发展特征相反的方向发生的变化，可以被称为"回归"（见第五章）。回归包括时间透视的减少、分化降低或混乱，会导致或多或少具有较低年龄水平儿童的典型行为。

　　回归可能是永久的，也可能是暂时的。这是一种常见现象，可能是由疾病（63）、挫折（9）、不安全感（95）、紧张（23，63）等因素造成的。在心理现在的区域收窄的意义上，回归可能是情绪紧张导致的，如孩子过于渴望克服障碍（75）。

　　回归可能不仅源于当下情境中的挫折，还可能源于长期存在的挫折背景。巴克、登博和卢因的研究表明，一个五岁半儿童的游戏建构性可能因长期存在的挫折背景而回归到三岁半儿童的水平（9）。这是因为游戏的建构性与时间透视、游戏组织单位内的分化程度及非现实性与现实性的功能关系密切相关。回归量随着挫折背景效力的增强而增加（见图38）。

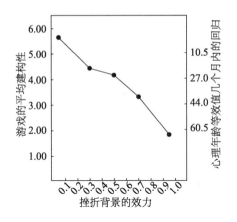

图38　建构性在不种程度的挫折背景下的展现

（二）个体的位置：位于区域内和区域外

1. 位置、邻近性和移动

确定个体在生活空间中的位置是理解其行为的首要前提。应该知道个体在各种群体内或外的社会位置；确定他在各种活动中的位置，如目标地区的位置、物理区域的位置。这一点之所以至关重要，是因为个体所处的区域决定了以下方面：周围环境的质量；与当前区域相邻的区域类型，即下一步有哪些可能性；哪一步具有朝着目标行动的意义，哪一步对应于远离目标的行动。

大多数行为都可以被看作位置的改变，换句话说，就是个体的移动。反过来，每种行为都会改变情境。

2. 对环境的适应

一种常见的现象通常被称为"适应"，意思是"适应当前的环境"。德森（H. Anderson）发现，学龄前儿童会对攻击态度做出攻击反应，对友好态度做出友好反应（3）。利皮特对民主氛围和专断氛围的研究发现，儿童对领导者营造的文化氛围也有类似的适应性（83）。弗伦奇在对大学新生的实验中也发现了对群体氛围的适应（41）。许多案例表明，母亲的情绪状态很容易影响幼儿的情绪状态。这种情况甚至在孩子出生后的头几个月就会出现。一个常见的现象是，正在学习控制膀胱的孩子如果听到流水声，会很容易尿床。

对当前区域的适应经常被用来让孩子做一些"违背自己意愿"的事情。

几周大的孩子不喜欢吃奶时，可以通过让他的头紧贴乳房来诱导他吃奶。韦林（Waring）、德怀尔（Dwyer）和琼金（Junkin）描述了当孩子和成人对吃某种食物的欲望不同时，他们通常如何为了各自的目的而使用这种技术（126）。儿童试图通过离开进食情境（如去厕所）或让成人从心理上离开进食情境（如开始谈论与进食无关的话题）来逃避压力。成人则经常使用强迫的方法。成人可以通过转移孩子对进食的注意力（让孩子进入一个心理上不同的区域）来降低进食情境的效力，从而降低孩子的抵抗力，然后把食物塞进孩子嘴里。或者，成人可以通过施加压力来增强进食情境的效力，从而诱导孩子进食。在后一种情况下，成人经常使用循序渐进法，如让孩子坐在桌边，然后把食物放在勺子上。

杰罗姆·弗兰克在一项针对大学生的实验中发现，与一步到位相比，循序渐进法能更有效地促使学生吃东西。循序渐进法的有效性似乎建立在一个人逐渐接受自己所处情境的基础之上，这样他就不会那么抗拒迈出下一步。类似的方法在国内政治和国际政治中也经常被使用。那些准备好因反抗而被推入某种境地的人可能会接受既成事实。

3. 群体归属感

大多数社交目标都可以被描述为希望属于或不属于某个特定群体。这个群体可能是一群朋友、一个运动组织，或者一个较大群体中最喜欢的子群体。它也可以是只有两个人的群体，如母亲和孩子构成的群体。属于或不属于该群体，就相当于在该群体内部或外部拥有一个位置。这种地位决定了个体的权利和义务，对个体的思想意识起着决定性作用。

对某些群体的归属感是儿童产生安全感的关键因素（27，80）。进入某个群体的倾向，以及让某些儿童进入该群体而让其他儿童离开该群体的倾向，对幼儿园儿童的行为起着重要作用（85，95）。这种倾向对于儿童帮派来说非常重要（113）。在特殊的专门学校中，尚未完全接受自己属于罪犯的少年倾向于把在学校外的人称为自己最好的朋友（73）。

利皮特发现，群体归属感（如使用"我们"而不是"我"）在民主群体中比在专断群体中更强烈（83）。如图39所示，在专断环境中，存在两个不同的社会阶层，较高的阶层包含领导者（L），较低的阶层包含儿童（C）。（图39a用黑色重圈表示不同阶层之间的社会距离。）在民主环境中，个体的地位差异不那么明显（用虚线表示）。在专断环境中，存在两个不同的子群体，而如果领导者被带走，成员之间就不会再有紧密的联系。在民主环境中，分组是变化的，不那么僵化，群体整体（GrP）的效力较高。在专断环境中，个人目标（IP）和子群体（SuP）的效力较高。专断环境和民主环境的这些差异，部分导致了在专断环境下的儿童虽然服从领导，但是对同伴有较强攻击性。赖特（M. E. Wright）发现，在某些挫折情境中，儿童之间的友谊会增加，部分原因是这些情境有利于儿童认为自己与成人对立（134）。巴维拉斯发现，在一个日间夏令营中，在成人领导者从专断变得民主后，儿童之间的合作程度提高了（11）。

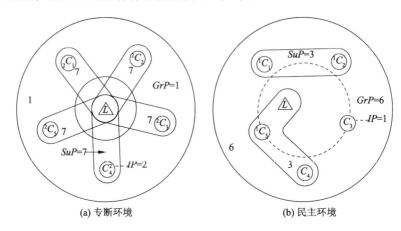

(a) 专断环境　　　　　　　　　　(b) 民主环境

图 39　在专断环境和民主环境中群体的分组与整体效力①

区域内外的差异不仅对社会群体，而且对所有追求目标的活动和所有挫折都是基本的。追求某个目标就相当于转到自己所处区域之外。我们将在讨论心理力量时分析这个问题。

（三）认知结构的改变

生活空间的结构是其各部分的位置关系。结构可以用生活空间的拓扑结构来表示。人的移动，即从一个区域到另一个区域的位置变化，可以被看作结构变化的一种类型。其他例子包括在顿悟或学习过程中发生的变化。可以对结构变化的多样性进行粗略的分类：

一个区域的分化程度增加，即子区域的数量增加；

将分离的区域组合成一个分化的区域；

---

① 该图基于利皮特提出的理论（83）。

分化程度降低，即一个区域内子区域的数量减少；

整体解体，即一个区域内原本相连的子部分被分离成相对独立的区域；

结构重组，即模式发生变化，但分化程度没有增加或减少。

1. 迂回问题和顿悟

在解决迂回问题的过程中，可以很容易地观察到生活空间某些区域的重组。可以用一个简单的例子来说明：目标 G 位于 U 形物理障碍 B 的后方（见图 40）。一个心理年龄为一岁的孩子（可以是年龄为一岁的正常孩子，也可以是年长的低能儿童）可能会试图通过沿着路径 $W_{A,G}$ 向障碍物移动来到达目标。[①] 在同样的情况下，一个五岁的孩子则会沿着路径 $W'_{A,G}$ 迂回到达目标（见图 41）。小一点的孩子会遇到什么困难？两个孩子都有从当前位置 A 向目标 G 移动的趋势（可以说存在一种心理力量 $f_{A,G}$ 作用于孩子，使他从 A 朝着 G 移动）。

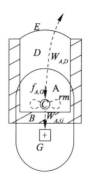

图 40　年龄较小的孩子眼中的简单迂回问题

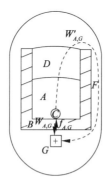

图 41　年龄较大的孩子看到的图 40 所显示的迂回问题

① 对心理学中方向和路径问题更全面的讨论，可参见卢因的相关著作。

　　如果考虑对于两个孩子来说"朝向 G"意味着什么，我们就能理解困难的不同之处。对于年龄较小的孩子来说，从 A 到 G 的方向 $d_{A,G}$ 等于朝向障碍物 B 的方向（$d_{A,G}=d_{A,B}$）。沿着路径 $W_{A,D}$ 从 A 到 D 的移动，相当于远离 G。换句话说，朝向 D（$d_{A,D}$）与朝向 G（$d_{A,G}$）方向相反（$d_{A,D}\neq d_{A,G}$）。对于年龄较大的孩子来说，从 A 到 D 的方向 $d_{A,D}$ 等于朝向 G 的方向（$d_{A,D}=d_{A,G}$），他认为从 A 到 D 是通往 G 的迂回路线 $W'_{A,G}$ 的一部分。$d_{A,G}$ 意义的不同主要基于两个事实：

　　（1）对于年龄较小的孩子来说，眼前的情境没有那么宽泛（这是年龄较小的孩子的生活空间在许多方面都比年龄较大的孩子小这个事实所产生的一个结果）。它只包括 A、B、G 三个区域。对于年龄较大的孩子来说，其在心理上存在一个更广阔的区域，包括 D、F 等区域。由于当前情境范围的差异，年龄较小的孩子认为区域 A 和区域 G 被无法通过的障碍物 B 隔开。对于年龄较大的孩子来说，区域 A 和区域 G 通过可行走的区域 D 和区域 F 相连。

　　心理生活空间中的方向是由某些路径作为一个整体来定义的。对于年龄较大的孩子来说，从 A 到 D 被视为走向 G 的路径的一部分。年龄较小的孩子则将从 A 到 D 视为远离 G 的路径的一部分。年龄较小的孩子和年龄较大的孩子有关这一情境的认知结构不同，导致了"朝向 G"意义的不同。相应地，他们采取了不同的移动方式，两者都有到达 G 的倾向。

　　（2）对于年龄较小的孩子来说，路径 $W'_{A,G}$ 在心理上并不存在。对于年龄较大的孩子来说，其心理上存在两条通向 G 的路径，即迂回路线 $W'_{A,G}$ 和被阻挡的直接路径 $W_{A,G}$。在这种情况下，通往 G 的直接方向可以被解释为朝向 G 看的方向；不那么直接的方向则是朝向 G 行走的方向。对于年龄较小的孩子来说，"朝向 G"尚未分化为这两个方向。这是年龄较小的孩子生活空间分化程度较低的一个例子。

　　把一个两岁的孩子置于同样的情境中，他的认知结构起初可能与一岁的孩子的认知结构一致。经过几次尝试，情境的结构可能转变为年龄较大的孩子的结构。变化通常会突然发生。这是顿悟的一个例子（75）。

　　顿悟始终可以被看作情境认知结构的变化，包括分化和重组，即将原本连接的区域分离、将原本分离的区域连接起来。例如，要把树枝当作一根棍子伸向篱笆后面的目标，就需要将树枝视为相对独立的单位，而不是树的更大单位的一部分。此外，还需要将这根树枝与篱笆后面的目标连接起来。

从迂回问题的顿悟理论中，我们可以获知一些促进顿悟的因素。情绪化往往导致心理现存区域缩小。因此，强烈的情绪状态不利于寻找解决方案。保持足够的距离，以便对更大的情境进行调查，有助于解决智力问题。卡托纳（Katona）讨论了不同环境对认知结构变化能力和寻找新解决方案能力的影响（69）。

这里讨论的认知结构变化的原则既适用于物理问题，也适用于社会问题和数学问题。

2. 学习和定向

"学习"是一个流行术语，涉及学习喜欢菠菜、学习走路、学习法语词汇等诸多过程，即目标或需求的变化、姿势和肌肉协调的变化及知识的变化等问题。因此，可能不存在一个单一的学习理论。顿悟是学习在认知结构变化意义上的一个例子。从这个意义上讲，学习通常包括我们前面提到的几种类型的结构变化，同时伴随着组织程度的变化。

例如，当一个孩子在一个新的环境中找到方向时，就会出现较大的分化。处于一个未知环境中等同于处于一个双重意义上的非结构化区域，这个区域的质量和子部分及紧邻区域的质量和子部分都不确定。定向意味着非结构化区域的结构化。这样，就确定了生活空间的方向（79）。定向是一个过程，在较小的规模上显示出与幼儿生活空间发展的重要相似之处。

非结构化区域通常具有与无法逾越的障碍相同的效果。非结构化区域会导致行为的不确定性，因为个体不清楚某一行动是会导致目标的实现还是会导致目标的偏离，也无法确定邻近区域是危险的还是友好的。韦林、德怀尔和琼金发现，第一天在幼儿园用餐时，孩子更愿意听从成人的建议；等觉得自己熟悉环境后，孩子常常会坚持己见（126）。

最后，我们还想就重复与学习之间的关系进行补充说明。重复进行某种活动可能会导致生活空间中未分化区域的分化，以及分离活动的统一。这在运动学习（motor learning）中经常出现。然而，如果持续时间过长，重复可能会产生相反的效果，即类似于原始化或退化的较大的动作单位的分解、分化降低、反学习（unlearning）、混乱。这些是心理饱足和过度饱足的典型特征。

（四）力和力场

1. 力和效价

生活空间的结构决定了在特定时间内可能发生的移动。实际发生的改变取决于心理力量丛。对于生活空间的某一点来说，力这一构建的特征是变化趋势的方向和强度。这个构建并不意味着对这种趋势的原因做任何额外的假设。在特定时间内，作用于同一点的若干力的组合称"合力"（resultant force）。力和行为之间的关系可以总结如下：只要存在合力（不等于零），就会有沿着该力方向的移动或与该移动相当的认知结构变化。反之亦然：只要存在移动或结构变化，就会在该方向上存在合力。[①]

心理力量与生活空间中至少两个区域之间的关系相对应。一个简单的例子是儿童 C 在朝着区域 G 的方向上受到作用力 $f_{A,G}$（见图 42）。这个力取决于儿童的状态，特别是他的需求状态，以及区域 G 的性质。如果区域 G（可能代表活动、社会地位、物体或其他可能的目标）对个体具有吸引力，则具有正价。

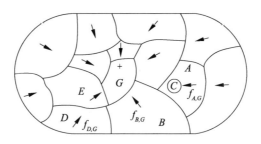

图 42　对应正价的正中心力场

这种效价对应于一个力场，它具有正中心的结构。如果不存在其他效价，那么位于区域 A、B、D、E……的人都会尝试朝区域 G 的方向移动。换句话说，效价 G 对应于力 $f_{A,G}$、$f_{B,G}$、$f_{D,G}$ 等。对行为的观察不仅允许确定有意识的目标，还允许确定弗洛伊德所说的"无意识目标"。

如果这个儿童被排斥，我们称之为" G 的负价"，与负中心力场相对应（见图 43），由远离 G 的 $f_{A,-G}$、$f_{B,-G}$、$f_{D,-G}$ 等组成。

---

① 在这里我们不讨论外部因素，即那些可被视为生活空间边界条件的物理因素和社会因素（参见本书第三章和第八章）。我们只讨论心理学。

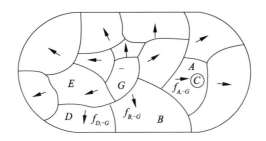

图 43　对应负价的负中心力场

力的影响在婴儿期就可以被观察到：婴儿在出生后不久，就会出现在被喂奶时靠近或远离乳房的运动。注视一个物体（凝视）是定向动作的另一个例子。之后，婴儿还会出现抓握动作。更复杂的定向动作的前提是生活空间相应地更加分化。对婴儿来说，一种力量比其年龄稍大时更有可能直接影响他的每一部分。例如，六个月大的孩子伸手拿玩具时，双臂和双腿都可能朝玩具的方向移动。他可能会张开嘴巴，朝着目标低头。年龄稍大、分化程度较高的孩子则可能只用身体的一部分做出更受控的反应。

我们接下来将讨论决定效价变化的因素。特定的效价或效价的分布对行为有什么影响？朝向或远离某一效价的力的强度取决于该效价的强度和人与效价之间的心理距离（$e_{A,G}$），即 $f_{A,G} = F\ [Va\ (G),\ e_{A,G}]$。

法扬斯（Fajans）发现，儿童（一至六岁）在不同的物理距离尝试达到目标时，其坚持性会随着距离的减小而增加（34）。这可能意味着，随着距离的增加，要么力量减小，要么儿童更快地发现障碍是不可逾越的。如果第一种因素占主导地位，那么紧张的情绪会随着距离的增加而减弱。法扬斯发现这只适用于婴儿。对于年龄较大的儿童来说，第二种因素似乎占主导地位，这可能是因为年龄较大的儿童认为障碍取决于实验者的意愿而不是物理距离。

在一些用老鼠做的实验中，人们发现老鼠向目标奔跑的速度会随着距离的减少而增加（60）。赖特在幼儿园儿童将目标（一个弹珠）拉向自己的实验中，没有发现与这种速度梯度一致的迹象（133）。这表明，在心理学中，力的强度和身体移动之间的关系相当复杂。在不同的情况下，物理距离和心理距离之间的关系可能截然不同。

一个特别的例子是个体几乎达到目标的情况。在动物（60）和儿童（133）身上，我们可以观察到在接近目标前的最后一段时间内其速度会明显减缓。如果力仅仅与物理距离有关，那么在这个点上不应该有突然的降速。显然，在个体进入目标区域后，力 $f_{A,G}$ 不再朝向目标区域，而是变成了力 $f_{G,G}$，这可以被解释为一种抵制被迫离开目标区域的倾向（79）。在目标区域内通常不等同于对目标的消耗或与目标接触，但等同于拥有目标，对它有把握。这可能是在到达目标前的最后一段时间减速的原因，也解释了为什么在拥有之后经常出现兴趣减退的情况。例如，一个九个月大的孩子试图伸手去拿他面前的两个拨浪鼓。在得到一个拨浪鼓后，他并不会开始玩拨浪鼓，而是会对他没有得到的另一个拨浪鼓感兴趣。

可以在某些进食情况中找到力的强度随着与负价距离增加而减弱的例子（79）。对于一个不喜欢菠菜的孩子来说，吃饭可能包括一系列相对独立的步骤，如把手放在桌子上、拿起勺子、将食物放在勺子上。距实际进食的时间越近，孩子不愿意吃不喜欢的食物的力量越大，他们采取下一步行动的阻力也就越大。当孩子开始咀嚼后，与这一口菠菜有关的情境结构通常会发生根本性变化。孩子不再抵制菠菜，而是试图吃完这一口菠菜。这说明作用于个体的力量的方向和强度取决于个体所处的区域。

对于正价和负价，力的强度随着与效价的距离变化是不同的。后者通常减弱得更快。减弱的程度也取决于具有正价或负价的区域的性质。例如，危险的动物与不可移动的令人不快的物体的情况是不同的。

在某些方面，时间距离（temporal distance）对力量强度的影响似乎与物理距离对力量强度的影响相似。卡茨（E. Katz）在针对幼儿园儿童的实验中发现，中断的任务重新开始的频率会随着中断离任务完成的接近而增加，但对非常接近任务结束的中断来说该频率会下降（71）。和因犯一样，被收容的青少年可能会在有资格获释前不久试图逃跑。他们经常变得叛逆（35）。他们的紧张情绪会因为"目标"时间的临近而加剧。

2. 力的类型

第一，驱动力和约束力。

朝向正价或远离负价的力可被称为"驱动力"。驱动力导致移动。移动可能受到物理障碍或社会障碍的阻挡，而这些障碍对应于约束力（79）。约束力本身不会导致移动，但会影响驱动力的效果。

约束力与驱动力一样，由生活空间中两个区域之间的关系决定，即障碍区域的性质和个体的能力。因此，对于不同的个体来说，同样的社会障碍或物理障碍会产生不同的约束力。

第二，诱导力（induced force），与自身需求相对应的力和非个人力（impersonal force）。

力可能与个体自身的需求相对应。例如，孩子可能希望看电影或吃某种食物。然而，许多作用在孩子身上的心理力并不与孩子自己的愿望相对应，而是与他人的愿望相对应，如母亲的愿望。这些孩子生活空间中的力可以被称为"诱导力"，相应的正价或负价被称为"诱导价"（由母亲 M 诱导的，作用在孩子身上的指向目标 G 方向的力，可以写成 $i^M f_{c,G}$）。

有些力在心理上既不符合孩子自己的愿望，也不符合他人的愿望，但对孩子来说具有非个人的特征，是一种实实在在的要求。我们称之为"非个人力"。对孩子的反应和情境氛围来说，是非个人的要求还是他人的意志占主导地位非常重要。

第三，作用点（point of application）。

力可以作用于生活空间的任何部分。通常情况下，其作用点是与个体自身相对应的生活空间区域。然而，孩子可能会体验到"娃娃想上床睡觉"或"另一个孩子想要某个玩具"。在这种情况下，力的作用点是孩子生活空间的自身之外的区域。这很常见，并且在利他主义等问题中发挥着重要作用。

3. 冲突情境

第一，冲突的定义。

冲突情境指作用于个体的力在方向上相反且强度大致相等的情境。就驱动力而言，存在三种情况：个体位于两个正价之间，个体位于两个负价之间，个体位于一个正价和一个负价之间。此外，驱动力和约束力之间可能存在冲突，个体自身的力与各种诱导力和非个人力的各种组合之间也可能存在冲突。尽管所有冲突都有某些共性，但冲突的效果和发展会因不同的丛而有所变化。

第二，驱动力之间的冲突。

通常所说的选择意味着个体位于相互排斥的正价或负价之间。例如，孩子必须在野餐 G^1 和游戏 G^2 之间做出选择（见图44a）。（图44和后面的一些图表示在某些情境下，物理方向和物理距离在心理上足够重要，可以用作生活空间的参照系。此时，我们可以称之为"准物理场"。）孩子处于两个负价之间的例子是，如果他不做自己不喜欢的任务 G^2，就会受到惩罚 G^1（见图 44b）。图 44a 和图 44b 表示对应的力场。如果孩子位于 A 点并且效价的强度相等，则面临方向相反但强度相等的力。在第一个例子中，相反的力分别指向野餐和游戏。在第二个例子中，相反的力分别指向远离任务和受到惩罚。

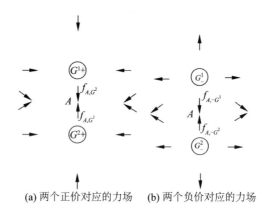

(a) 两个正价对应的力场　　(b) 两个负价对应的力场

图 44　两种力场

可以根据力场推导出一些行为上的差异。在两个负价的情况下，存在一个离开该场域方向的合力。如果两个负价非常大，孩子可能会离家出走或试图避开问题。为了有效，惩罚威胁必须包括创建一个禁止这种回避的设置（77），也就是说，必须创造一个类似监狱的情境。在这个情境中，障碍物 B 禁止孩子通过其他方式离开该情境。孩子只能通过完成任务或接受惩罚离开该情境。如果存在两个正价之间的选择，则不存在离开该场域的力。相反，孩子会尽可能同时达到两个目标。

负价和正价导致冲突的一个例子是，完成一项不喜欢的任务后会得到奖励（见图 45）。在这里，冲突是由朝向奖励 R 的力 $f_{A,R}$ 与远离令人不快的活动 T 的力 $f_{A,-T}$ 引起的。该情境的结构类似于典型的迂回问题。事实上，孩子经常试图沿着迂回路线 $W_{A,C,R}$ 到达奖励 R，而避开令人不快的活动。只有当通往 R 的所有其他路径都被不可逾越的障碍物 B 封锁，而这个障碍只允许通过 T 进入 R 时，奖励才会生效。在这种情况下，障碍通常具有社会性质，就像惩罚威胁的情况一样：孩子知道成人会通过社会力量阻止某些行为。

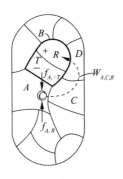

图45 提供奖赏

在奖励周围设置障碍的必要性表明，让儿童参与他不喜欢的活动 T 的方法与试图将 T 本身的负价转变为正价的方法存在差异。将活动 T（如吃不喜欢的无花果）嵌入一个不同的环境（如游戏）中，可以带来兴趣的改变。因此，T 的含义，也就是 T 的效价，对儿童来说就发生了变化。这种方法使得设置障碍变得不必要，并能确保儿童在新创造的正中心力场的作用下自发地进行以前不喜欢的活动。

正价和负价之间的冲突还可能出现在以下场景中：海边一个三岁的孩子试图从海浪中抓住一个玩具天鹅。跟随与玩具天鹅的正价相对应的力，孩子会接近玩具天鹅。然而，如果他离海浪太近，远离海浪的力可能会大于朝向玩具天鹅的力。在这种情况下，孩子就会后退。由于海浪的影响范围有限，远离海浪的负价对应的力随着距离的增加而迅速减小（见图46）。朝向玩具天鹅的正价对应的力随着距离的增加减小得更慢。因此，在强度相等的 E 点，这两种对立的力量存在平衡（$f_{E,S}=f_{E,-w}$）。可以观察到孩子在这个平衡点附近摇摆不定，直到其中一种力因环境或决定的变化而占据主导地位。

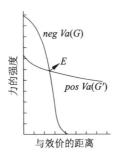

图46 力的强度随正负价距离的改变而改变

E 是对应于正价和负价的力的平衡点。

第三，驱动力和约束力之间的冲突。

当障碍物 B 阻止孩子到达目标 G 时，会产生一种常见的冲突。可以区分两种基本情况：孩子被障碍物包围，目标在外面；目标被障碍物包围，孩子在外面。

第一种情况就像在监狱一样，孩子几乎没有自由活动的空间。在第二种情况下，除了区域 G 之外，孩子都是自由的。每种情况都会导致特定的反应（77）。现在，我们将更详细地讨论第二种情况的一系列典型行为。

起初，结构通常会发生一定程度的变化：孩子试图探究障碍物的性质，目的是在障碍物中找到允许通过的部分 s。这种认知结构的变化与在迂回问题中观察到的情况类似。孩子经常会遇到这样的情况，即在成人的帮助下可以克服障碍。在这种情况下，障碍至少由两部分组成，一部分对应物理障碍 ph，另一部分对应社会障碍 sl（见图47）。在法扬斯的实验中，几乎所有的孩子一开始都把障碍看成物理障碍（物理距离太远）。对于两岁以上的孩子来说，经过一段时间，情境的社会方面会变得清晰，并导致他们以社会方式实现目标（向成人求助）。

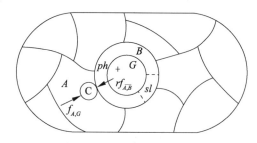

图47　在目标遇到物理障碍和社会障碍的情况下，驱动力和约束力之间的冲突

$f_{A,G}$ 代表驱动力；$rf_{\overline{A,B}}$ 代表约束力；ph 代表屏障的物理部分；sl 代表屏障的社会部分。

在多次尝试越过障碍失败后，这个障碍会对孩子产生负价。这种变化相当于力场从图48所示的结构变为图49所示的结构。如果障碍物只是一个阻碍物而没有负价，则相应的力场不会延伸到障碍物之外（见图48）。约束力 $rf_{\overline{C,B}}$ 仅仅阻碍了力 $f_{C,B}$ 的移动，而没有使孩子远离 B。因此，驱动力和约束力之间的平衡线 E 靠近障碍物区域。

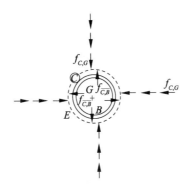

图48 在出现圆形障碍物的情况下，驱动力和约束力之间的平衡线

失败后，如果障碍物获得负价，则相应的负中心力场将延伸得更远（见图49），使得朝着目标的力$f_{C,G}$和远离障碍物的力$f_{C,-B}$之间的平衡线E位于更远的地方。

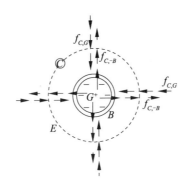

图49 障碍（与图48相同）获得负价后的平衡线

随着失败的增加，负价往往也会增加。这就扩大了平衡线与障碍物之间的距离，直到孩子完全离开该场域。

法扬斯详细报告了在这种情况下所发生事件的形式和顺序（34）。孩子一开始通常只是暂时离开该场域。一段时间后，待朝着目标的力量超过远离障碍物的力量，孩子就会回来。如果新的尝试仍然不成功，负价就会再次增加，直到孩子离开。平均而言，孩子后续的尝试持续时间较短。最终，孩子会永久地离开这个场域，选择放弃。巴克、登博和卢因报告了二至六岁儿童在稍有不同的挫折环境中的类似的行为顺序（9）。

平均而言，主动的孩子比被动的孩子更能坚持（34）。然而，一些活跃的孩子很快就离开这种情境，可能是因为他们很快就认定障碍物无法逾越。在这种冲突中，平衡状态会导致孩子被动地向目标迈进，做出类似手势的动作：孩子站在目标下方，手臂伸直，但实际上并没有尝试去触碰它。孩子经常在心理上离开该场域，而身体却没有离开。他们可能会尝试参与其他活动，可能会做白日梦，或者开始摆弄自己的衣服（6，34，116）。

如果有障碍阻止儿童离开负价的场域，也会出现驱动力和约束力之间的冲突。例如，一个孩子在某个活动中过度饱足但无法离开，或者处在类似监狱的情境下，那么就会出现这种情况。行为的顺序在很多方面与上述情况类似。在尝试离开之后，由于远离区域 A 的力 $f_{A,-A}$ 的强度与障碍物的负价不断增加，孩子会放弃这种尝试。这通常会导致孩子高度紧张。

第四，自身力和诱导力之间的冲突。

上面讨论的每一种冲突都可能是由与儿童自身需求相对应的两种力的对立，或者两种诱导力的对立，或者一种自身力与一种诱导力的对立造成的。

一个成人 P 对一个孩子 C 施加的力量可以被看作这个成人的权力场与这个孩子的权力场相互作用的结果。对孩子拥有权力的成人可以通过下达命令来诱发正价和负价。通过约束性命令，他可以将一个根据孩子自身能力可以通过的区域变成孩子无法通过的障碍。换句话说，"P 对 C 的力量"意味着 P 能够创造出与 P 的意志相对应的诱导驱动力或约束力 $i^P f_{C,G}$。

自身力和诱导力之间的冲突还有另外的解决方法：孩子可能会试图削弱成人的权力，至少是在冲突领域。韦林、德怀尔和琼金在幼儿园儿童的进餐情境中观察到，自身力和诱导力之间的冲突倾向于导致争斗（126）。登博和杰罗姆·弗兰克也在其他群体中观察到类似的倾向。赖特发现，在实验者引起的挫折情境中，幼儿园儿童对实验者的攻击性不断增强，但儿童之间表现出更大的合作性（134）。这可能部分是由于相对于实验者的权力，幼儿园儿童倾向于增加自己的权力。卢因、利皮特和怀特发现，在专断的环境中，孩子有一种强烈的攻击倾向（82）。这种环境更多地受到诱导力的支配，而不是受到与孩子自身需求相应的力量的支配。不过，这种攻击性通常不是针对领导者的最高权力，而是针对同伴或物质对象。如果领导者的压制力足够大，这种攻击会停止。

4. 情绪紧张和不安

第一，情绪紧张和冲突的强度。

如果两个对立的力强度相等，那么其产生的合力将为零。因此，就位置的变化而言，弱力与强力的冲突效果不应该存在差异。实际上，在弱冲突和强冲突中，个体的状态完全不同。其中一个主要区别是情绪紧张的强度（et），这似乎是对立力量强度的函数 $[et=F(|f_{A,G}|)]$。如上所述，如果与无法触及的目标之间的距离较小，婴儿的情绪化程度会比距离较大时更高。这就是为什么只有在达到一定强度的情况下，不断增加的激励才有利于解决迂回问题和其他智力问题。超过这一水平，增加达到目标的力量会使必要的重组变得更加困难。部分原因是个体必须对抗更强大的力量，部分原因是由此产生的情绪会导致个体原始化（回归）。巴克、登博和卢因发现，消极情绪行为的频率随着挫折强度的增加而增加（9）。以游戏的建构性来衡量的回归量也是如此（见图 38）。

第二，不安的运动形式。

情绪化最简单的表达方式之一是不安的运动。不安的运动并不是指向某个目标，而是一种紧张情绪的表达。实际上，所有无指向性表达的组合，如不安的行为和毫无目的的行为都会出现（25）。卢因通过测量发现，婴儿的一般活动会随着距最后一次喂养的时间的增加而增加（61）。这表明，无目的的活动量是衡量该年龄层婴儿饥饿时伴随的紧张状态的一个良好指标。

不安的运动通常垂直于力到达目标的方向，或者说，尽可能沿着平衡线前进。例如，六个月大的婴儿试图到达目标时，他的胳膊和腿会产生不安的运动，这些运动垂直于目标的方向。在一个 U 形障碍物后面（见图 40），不安的运动沿着 rm 平行于障碍物移动。在图 48 或图 49 对应的丛中，不安的运动将沿着平衡线 E 进行。这能在以下情境中得到验证，即一个一岁半的孩子试图拿到圆形障碍物 B 后面的玩具 G。这个孩子的不安的运动是绕着障碍物转圈（79）。

不安的运动可以被理解为一种远离当前情境的倾向，也就是与力量 $f_{A,-A}$ 相对应的运动。

（五）重叠的情境

个体经常发现自己同时处于一种以上的情境。最简单的例子是注意力分散：一个孩子正在教室里听老师讲课，同时又想着放学后的球赛。孩子投入到情境 S^1 和情境 S^2 的程度被称为它们的相对效力 $Po(S^1)$ 和 $Po(S^2)$。

情境对行为的影响取决于情境的效力。特别是，一种力量对行为的影响与相关情境的效力成正比。

1. 重叠活动

巴克、登博和卢因提到，当儿童没有把全部注意力放在游戏上时，就有了区别于主要游戏的次要游戏（secondary play）。次要游戏的建设性程度明显低于主要游戏。在关于心理饱足的实验中，一个应该一遍又一遍重复某项活动的人倾向于将重复作为次要活动在边缘水平上进行（68，76）。写作等活动可被视为两种活动的重叠，即传达某种想法和书写文字符号。前者具有稳步发展的性质，后者具有重复的性质。产生饱足的速度取决于重复活动的相对效力。因此，对于书写比较困难的孩子来说，写信可能会很快地使其产生饱足感。同样，对于成人来说通常效力很低的散步等活动，可能会很快就让儿童产生饱足感。

2. 决 策

选择情境可以被看作一种重叠情境。如图 50 所示，个体在做决策的过程中，通常会交替地看到自己处于与一种可能性（S^1）和另一种可能性（S^2）相对应的未来情境中。换句话说，各种可能性的效力是波动的。当个体做出决策时，其中一个情境会获得永久的主导效力。当在不同难度的活动之间做出选择时，每项活动的成败概率都会对决策产生影响。埃斯卡洛纳已经证明，这种概率等同于相应未来情境的效力（33）。

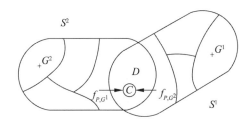

图 50　犹豫不决的状态

S^1 和 S^2 代表目标 G^1 和 G^2 的两种可能性；D 代表决策区域。

对立的力量越是相等，决策的时间就越长（8）。赖特在一项关于利他主义和利己主义的研究中发现，与那些有时做出利他主义选择、有时做出利己主义选择的儿童相比，始终做出利他主义选择或利己主义选择的儿童能更快做出决策（132）。卡特赖特（Cartwright）在图形和意义的辨别实验中发现，如果相反方向的力量相等，那么做出决策的时间最长（22）。卡特赖特和费斯廷格（Festinger）还对这一理论进行了阐述和量化分析（23）。

决策时间也会随着决策的重要性（目标的效价）的增强而增加。朱克纳特（Jucknat）在对儿童的抱负水平的研究（65）中，以及巴克在一项关于选择更令人愉快或不愉快食物的研究（8）中，发现决策时间随着冲突激烈程度的增强而增加。在两种负价之间做出选择比在两种正价之间做出选择所需的决策时间长。这源于不同力量丛存在的不同平衡（79）。决策时间的个体差异也很大。极端决策迟钝是某些类型抑郁症的典型表现（33）。

3. 即时情境和背景

情境背景对行为的影响可以被理解为即时情境与整体情境的重叠（9）。即使游戏本身没有受到外界的阻碍，挫折背景也会降低游戏的建构性。回归的程度随着挫折背景强度的增加而增加。

谢菲尔德（Sheffield）等人报告了家庭背景改变对学业产生巨大影响的案例（115）。

4. 群体对个体的影响

群体归属感对个体行为的影响可以被看作重叠情境的结果：一种情境与个体自身的需求和目标相对应；另一种情境对应于作为群体成员存在的目标、规则和价值观。个体对群体的适应取决于避免两股力量发生过大的冲突（79）。

一个孩子通常属于很多群体，如家庭、学校、教堂、朋友。在家庭中，他可能属于一个包含他和最亲近的兄弟姐妹的子群体。不同群体的影响，尤其是孩子是否受到其中一个群体的思想意识和价值观的影响，取决于这些群体当时的相对效力。尚克（Schanck）发现，在家庭和教堂里，公共士气或个人士气的影响是不同的（106）。在学校里，孩子的欺骗倾向会随着社会环境的变化而变化（55）。

童年时期的许多冲突都是由儿童所属不同群体的力量造成的。这种冲突对处于边缘地位的儿童，即处于两个群体之间的儿童尤为重要。其中一个例子就是青少年。青少年不再想属于儿童群体，但却还没有被成人完全接受。对自己所处位置的不确定会导致个体在一个群体和另一个群体的价值观之间来回摇摆，情绪处于紧张状态，并经常在过度攻击和过度胆怯之间波动（见第六章）。这种青春期行为表现的程度取决于个体在该文化中被视为不同群体的程度（13，102）。

在其他类型的群体中也可以看到类似的边缘化效应（effect of marginality）。少年犯管教所的青少年情绪紧张，是因为他们处于违法公民和守法公民之间的边缘位置（73）。个体在接受自己属于某个确定的群体后，紧张的情绪会消失。据观察，那些接受自己属于罪犯群体的囚犯，情绪化程度有所降低。边缘化是残疾儿童面临的一个重要问题（10，29）。肖（Shaw）等人的研究表明，居住在城市边缘地区会增加儿童的犯罪率（114）。边缘化给属于少数群体的儿童带来了重要问题（40，80）。

三、决定场域及其变化的因素

我们讨论了认知结构和某些力量丛对行为的影响，现在将讨论决定力量丛的因素。第二个问题等同于生活空间的一个部分或方面如何依赖于其他部分或方面的问题。当然，这两个问题相互关联，因为任何由特定情境导致的行为都会在一定程度上改变情境。在此，我们只讨论与需求有关的问题。

（一）需求、力场和认知结构

1. 需求和效价

在儿童的发展过程中，需求的强度和分化程度不断变化。发展危机指需求发生特别重要或特别快速的变化。此外，在与饥饿、饱足和过度饱足状态相对应的较短时期内，需求也会发生变化。

需求具有组织行为的特性。我们可以区分需求的层次。一种需求或几种需求的组合可能会产生相当于具体意图的衍生需求（准需求）。

需求与效价密切相关。某一目标或活动的效价部分取决于该目标或活动的性质，部分取决于个体当时的需求状况。需求强度的增加（如娱乐需求）会导致某些活动（如看电影或看书）正价的增加，以及某些其他活动（如做苦工）负价的增加。任何需求的变化都可以用关于某些正价和负价的陈述来表达。

在需求得到满足时，原本为负价或零的活动领域可能会获得正价。例如，饥饿的人对较差的食物也会感到满意（70）。

一项活动的效价与它满足需求的完成值（consummatory value）有关。然而，并不是所有具有正价的活动在消费时都具有满足价值，没有效价甚至具有负价的活动也可能具有满足价值。因此，应明确区分效价和满足价值。令人吃惊的是，效价和满足价值经常同时存在。卡茨报告说，矿物质的缺乏会使含有矿物质的食物的效价增加（7）。当缺乏症消除后，其效价会下降。类似的情况也出现在儿童身上。经验可能会改变一项活动对儿童的效价和意义。儿童必须根据一项活动的效价，而不是根据对其满足价值的明确认识，来做出重要决策。

2. 需求和认知结构

生活空间的认知结构受需求状态的影响。默里（Murray）发现，对处于恐惧状态的孩子来说，其他人的面孔看起来更有恶意（9）。斯特恩（Stern）和麦克唐纳（MacDonald）发现，对没有明确含义的图片，孩子会根据自身情绪看出不同的含义（117）。

需求对生活空间结构的影响取决于需求的强度和生活空间相关区域的流动性。登博发现，在高度情绪化的情境中会出现类似幻觉的愿望的实现（25）。如果视觉场景足够流动，个体的认知结构可能会被意向（准需求）显著改变（51，77）。非现实层面比现实层面间的流动性更强，因此更容易受到愿望和恐惧的影响。这就是为什么梦和白日梦反映了个体的需求。这也解释了为什么在幻想和梦境中，那些被社会禁忌挡在公共生活之外的需求可能会被公开。

斯利奥斯伯格（Sliosberg）已经表明，在游戏情境中，物体和事件的意义比在非游戏情境中更具流动性（116）。游戏技巧（32，56）和其他投射方法（96）利用了游戏更大的灵活性来研究儿童更深层的愿望和被压制的愿望。（需要指出的是，游戏往往反映的是实际的家庭状况，而不是儿童的愿望和恐惧。）

需求不仅影响心理现在的认知结构，更会影响心理未来和心理过去。这一点对于抱负水平来说尤为重要。如果这些需求对个体心理未来的影响特别大，这个人就可以被称为"不切实际的人"。需求对心理过去结构的影响的形式之一被称为"合理化"，其他形式包括压抑和撒谎。儿童在小时候说谎，这经常具有按照儿童的需求实际改变心理过去的性质。

孩子看待墨迹［罗夏墨迹测验（Rorschach test）］的方式存在很大的个体差异（24）。问题儿童比普通儿童更容易被愿望和恐惧冲昏头脑，因为他们更具流动性。

（二）满足需求

满足需求的方式可以是达到预期目标，也可以是实现替代目标。

1. 通过达到预期目标获得满足

实施某一行动的意图等同于创建一个准需求（77）。只要需求没有得到满足，就应该存在一种与目标区域的效价相对应的力，并导致朝着该目标方向的行动（见第一章）。

奥夫相基娜研究了中断活动的恢复（97）。她发现，如果预期目标没有达到，个体有很高的重新开始的倾向（约80%）。在某些情况下，重新开始后，一旦达到替代满足，活动就会立即停止。

恢复活动的频率取决于任务的性质（有明确终点的任务比持续性任务重新开始的频率高）和个体的态度（需求）。九至十一岁儿童的恢复率（86%）与成人相似。抱着接受检查和严格服从态度的儿童，由于缺乏参与，恢复率很低；他们主要受诱导力的支配。卡茨在一项关于恢复幼儿园儿童中断活动的研究也证实了奥夫相基娜的结论。在正常范围内，智力差异对中断活动的恢复没有显著影响。

如果未完成的工作不在人们的视线范围内，重新开始的倾向并不会减弱（97）。他人未完成的工作不会（或极少会）导致成人（97）或儿童（2）为其自发完成。这两个结果都表明，儿童的需求状况对重新开始起着决定性作用。如果儿童通过观察他人的工作而充分参与其中，这种需求就可能被激发出来。［罗森茨威格（Rosensweig）的研究结果（103）与卡茨、阿德勒和库宁的研究结果有些不同。这些差异可能是由个体所处情境的特殊因素造成的。］

在思维和行动中都可以观察到与需求相对应的目标方向的力量。蔡加尼克研究了准需求对回忆倾向的影响（135）。她发现，对未完成任务与已完成任务的商数，成人为1.9，五至十岁儿童为2.5。蔡加尼克商数与恢复的频率一样，取决于被试的参与程度。儿童和成人之间的差异可能源于儿童更多地参与到特定类型的活动中，以及其思维更直接地依赖于效价。蔡加尼克发现，某些类型的儿童特别坚持倾向于回到未完成的任务，容易分心的儿童则显示出较低的商数。

马罗研究了在竞争情况下表扬和谴责对蔡加尼克商数的影响（89）。他发现，在这两种情况下，蔡加尼克商数都会上升。这表明，自发回忆方向上的力量强度是需求强度的函数。如果被试被告知，一旦实验者发现他可以顺利完成活动，他就会被打断，蔡加尼克商数就低于1。马罗和蔡加尼克的研究结果表明，需求张力释放的决定性因素是实现个人目标，而不是完成工作本身。施洛特（Schlote，107）、桑德沃斯（Sandvoss，105）和帕乔里（Pachauri，98）的实验大体上证实了蔡加尼克的观点。

罗森茨威格研究了在中断产生失败感时的蔡加尼克商数（103）。一些儿童回忆起更多未完成的任务，另一些儿童则回忆起更多已完成的任务。后者在自豪感方面的平均得分更高。在罗森茨威格的设定中，由于需求张力而产生的回忆任务方向上的力量，被由于失败的负价而产生的远离任务方向上的力量抵消。对于自尊心强的孩子来说，这种负价应该更高，从而会产生罗森茨威格的发现。

2. 获得替代满足

"替代"一词由弗洛伊德引入心理学（43）。通常情况下，如果一种活动与另一种活动具有相似性，就会被称作另一种活动的替代品。然而，由于任何两种行为都表现出某种相似性，因此这一术语具有误导性。从功能上讲，替代既可以与活动的效价相关联，也可以与活动的满足价值相关联。

第一，替代价值、相似性和难度程度。

利斯纳（Lissner）通过恢复技术研究了一种活动对满足原本针对另一种活动的需求的价值（86）。衡量替代价值的是，替代活动完成后被中断的活动恢复的减少量。替代价值随着原始活动和替代活动之间的相似程度而增加，随着替代活动的困难程度而增加。后一个因素似乎与难度更大的任务所对应的更高的抱负水平相关。

第二，幻想层面的替代。

如果预期目标（如攻击他人）的实现受到阻碍，就会经常出现幻想或谈话层面的替代行动（28）。弗洛伊德将做梦部分视为这种替代活动。这些替代活动是否具有替代价值？

马勒（Mahler）以六至十岁儿童为对象，研究了通过说话或思考而不是行动来完成一项被中断的活动的替代价值（87）。她也是通过重新开始活动频率的减少来衡量替代价值的。平均而言，通过行动完成的替代价值（2.3）明显高于通过说话完成的替代价值（0.2）。（儿童和成人之间几乎没有差异。）不过，在计算等活动中，通过说话完成的替代价值很高。马勒认为，决定行动替代价值的因素与决定说话替代价值的因素相同，即个人目标是否达成。对于问题型任务来说，智力解决方案具有决定性；因此，说话具有很高的替代价值。对于实现任务来说，建造实物（如制作一个盒子）才是目标。因此，说话几乎没有替代价值。对活动进行思考对于实现任务来说没有可衡量的替代价值。这表明，满足价值的一个条件往往是创造一个社会事实（让他人知道）。以"假装"的方式进行的"魔幻"解决方案似乎有一定的替代价值，但前提是被试接受了情境的奇特性质。儿童比成人更容易接受这一点。

第三，替代价值与认知。

阿德勒研究了七至十岁儿童某些认知过程与替代价值之间的关系（1）。在原始任务中断后，儿童必须完成与中断任务实际相同的第二项任务。对年龄较小的儿童来说，为玛丽建造一座房子与为约翰尼建造一座类似的房子之间不存在替代价值，尽管他们能够看到这两项活动的相似之处。对年龄较大的儿童来说，在倾向于具体态度的情况下（认为每栋房子都与玛丽或约翰尼具体相关），两者的替代价值也很低。但是，如果强调的是分类心态（强调建造房子本身），则这两项活动在年龄较大的儿童身上显示出相当大的替代价值。不过，对年龄较小的儿童来说，即使是在分类情境中，其替代价值也很低。

从理论上讲，一种活动对另一种活动的替代价值取决于两个潜在的需求系统之间的沟通，即在满足一种需求的同时也满足另一种需求。利斯纳、马勒和阿德勒的研究表明，这种沟通部分取决于活动的认知相似性，而这种认知相似性又取决于情境的性质和个体的发展状态。这些结果与以下发现一致：相对原始的人具有更加具体的思维方式［盖尔步（Gelb）和戈尔茨坦（Goldstein）关于脑损伤患者的研究；沃纳（Werner）关于发展过程中"客观化和抽象化"增加的发现；魏格尔（Weigl）对儿童的实验］。它们支持维果茨基的理论（维果茨基认为儿童发展中的情境思维先于抽象思维、概念性思维）。此外，在阿德勒的实验中，分类情境生效的年龄相对较大（十岁）。

第四，游戏情境和非游戏情境中的替代效价。

如果达到目标的过程，即以特定的方式满足需求的过程受到阻碍，就会产生临时替代目标。学生在套圈失败的情况下，会把圆环扔到附近的钩子上（25）。登博认为，这种自发的替代行动没有永久的替代价值。它们非但不能使人满足，甚至会加剧情绪的紧张。这表明，以替代方式吸引个体的活动，即具有替代效价的活动，并不需要具有满足价值。

斯利奥斯伯格对三至六岁儿童在游戏情境和严肃情境中的替代效价进行了研究（116）。在严肃情境中，如果在儿童开始使用真正的糖果后提供用纸片做的假糖果，儿童不会接受这种替代。如果一开始就提供假糖果，则会有17%的三四岁儿童接受，并把它当作真正的糖果。此外，只有先于真剪刀发放，假剪刀才会被接受（占15%）。

在游戏情境中，几乎百分之百的儿童都接受了假糖果或假剪刀（有些儿童甚至开始咀嚼假糖果）。如果引入的虚拟物品与当前的特定游戏无关，接受率会略有下降。如果相关需求处于较强烈的饥饿状态，孩子接受替代物品的意愿就会降低。

对于接受或拒绝替代物品来说，重要的是物品和情境含义的可塑性。与鹅卵石或塑料相比，玩具动物的含义更为固定。因此，其作为替代物品被接受的可能性较小。替代物品的可接受性更多地取决于替代物品含义的可塑性，而不是原始物品含义的可塑性。替代物品在游戏中之所以更容易被接受，是因为游戏在社会角色、儿童自身的地位和目标、物品的含义方面具有更大的可塑性。

（三）需求和目标的变化

替代效价的出现可以被看作需求或效价变化的一个例子。儿童心理学的基本问题之一是需求如何在个体的长期历史和瞬时情境中产生。新的需求，或者更正确地说，需求的变化，可能由各种各样的情况引起（96）。一个孩子可能发现他的朋友对某些行为评价很高，然后他自己也开始重视这些行为。社交环境的改变，如参加儿童聚会，可能会大大改变孩子在餐桌礼仪方面的需求。达到目标或未能达到目标都可能暂时或永久地改变效价。在发展过程中，新需求可能通过旧需求的分化而产生。特定情境中的行为通常源自数个需求的组合；通过这种方式，可能会产生对该行为的派生需求。这样的派生需求可能依赖于源需求，也可能成为功能上的自主需求（3）。在个体生活史的不同阶段，有的需求似乎会逐渐消失。

一般来说，需求可能因心理环境的变化而发生改变，也可能因内在个人领域的变化、现实层面和非现实层面的变化（如希望的改变）、心理未来和心理过去的认知结构的变化而发生改变（80）。这与个人生活空间被视为一个相互联系的场的事实完全一致。需求出现于文化人类学、发展心理学和动机心理学的交叉点上。如果过早地试图把需求系统化，相关研究会受到阻碍。

1. 影响需求的约束力

第一，坚持性。

我们已经看到，达不到目标可能会增加障碍的负价，直到各种力量丛发生变化，使个体暂时或最终退缩。这种退缩常常伴随着公开或隐蔽的冲突，而这种冲突可能表现出攻击性。退缩可以与完全接受目标无法实现同时发生。这实际上相当于放弃：无法达到的区域不再是生活空间的有效组成部分。如果儿童达到了这样一种状态，即无法达到目标已成为事实，那么他就不再处于挫折或冲突状态。

通常所说的坚持性指个体遇到障碍时目标变化的速度。法扬斯发现，当一至六岁儿童再次遇到相同类型的困难时，之前的失败会降低他们的坚持性（34）。之前的成功则会提高他们的坚持性。当重复同样的任务时，成功和表扬的结合能使坚持性提高48%，仅有成功则提高25%；替代性的成功导致坚持性下降6%，失败导致坚持性下降48%。沃尔夫（Wolf）也发现了表扬和失败的类似效果（131）。目标的这种变化取决于认知结构的变化和个体差异，我们甚至在婴儿身上也能观察到这种差异（34）。相关实验表明，目标变化的速度还取决于心理过去和社会氛围。杰克（Jack，62）和基斯特（Keister，72）发现，通过适当的训练来改变幼儿园儿童对失败的反应是可能的。坚持性的增强、合理化和破坏性反应的减少，都显示出一定程度的向不同活动领域的转移。

第二，困难加剧需求。

赖特对成人和儿童的实验表明，困难可能会增加对障碍物后面的物体的需求（133）。儿童像成人一样更喜欢更难达到的目标，前提是障碍不是太大，而且两个目标物体并非完全相同。如果物体本身具有目标的性质，我们会观察到这种偏好；如果它只是一种手段，我们则不会观察到这种偏好。例如，在其他条件相同的情况下，孩子会更喜欢稍微更难获取的玩具。然而，如果他必须在两种工具中选择一种来获得同一个物体，他会选择更容易获得的工具。赖特的研究表明，简约法则（law of parsimony，使用最简单的方法）只适用于心理学手段，而不适用于心理学目的。后者与抱负水平密切相关。

2. 心理饱足

对所有或大多数需求而言，是可以区分出饥饿状态、饱足状态和过度饱足状态的。这些状态对应于与特定需求相关的活动区域的不同效价。卡斯滕在对大学生进行的实验中，研究了反复阅读诗歌、写信、绘画和转动车轮等活动的效果（68）。她发现，饱足的主要症状按以下顺序出现：小的变化；大的变化；将更大的行动单位分解为较小的部分，失去意义；错误、反学习；疲劳和类似的身体症状。

这些结果为理论修订提供了另一个理由：旧理论可以通过重复建立在较小行动单位之间的关联来解释更大行动单位的生成。重复可能导致将较小的行动单位组合成较大的行动单位，但充分的重复会破坏较大的行动单位。对于诗歌或句子等有意义的材料而言，这涉及意义的破坏。整个情境也可能发生类似的解体。

只有当活动在心理上具有实际重复的特征，即标记时间而非取得进展时，个体才会出现饱足感。如果能够保持不断进步，个体不会感到饱足。

心理上的饱足经常导致肌肉疲劳或声音嘶哑等身体症状，这常常是儿童感到疲劳的主要原因。与歇斯底里一样，尽管这些身体症状是由心理因素引起的，但无法通过自主努力而消除，可能会随着个体转入其他活动而消失。将一项活动嵌入不同的心理整体，从而改变其意义，实际上与转移到不同的活动具有几乎相同的饱足效果。学习读写整个句子或单词而不是单个字母的方法之所以优越，部分原因在于前者不太可能导致饱足。好的启蒙老师在重复相同的单词时，会小心翼翼地将它们嵌入不同的整体，从而产生一种"意义程序"，而不是一味地重复。

重复不仅会改变与所进行的活动有关的需求，而且会通过伴同餍足的方式影响与心理上相似的活动相关的需求。

卡斯滕认为，饱足的速度（重复活动导致需求变化的速度）主要取决于活动的性质（尤其是活动单位的大小）、活动的中心程度、个体的性格和状态。与其他方面等效的中性活动相比，令人愉快和令人不快的活动更容易导致饱足。对某项活动给予更多的关注（而不改变其意义）似乎会加快饱足。弗洛伊德发现，在月经期间，微小任务的饱足速度会变快（44）。上述结果都可以被解释为，饱足速度随着活动中心性的增强而增加。通常情况下，人们会试图通过以边缘方式进行活动来避免饱足。自动活动，如呼吸或行走，如果不是有意识地重复进行，就不会产生饱足。可以用相对效力这个概念来分析活动的主要方面和次要方面的影响。

由于分化程度较低，儿童很可能会与成人一起参与活动。饱足速度应与心理年龄成反比。实验结果似乎证实了这一预测，尽管它们并不完全一致（77，131）。实验结果之所以出现明显的分歧，可能是因为儿童心理学把饱足问题归类为坚持性行为进行处理，但"持续"其实是指动态的、相当不同的情境（例如，坚持克服障碍和坚持在没有障碍的情况下进行活动）。沙克特（Shacter）发现，相对于简单任务，复杂任务的饱足时间较长，而且三岁、四岁和五岁儿童的年龄差异影响不大（112）。

沃尔夫对四岁和六岁儿童在表扬、竞争和无激励情况下的饱足进行了研究，并对个案进行了仔细分析（131）。她发现，儿童的个人目标最重要，而这个目标取决于抱负水平。

库宁比较了七岁正常儿童与心理年龄为七岁的十二至四十岁低能者的饱足（76）。他发现，随着年龄的增长，个体的饱足速度（画不同的图案）也在下降。尽管饱足活动所需的重复次数较少，但年龄较小的孩子表现出更大的伴同餍足。换句话说，即使心理年龄保持不变，饱足速度和伴同餍足程度也会随着年龄的增长而下降。库宁、西肖尔（Seashore）和巴维拉斯在儿童身上发现了与卡斯滕在成人身上发现的相同的饱足症状。

饱足现象表明：活动和需求之间存在密切关系；活动可以被视为改变潜在需求和使正价变成负价的一种消耗。由于这种消耗，类似活动的效价也变为负的，某些不同类型的活动则获得越来越高的正价。

饱足或过度饱足的需求经过一段时间，通常会变回饥饿的需求。这些变化的条件需要被进一步研究。

3. 意　图

意图的效果可被视为准需求的建立（77）。无论是否存在相应的目标对象，准需求在动态上都与其他需求等效，因为它倾向于产生以满足需求为目的的行动。在特定的时间透视下，个体会产生一种意图，以确保在未来采取某种行为，从而更接近于满足一种或几种需求。新确立的准需求通常仍依赖于源需求。

比伦鲍姆（Birenbaum）的实验表明，这种准需求的紧张程度取决于它所属的更广泛需求集合的紧张程度（14）。如果在此期间满足了源需求，或者个体已经达到了高度的总体满足，那么意图将被遗忘，即不会被执行。

4. 作为更具包容性的需求系统的一部分

目标或其他价值与需求密切相关。目标的变化在很大程度上取决于需求的相互依赖。需求可以以不同的方式相互依赖：

（1）两个或多个需求可以相互沟通，从而使它们的需求张力发生变化。正如我们所见，这种关系对于替代问题来说非常重要。

（2）需求之间的相互依赖可以是统治与被统治的关系。例如，与意图相对应的准需求是由统治性需求引起的。在这两种相互依赖的情况下，需求成为更具包容性的需求系统的一部分（见第五章）。

我们已经讨论了完成目标和未完成目标对满足或不满足行动背后的需求的影响，现在将讨论这些行动对设立新目标的影响。

第一，抱负的成熟度。

对一个六个月大的孩子来说，当他试图够到一个拨浪鼓时，无论是他通过自己的努力最终够到了拨浪鼓，还是别人把拨浪鼓递给了他，似乎没有什么区别。两种方式都会令他满意。一个三岁的孩子在试图从第三级台阶往下跳时，可能会拒绝别人的帮助。除非通过自己的努力达到一定的结果，否则他不会满足。婴幼儿似乎只知道满足和不满足，而不知道成功和失败。换句话说，婴幼儿有需求和目标，但没有抱负水平。

如果一个行动的结果被视为对个人能力的反映，我们就会说到关于行动的抱负；如果此外还可以区分困难程度，我们就会谈到抱负水平。抱负水平对个体的行为至关重要，影响着个体大部分的目标追求。在这方面，我们会遇到这样一个悖论，即个体可能更喜欢更困难的事物而不是更容易的事物。

费尔斯（Fales）对二至三岁儿童在六个月期间抱负的发展进行了研究（4）。她观察了穿脱衣服等活动。拒绝帮助可能是对某项活动存在抱负的最佳行为症状。这种对独立性的坚持表明，个体的行动已经成为其目标的一部分。通过观察不同难度的操作（如拉开拉链、从大衣中抽出一只胳膊、把帽子挂在钩子上等），费尔斯发现，二至三岁儿童只有在特定的活动中才有抱负。决定因素之一是儿童的能力。对于明显超出能力范围的活动，儿童不会拒绝帮助。随着年龄的增长或训练的加强，儿童会对更困难的行动产生抱负。费尔斯还发现，社会情境或表演会促进抱负的产生。这表明，社会因素在抱负的最初发展阶段至关重要。

根据不同年龄阶段的目标类型和实现目标的程序，可以区分不同的抱负成熟度。安德森（C. Anderson）开发了一个适用于二到八岁儿童的抱负成熟度评估量表，相关活动包括往杆子上套圈或打保龄球等。八岁儿童会将五次投掷视为一个单位，因此在计分之前不会重新投掷未命中杆子的单个环。最小年龄组的孩子在未命中杆子后总是捡起单个环并重新投掷或直接放在杆子上，并且不遵守站在指定位置的规则。这些现象和其他一些现象表明，抱负水平的发展对特定难度目标的选择，有如下前提：将多个目标视为更大目标结构中的子目标；行动本身被视为目标的一部分；儿童理解规则的含义并愿意遵守规则。

如果通过奖励给儿童施加压力，其抱负水平会降低。如果不降低抱负水平，抱负的成熟度会倒退（见图51）。

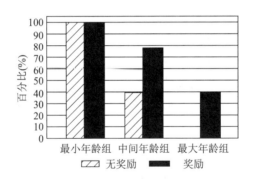

图51　在社会压力（奖励）下三个年龄阶段儿童的抱负成熟度和回归程度①

儿童把未投中的环放在杆子上或者重新投掷单个环而不是完成一系列投掷的频率。

第二，抱负水平。

抱负水平被定义为被选择为下一次行动目标的任务的困难程度（57）。可以区分两个主要问题：个人在什么条件下经历成功或失败？什么因素决定着抱负水平？

首先，成功或失败的条件。

成功或失败取决于个体在参照系中的表现（81）。这个参照系可以是抱负水平（为该行动设定的目标）、过去的表现或群体标准。如果达到了与主

① 图51中的数据来自安德森的一项研究（4）。

导参照系相关的某个水平，成功的感觉就会占上风。什么样的参照系占主导地位取决于多种因素，其中之一就是避免失败感的倾向。

有研究表明，为了避免表现不佳后的失败感，个体经常改变参照系（36，52，108）。其他避免失败感的方法还有各种形式的合理化（36，57），如将表现不佳归咎于糟糕的工具。这种方式切断了表现与个人能力之间的联系，正如我们所见，这是产生抱负的条件之一。

朱克纳特区分了成功感和失败感的强度（63）。它们与目标和表现之间的差距有关。然而，这只在接近能力边界水平的难度范围内成立。"太容易"和"太困难"的任务不会导致成功和失败的感觉。这可能就是当兄弟姐妹的年龄差异相对较大时，他们之间较少发生竞争的原因（111）。

成功的感觉和失败的感觉之间的关系，以及成功的感觉和失败的感觉与能力边界的关系，只有在其他参照系（如某些群体标准）不占主导地位的情况下才会起作用。发育迟缓的儿童在能力突出的儿童中可能永远有失败感，即使相关任务实际上远远超出了他的能力极限。

有案例（67）和实验（34）表明，群体地位的变化（如获得认可、喜爱或被个人或更大的群体拒绝）在许多方面等同于成功或失败。

其次，决定抱负水平的因素。

在经历了成功或失败之后，个体要么放弃，要么以更高、相同或更低的抱负水平继续下去。对新行动的抱负水平与过去的表现水平之间的差距即抱负水平与表现水平之间的差异（81）。

决定抱负水平变化的因素是多方面的。朱克纳特发现，对九至十五岁的人来说，抱负水平变化的方向和程度取决于成功和失败的程度（65）。此外，在一系列特定任务中，如果先前的表现水平接近难度极限，那么相同程度的成功所带来的差异较小，相同程度的失败所带来的差异较大。

抱负水平在很大程度上受社会因素的影响。在竞争情境中，抱负水平可能会提高（32）。对群体标准的了解可能会影响抱负水平（36）。例如，如果一个人得知自己的表现未达到自己所在群体的标准或一些比较差的群体的标准，那么抱负和表现之间的差距将增加。如果情况相反，差距则会减小。抱负水平还受到对自己能力的实际判断水平的影响（37）。西尔斯（Sears）发现，失败后儿童的平均正差异（抱负水平超过过去表现的数量）比成功后更大（108）。这表明成功后的儿童比失败后的儿童更现实。

对于同一个人来说，在一些活动中，差异的方向和数量似乎在一定程度上是恒定的（37，45，108）。西尔斯（37）和朱克纳特（65）发现，在学校里，表现差的孩子比表现好的孩子差异性更大。一项活动中的抱负水平对另一项活动中的抱负水平的影响取决于这两项活动的相似性及以往的经验在多大程度上稳固住这些活动中的抱负水平（65）。如果孩子在某项活动中已明确发现了自己的能力，那么在该项活动中的成功对另一项活动中的抱负水平的影响就很小。

抱负水平与心理过去和心理未来的时间透视密切相关。根据埃斯卡洛纳的观点，某一特定时间的抱负水平取决于成功和失败的效价强度及成功的概率（33）。将这种概率表示为未来成功或失败情境的效力，就可以理解有关抱负水平的基本事实（81）。

5. 诱导需求

个体的需求在很大程度上是由社会因素决定的。成长中的儿童的需求会因为他所隶属的许多大大小小的社会群体而发生变化，并诱发新的需求。儿童的需求还受到他希望归属或希望脱离的群体的思想意识和行为的极大影响。母亲的建议、同伴的要求或精神分析学家所说的超我的影响，都与社会的诱导需求密切相关。我们已经看到，抱负水平与社会事实相关。更笼统地说，儿童成长于其中的文化几乎会影响儿童的每一个需求和行为，而文化适应问题是儿童心理学中最重要的问题之一。

在需求涉及社会关系的情况下，我们可以将其分为三种类型：个人的行为可能是为了他人的利益（以利他主义行为的方式）；需求可能是由他人或群体的权力场诱发的（如弱者服从强者）；需求可能是通过归属于一个群体并遵守其目标而产生的。实际上，这三类需求紧密交织在一起。

第一，思想意识的来源。

巴维拉斯研究了一些学校中评价行为的来源（12）。他发现，从四年级到八年级，孩子们把老师作为表扬或斥责在校行为的来源的频率相对稳定。四年级时，个别同学（有别于"孩子"这一概念）经常被视为行为评价的来源；到了八年级，这一频率降为零。四年级时，学校主管几乎从未被孩子提及；后来，孩子越来越频繁地把学校主管作为评价来源，但主要是作为责骂的来源。

卡尔霍恩（Kalhorn）比较了美国农村地区门诺派儿童和非门诺派儿童

的价值观及其来源（66）。她发现，二者在强调个人成就和宗教等价值观方面存在差异。在这两个群体中，孩子们都认为父母是最主要的价值观来源。同样的行为在不同的文化中可能具有不同的心理意义。例如，门诺派儿童将去教堂与上帝作为赞扬的来源联系在一起，非门诺教派儿童则把去教堂与每个人联系在一起。这表明，去教堂对前者来说主要是一种宗教活动，对后者来说则是一种社交活动。

第二，利己主义和利他主义。

摩尔的一项实验要求二到三岁儿童与身旁的同伴分享橙汁（94）。她的实验表明，儿童的个体差异很大，而且与其他方法确定的儿童尊重他人权利的程度没有相关性。哈特肖恩（Hartshorne）和梅（May）研究了可以观察到的儿童服务（利他主义、合作）的测试情境（55）。他们声称，在十至十四岁儿童中，服务倾向是"特定的"而不是"普遍的"（关于特质普遍性问题的讨论见第三章）。麦格拉思（McGrath）使用问卷技术报告说，对假设情境的利他主义反应会随着年龄的增长而增加（90）。皮亚杰将他关于儿童道德发展的发现归纳为两种类型（99）。这两种类型是两种社会关系的产物：在七八岁之前，存在一种单方面尊重的社会关系，其中儿童服从于成人的权威。渐渐地，一种相互尊重的关系建立起来，在这种关系中每个成员都有更平等的控制权。

赖特研究了一种特定情境中的儿童，即可以选择保留一个喜欢的玩具或把它送给别人（132）。他人要么是陌生人，要么是最好的朋友。五岁儿童几乎总是利己主义的；八岁儿童则表现出相当程度的利他主义，而且对陌生人的利他主义（58%的慷慨选择）比对朋友的利他主义（23%的慷慨选择）更强。在朋友和陌生人之间分配玩具时，五岁儿童更倾向于朋友而不是陌生人，八岁儿童则更倾向于陌生人而不是朋友。

从理论上讲，利他主义或利己主义的选择可以被看作作用于生活空间不同区域的力量的相对强度及各种情境的效力的结果。如图 52 所示，在儿童 C 的生活空间中存在一个朝着目标 G 的方向作用于儿童自身的力 $f_{c,G}$。此外，还存在一个力 $f^C_{Ot,G}$，作用在另一个孩子 Ot 身上，指向同样的目标。（该情境只允许一个人达到目标。）第二种力 $f^C_{Ot,G}$ 对应于另一个孩子的需求（由其生活空间被代表的孩子感知到）及儿童 C 支持儿童 Ot 的目标的意愿。从形式上讲，利他主义还是利己主义取决于这两种力量的相对强度。赖特认为，年幼的孩子无法感知另一个孩子的需求。这可能就是幼儿不怎么玩合作类游戏的原因。随着年龄的增长，个体感知到的他人需求的效力会增加。同样，外群体的效力会相对于内群体（朋友）的效力增加。

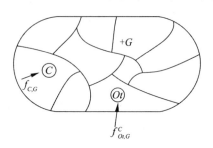

图 52　利他主义情境

对陌生人的利他主义比对朋友的利他主义更大，部分原因似乎是儿童认为自己在陌生人面前处于主人的位置，在朋友面前则不是，而且他的思想意识要求他热情好客。孩子对他人利他主义或利己主义的判断程度与他们自己的判断程度相同。一项初步研究似乎表明，在类似的环境中，成人比八岁儿童更利己。

第三，服从和社会压力。

在讨论冲突问题时，我们已经看到，作用在一个人身上的朝着目标方向的力可能会被与另一个人的意愿相对应的诱导力抵消。考虑到心理力量和心理需求的关系，我们也可以谈论诱导需求。这两个人可能是朋友，也可能是敌人；一个人的需求在很大程度上取决于另一个人的权力场。

维厄（Wiehe）观察了二到四岁儿童在陌生人进入自己房间时的情况（77）。他发现，陌生人在特定时刻的权力场强度受到两人身体位置的影响。随着距离减小，权力场对孩子的影响会增加。如果把孩子放在自己腿上，陌生人的权力场会非常强。相较于在陌生人的前面，在陌生人的背后或看不到孩子的地方，陌生人的权力场会变弱。换句话说，在不同区域，权力场的强度会有所不同。杰罗姆·弗兰克指出，韦林、德怀尔和琼金在针对幼儿园儿童的实验中也发现，如果人与人之间的距离较小，权力场产生的诱导力会较大（37）。

利皮特和怀特以十岁儿童为实验对象，测试了诱导需求在诱导权力场存在和不存在时的效果（84）。他们发现，在专断氛围中，当领导者离开房间后，工作产出量会在几分钟内急剧下降。在民主氛围中，工作由群体自己选择和计划，当领导者离开时，工作产出量没有变化。迈耶斯（C. E. Meyers）研究了成人权威冲突对学龄前儿童的影响（93）。他发现，对立的命令会降低儿童的建设性（在他的建设性量表上从 4.5 降到 2.5）。如果孩子没有办法同时遵从两个权威的命令，他可能会完全停止行动［除了类似阿森尼亚（Arsenian）所描述的自我操纵］。即使两个成人的命令一致，过于频繁地干涉孩子的游戏也会在一定程度上降低孩子的建构力。消极命令比积极命令更具破坏性，模糊命令比具体命令更具破坏性。

与自身需求相反的诱导需求可能导致一种或多或少被掩盖的长期冲突状态。如果这种冲突无法通过打破占主导地位的权力场来消解，孩子就会对权力较小的人表现出攻击性。卢因、利皮特和怀特发现，在专断群体中，儿童可能会被当作替罪羊（82）。

第四，接受外界目标。

诱导需求可能会逐渐改变性质，朝着个体自身需求的方向发展。换句话说，个体不仅会服从命令，而且会接受它们。韦林、德怀尔和琼金在幼儿园儿童身上观察到了这种变化（126）。

邓克（Duncker）研究了二至五岁儿童对食物的喜好的变化，发现该变化受到一个故事的影响（30）。故事中的主人公对一种食物深恶痛绝，对另一种食物情有独钟。故事讲完后，孩子们变得更喜欢主人公喜欢的食物，尽管这种食物以前对他们没有吸引力。不过，这种效果随着时间的推移而减弱。汤普森（Thompson）研究了偏见型领导对十岁儿童的影响（121）。领导者在一群原本地位平等的儿童中构建出一个弱势群体。经过几次会议，在领导者离开后，享有所谓特权的大多数孩子会继续把其他孩子当作弱势者。然而，这种歧视并不像领导者在场时那么强烈。这既表明领导者的权力场具有一定的影响，也表明诱导目标在某种程度上已被接受。

利皮特和怀特在对专断、民主和自由放任群体的研究中发现，一个人是否愿意接受俱乐部中的专断，部分取决于家庭背景（84）。一种强硬而又温暖的家庭氛围似乎最助力于此。也就是说，它有一种相对专制的氛围，但其温暖又阻止孩子脱离家庭独立。这种家庭中的孩子可能会遵循成人价值观，而不是男孩价值观。遵循男孩价值观的孩子在同伴之间更善于交际，但在学校环境中表现出较低的服从性。

霍罗威茨（Horowitz）发现，三岁以下的白人孩子对黑人没有偏见（58）。偏见在四到六岁时有所增加。这与白人孩子与黑人孩子的熟悉程度无关，也与黑人孩子在白人孩子就读的班级中的实际地位无关，而与白人孩子父母的态度有关。这表明，白人孩子对黑人的偏见源自父母的文化诱导。

有一种现象可能部分源于接受了最初的诱导需求，部分源于群体归属感问题，即弱势群体成员对自己所属群体的仇恨。这种对自己所属群体的仇恨在残疾群体和社会弱势群体中经常出现（80）。这意味着特权群体的价值观和偏见已被社会弱势群体的成员接受，即使这些价值观和偏见针对的是他们自己。对自己所属群体的憎恨可能导致自我憎恨。个人需要提高自己的地位，从而使自己与弱势群体区分开来，因此诱导需求会得到增强。

至于诱导需求是否已经改变性质，变成一种自身需求，则很难判定。利皮特和怀特区分了对专断氛围的两种反应：一种被称为"攻击性专断"，另一种被称为"冷漠专断"。在后一种情况下，孩子似乎很愿意行动，完全没有不满或阻碍的迹象。特别是严格的服从可能会有自愿行为的表象。这一观察同样适用于机构中的儿童。然而，实验中领导者离开后的情形能表明，这两种情境下儿童的实际差异有多大。

第五，儿童作为群体成员的需求。

如上所述，利皮特和怀特研究的民主群体中的儿童并没有因为领导者的离开而降低活动强度。活动计划是经过考虑后以投票的形式决定的。这表明，在这些条件下，与群体目标相对应的需求更像是自身需求，而不是诱导需求。这个问题与"我们"的感觉和"我"的感觉之间的差异密切相关。卢因、利皮特和怀特发现，通过语言表达和对工作的态度来衡量，民主群体中的"我们"的感觉比在自我中心态度盛行的专断群体更强烈（82）。

可以认为，群体目标对个体目标的影响取决于两个基本因素：个体对群体的依赖程度；依赖关系的性质是有敌意的或友好的。

利皮特认为，敌人的权力场在重叠的地方会相互削弱，朋友的权力场则会相互加强（83）。此外，区别于敌意的友谊还包括愿意接受和支持对方的意图。赖特认为，这两个特征都可以通过一个人的权力场对另一个人的权力场的可及程度来表示（134）。

6. 个体差异

根据个人的公开行为对其进行分类并不能确定其具体特征。相反，我们必须寻找一些心理学定律方程中的因素，这些因素可以作为恒定值插入个人行为变量中。这样，行为的可变性，即同一个人在不同情境下表现出的行为差异，也变得易于分析。这种可变性并不仅仅意味着某种行为的绝对频率或强度取决于具体情境。实际上，在不同的情境下，个体在某种特质方面的等级排序可能不同。例如，卢因、利皮特和怀特在十岁男孩组成的俱乐部中发现，关于某些特质，如"要求其他俱乐部成员注意"和"场外谈话"，个体的等级排序在不同的氛围中相当稳定（$r=0.85$ 和 $r=0.78$）。在其他一些特质中，如"对领导者的依赖"，排名次序几乎没有一致性（$r=0.02$）。在"工作意识"方面，排名次序的变化比"攻击性"更为明显。这些变化似乎与特定氛围对特定儿童的意义不同有关。

将个体差异问题与一般规律问题积极联系起来的尝试，在心理学中相对较新。我们仅举一个例子，它与人的年龄、智力水平和思维僵化程度的差异有关。卢因概述了一个理论，根据该理论，心理年龄的差异与人的分化程度密切相关（77）。从逻辑上讲，一个有机体所能呈现的各种状态，以及相应的各种行为模式，必须被视为该有机体分化程度的函数（9）。因此，随着心理年龄的增长，个体应该表现出越来越大的灵活性，即行为的丰富性。这符合对不同心理年龄个体的经验观察，也符合幼儿固执和保守的特点。

随着心理年龄的增长，灵活性的提高在某种程度上被可塑性的降低抵消。某种类型的低能表现出这样一个特征，即个体在相同分化水平（相同心智年龄）下表现出较低的可塑性（77）。如果这一理论正确，我们应该期望低能者的满足感比相同心理年龄的正常人少。库宁证明了这一点，他选取了年龄分别为七岁、十二岁和三十岁，同时心理年龄为七岁的个体进行了实验（76）。从相同的前提可以得出这样的结论，即低能个体更不容易容忍重叠的情况。因此，可以预期，在某些条件下，低能者在改变习惯时会犯更少的错误。他们在重叠和非重叠情况下的表现速度会有更大的差异，在需要对同一组物体进行多次分类的测试中改变认知结构的能力更弱。库宁的实验证实了这些推论。科普克（Koepke，77）和哥特沙尔特（Gottschaldt，51）的研究表明，低能者接受或拒绝替代品的意愿要么非常小，要么非常大，根据具体情况而定。这与人们对相对僵化的个体的预期一致。

将某些个体差异与人的分化程度和僵化程度的差异协调起来，就有可能将认知、固执、替代和满足感等多个领域的行为联系起来，并理解个体行为方面的明显矛盾。低能者的僵化程度较高，这也解释了为什么其发育比正常儿童慢（智商相对恒定），以及为什么更早达到发展顶峰。

可以预见，所有关于个体差异的问题都将越来越多地与行为和发展的一般心理规律联系起来，从而帮助我们更深入地理解个体差异和一般规律。

参考资料

1. ADLER D L. Types of similarity and the substitute value of activities at different age levels [D]. Iowa City: State University of Iowa, 1939.

2. ADLER D L, KOUNIN J. Some factors operating at the moment of resumption of interrupted tasks [J]. Journal of Psychology, 1939, 7: 355-367.

3. ALLPORT G W. Personality: a psychological interpretation [M]. New York: Henry Holt and Company, 1937.

4. ANDERSON C. The development of a level of aspiration in young children [D]. Iowa City: State University of Iowa, 1940.

5. ANDERSON H H. Domination and social integration in the behavior of kindergarten children and teachers [J]. Genetic Psychology Monographs, 1939, 21: 287-385.

6. ARSENIAN J M. Young children in an insecure situation [J]. Journal of Abnormal and Social Psychology, 1943, 38: 225-249.

7. BARBER V. Studies in the psychology of stuttering: XV. Chorus reading as a distraction in stuttering [J]. Journal of Speech Disorders, 1939, 4: 371-383.

8. BARKER R. An experimental study of the resolution of conflict in children [M] //MC NEMAR A, MERRILL M A. Studies in personality. New York: McGraw-Hill Book Company, 1942.

9. BARKER R, DEMBO T, LEWIN K. Frustration and regression [J]. University of Iowa Studies in Child Welfare, 1941, 18 (1).

10. BARTOS A. Die psychologischen Grundlagen der seelischen Erziehung bei Verkrüppelten [J]. Versuch für Kinderforschung, 1932, 4: 244-253.

11. BAVELAS A. Morale and the training of leaders ［M］//WATSON G. Civilian morale. Boston: Houghton Mifflin Company, 1942.

12. BAVELAS A. A method for investigating individual and group ideology ［J］. Sociometry, 1942, 5: 371-377.

13. BENEDICT R. Patterns of culture ［M］. Boston: Houghton Mifflin Company, 1934.

14. BIRENBAUM G. Das Vergessen einer Vornahme ［J］. Psychologische Forschung, 1930, 13: 218-285.

15. BROWN J F. Uber die dynamischen Eigenschaften der Realitäts-und Irrealitätsschichten ［J］. Psychologische Forschung, 1933, 18: 1-26.

16. BROWN J F. Psychology and the social order ［M］. New York: McGraw-Hill Book Company, 1936.

17. BROWN S F. Influence of grammatical function on the incidence of stuttering ［J］. Journal of Speech Disorders, 1936, 2: 207-215.

18. BROWN S F. A further study of stuttering in relation to various speech sounds ［J］. Quarterly Journal of Speech, 1938, 24: 390-397.

19. BROWN S F. Stuttering with relation to word accent and word position ［J］. Journal of Abnormal and Social Psychology, 1938, 24: 390-397.

20. BÜHLER C. The child and his family ［M］. New York: Harper & Brothers, 1939.

21. BURKS B S. Mental and physical developmental pattern of identical twins in relation to organismic growth theory ［J］. Yearbook of the National Society for the Study of Education, 1940, 39: 85-96.

22. CARTWRIGHT D. Decision-time in relation to the differentiation of the phenomenal field ［J］. Psychological Review, 1941, 48: 425-442.

23. CARTWRIGHT D, FESTINGER L. A quantitative theory of decision ［J］. Psychological Review, 1943, 50: 595-621.

24. DAVIDSON H H, KLOPFER B. Rorschach statistics: II. Normal children ［J］. Rorschach Research Exchange, 1938, 3: 37-42.

25. DEMBO T. Der Arger als dynamisches Problem ［J］. Psychologische Forschung, 1931, 15: 1-144.

26. DOLLARD J. Criteria for the life history [M]. New Haven: Yale University Press, 1935.

27. DOLLARD J. Case and class in a southern town [M]. New Haven: Yale University Press, 1937.

28. DOOB L W, SEARS R R. Factors determining substitute behavior and the overt expression of aggression [J]. Journal of Abnormal and Social Psychology, 1939, 34: 293-313.

29. DRESDNER I. Uber Körperbehinderung und seelische Entwicklung [J]. Zeitschrift für angewandte Psychologie, 1933, 44: 399-437.

30. DUNCKER K. Experimental modification of children's food preferences through social suggestion [J]. Journal of Abnormal and Social Psychology, 1933, 33: 489-507.

31. EINSTEIN A. On the method of theoretical physics [M]. New York: Oxford University Press, 1933.

32. ERIKSON E H. Studies in the interpretation of play: I. Clinical observation of play disruption in young children [J]. Genetic Psychology Monographs, 1940, 22: 556-671.

33. ESCALONA S K. The effect of success and failure upon the level of aspiration and behavior in manic-depressive psychoses [J]. University of Iowa Studies in Child Welfare, 1940, 16: 199-307.

34. FAJANS S. Erfolg, Ausdauer, und Activität beim Säugling und Kleinkind [J]. Psychologische Forschung, 1933, 17: 268-305.

35. FARBER M L. Imprisonment as a psychological situation [J]. University of Iowa Studies in Child Welfare, 1944, 20: 153-228.

36. FESTINGER L. Wish, expectation, and group performance as factors influencing level of aspiration [J]. Journal of Abnormal and Social Psychology, 1942, 37: 184-200.

37. FRANK J D. Experimental studies of personal pressure and resistance: II. Methods of overcoming resistance [J]. Journal of General Psychology, 1944, 30: 43-56.

38. FRANK L K. Cultural control and physiological autonomy [J].

American Journal of Orthopsychiatry, 1938, 8: 622-626.

39. FRANK L K. Cultural coercion and individual distortion [J]. Psychiatry, 1939, 2: 11-27.

40. FRAZIER E F. Negro youth at the crossroads [M]. Washington: American Council on Education, 1940.

41. FRENCH J R P Jr. Organized and unorganized groups under fear and frustration [J]. University of Iowa Studies in Child Welfare, 1944, 20: 229-308.

42. FRENCH T. Insight and distortion in dreams [J]. International Journal of Psycho-Analysis, 1939, 20: 287-298.

43. FREUD S. The interpretation of dreams [M]. New York: The Macmillan Company, 1916.

44. FREUND A. Psychische Sattigung im Menstruum und Intermenstruum [J]. Psychologische Forschung, 1930, 13: 198-217.

45. GARDNER J W. The relation of certain personality variables to level of aspiration [J]. Journal of Psychology, 1940, 9: 191-206.

46. GELB A. Colour constancy [M] //ELLIS W D. Source book of Gestalt psychology. London: Kegan Paul, 1938.

47. GELB A, GOLDSTEIN K. Uber Farbennamenamnesie nebst Bemerkungen über das Wesen der amnestischen Aphasie überhaupt und die Beziehung zwischen Sprache und dem Verhalten zur Umwelt [J]. Psychologische Forschung, 1924, 6: 127-186.

48. GESELL A, et al. The first five years of life: a guide to the study of the preschool child [M]. New York: Harper & Brothers, 1940.

49. GESELL A, THOMPSON H. Infant behavior: its genesis and growth [M]. New York: McGraw-Hill Book Company, 1934.

50. GOODENOUGH F L. New evidence on environmental influence on intelligence [J]. Yearbook of the National Society for the Study of Education, 1940, 39: 307-365.

51. GOTTSCHALDT K. Uber dem Einfluss der Erfahrung auf die Wahrnehmung von Figuren: I. Uber den Einfuss gehäufter Einpragung von Figuren

auf ihre Sichtbarkeit in umfassenden Konfgurationen [J]. Psychologische Forschung, 1926, 8: 261-318.

52. GOULD R. An experimental analysis of "level of aspiration" [J]. Genetic Psychology Monographs, 1939, 21: 3-115.

53. GRAY M. The X family: a clinical study and a laboratory study of a "stuttering" family [J]. Journal of Speech Disorders, 1940, 5: 343-348.

54. HALVERSON H M. An experimental study of prehension in infants by means of systematic cinema records [J]. Genetic Psychology Monographs, 1931, 10: 107-286.

55. HARTSHORNE H, MAY M A. Studies in service and self-control [M]. New York: Macmillan Company, 1929.

56. HOMBURGER E. Configurations in play: clinical notes [J]. Psychoanalytic Quarterly, 1937, 6: 139-214.

57. HOPPE F. Erfolg und Misserfolg [J]. Psychologische Forschung, 1930, 14: 1-62.

58. HOROWITZ E L. The development of attitude toward the Negro [M]. New York: Archives of Psychology, 1936 (194).

59. HULL C L. Simple trial-and-error learning: a study in psychological theory [J]. Psychological Review, 1930, 37: 241-256.

60. HULL C L. The goal gradient hypothesis and maze learning [J]. Psychological Review, 1932, 39: 25-43.

61. IRWIN O C. The distribution of the amount of motility in young infants between two nursing periods [J]. Journal of Comparative Psychology, 1932, 14: 429-445.

62. JACK L M. An experimental study of ascendant behavior in preschool children [J]. University of Iowa Studies in Child Welfare, 1934, 9 (3): 7-65.

63. JERSILD A T. The development of the emotions [M] //SKINNER C E. Educational psychology. New York: Prentice-Hall, 1936.

64. JOHNSON W, KNOTT J R. Studies in the psychology of stuttering: I. The distribution of moments of stuttering in successive readings of the same material [J]. Journal of Speech Disorders, 1937, 2: 17-19.

65. JUCKNAT M. Leistung, Anspruchsniveau und Selbstbewusstsein [J].
Psychologische Forschung, 1937, 22: 89-179.

66. KALHORN J. Values and sources of authority among rural children
[J]. University of Iowa Studies in Child Welfare, 1944, 20: 99-152.

67. KANNER L. Child psychiatry [M]. Springfield: Charles C
Thomas, 1935.

68. KARSTEN A. Psychische Sattigung [J]. Psychologische Forschung,
1928, 10: 142-154.

69. KATONA G. Organizing and memorizing [M]. New York: Columbia
University Press, 1940.

70. KATZ D. Animals and men [M]. New York: Longmans, Green, and
Co. , 1937.

71. KATZ E. Some factors affecting resumption of interrupted activities by
pre-school children [M]. Minneapolis: University of Minnesota Press, 1938.

72. KEISTER M E. The behavior of young children in failure [M] //
BARKER R, KOUNIN J, WRIGHT H F. Child behavior and development. New
York: McGraw-Hill Book Company, 1936.

73. KEPHART N C. Studies in emotional adjustment: II. An experimental
study of the "disorganization" of mental functions in the delinquent [J].
University of Iowa Studies in Child Welfare, 1937, 15 (1).

74. KOFFKA K. The growth of the mind: an introduction to child
psychology [M]. New York: Harcourt, Brace, and Company, 1928.

75. KÖHLER W. The mentality of apes [M]. New York: Harcourt,
Brace, and Company, 1925.

76. KOUNIN J. Experimental studies of rigidity. I and II [J]. Character
and Personality, 1941, 9: 251-282.

77. LEWIN K. Dynamic theory of personality [M]. New York: McGraw-
Hill Book Company, 1935.

78. LEWIN K. Principles of topological psychology [M]. New York:
McGraw-Hill Book Company, 1936.

79. LEWIN K. The conceptual representation and measurement of

psychological forces [J]. Contributions to Psychological Theory, 1938, 1 (4).

80. LEWIN K. Resolving social conflicts [M]. New York: Harper & Brothers, 1948.

81. LEWIN K, DEMBO T, FESTINGER L, et al. Level of aspiration [M] //HUNT J M. Handbook of personality and the behavior disorders. New York: The Ronald Press Co. , 1944.

82. LEWIN K, LIPPITT R, WHITE R. Patterns of aggressive behavior in experimentally created "social climates" [J]. Journal of Social Psychology, 1939, 10: 271-299.

83. LIPPITT R. An experimental study of the effect of democratic and authoritarian group atmospheres [J]. University of Iowa Studies in Child Welfare, 1940, 16 (3): 45-195.

84. LIPPITT R, WHITE R. The "social climate" of children's groups [M] //BARKER R, KOUNIN J, WRIGHT H F. Child behavior and development. New York: McGraw-Hill Book Company, 1943.

85. LIPPITT R. Popularity among preschool children [D]. Iowa City: University of Iowa, 1940.

86. LISSNER K. Die Entspannung von Bedürfnissen durch Ersatzhandlungen [J]. Psychologische Forschung, 1933, 18: 218-250.

87. MAHLER V. Ersatzhandlungen verschiedenen Realitätsgrades [J]. Psychologische Forschung, 1933, 18: 26-89.

88. MARQUIS D P. Can conditioned responses be established in the newborn infant? [J]. Journal of Genetic Psychology, 1931, 39: 479-492.

89. MARROW A J. Goal tension and recall [J]. Journal of General Psychology, 1928, 19: 3-64.

90. MCGRATH M C. A study of the moral development of children [J]. Psychological Monographs, 1923, 32 (2): 1-190.

91. MCGRAW M B. Growth: a study of Johnny and Jimmy [M]. New York: D. Appleton-Century Company, 1935.

92. MEAD M. Cooperation and competition among primitive peoples [M]. New York: McGraw-Hill Book Company, 1937.

93. MEYERS C E. The effect of conflicting authority on the child [J]. University of Iowa Studies in Child Welfare, 1944, 20: 31-98.

94. MOORE E S. The development of mental health in a group of young children: an analysis of factors in purposeful activity [J]. University of Iowa Studies in Child Welfare, 1931, 4 (6).

95. MURPHY L B. Social behavior and child personality: an explorative study in some roots of sympathy [M]. New York: Columbia University Press, 1937.

96. MURRAY H. Explorations in personality [M]. London: Oxford University Press, 1938.

97. OVSIANKINA M. Die Wiederaufnahme von unterbrochener Handlungen [J]. Psychologische Forschung, 1928, 11: 302-379.

98. PACHAURI A R. A study of Gestalt problems in completed and interrupted tasks [J]. British Journal of Psychology, 1935, 25: 447-457.

99. PIAGET J. The moral judgment of the child [M]. New York: Harcourt, Brace, and Company, 1932.

100. PORTER H V K. Studies in the psychology of stuttering: XIV. Stuttering phenomena in relation to size and personnel of audience [J]. Journal of Speech Disorders, 1939, 4: 323-333.

101. REICHENBACH H. Philosophie der Raum-Zeitlehere [M]. Leipzig: W. De Gruyter & Co. , 1928.

102. REUTER E B. The sociology of adolescence [J]. American Journal of Sociology, 1937, 43: 414-427.

103. ROSENZWEIG S. Preferences in the repetition of successful and unsuccessful activities as a function of age and personality [J]. Journal of Genetic Psychology, 1933, 42: 423-441.

104. ROTTER J B. Studies in the psychology of stuttering: XI. Stuttering in relation to position in the family [J]. Journal of Speech Disorders, 1939, 4: 143-148.

105. SANDVOSS H. Uber die Beziehungen von Determination und Bewusstsein bei der Realisicrung unerledigter Tatigkeiten [J]. Archiv für die

gesamte Psychologie, 1933, 89: 139-192.

106. SCHANCK R L. A study of a community and its groups and institutions conceived of as behaviors of individuals [J]. Psychological Monographs, 1932, 43 (2).

107. SCHLOTE W. Uber die Bevorzugung unvollendeter Handlungen [J]. Zeitschrift für Psychologie, 1930, 117: 1-72.

108. SEARS P S. Levels of aspiration in academically successful and unsuccessful children [J]. Journal of Abnormal and Social Psychology, 1940, 35: 498-536.

109. SEARS R R, SEARS P S. Minor studies in aggression: V. Strength of frustration-reaction as a function of strength of drive [J]. Journal of Psychology, 1940, 9: 297-300.

110. SEASHORE H E, BAVELAS A. A study of frustration in children [J]. Journal of Genetic Psychology, 1942, 61: 279-314.

111. SEWALL M. Some causes of jealousy in young children [J]. Smith College Studies in Social Work, 1930, 1: 6-22.

112. SHACTER H S. A method for measuring the sustained attention of preschool children [J]. Journal of Genetic Psychology, 1933, 42: 339-371.

113. SHAW C R. Juvenile delinquency—a group tradition [J]. Bulletin of State University of Iowa, 1933 (700).

114. SHAW C R, et al. Delinquency areas: a study of the geographic distribution of school truants, juvenile delinquents, and adult offenders in Chicago [M]. Chicago: University of Chicago Press, 1929.

115. SHEFFIELD A. Social insight in case situations [M]. New York: D. Appleton-Century Company, 1937.

116. SLIOSBERG S. Zur Dynamik des Ersatzes in Spiel - und Ernstsituationen [J]. Psychologische Forschung, 1934, 19: 122-181.

117. STERN W, MACDONALD J. Cloud pictures: a new method of testing imagination [J]. Character and Personality, 1937, 6: 132-147.

118. STODDARD G D, WELLMAN B L. Child psychology [M]. New York: Macmillan Company, 1934.

119. TERMAN L M. The intelligence of school children [M]. Boston: Houghton Mifflin Company, 1919.

120. THOMAS D S. An attempt to develop precise measurements in the social behavior field [J]. Sociologus, 1932, 8: 436-456.

121. THOMPSON M M. The effect of discriminatory leadership on the relations between the more and less privileged subgroups [D]. Iowa City: University of Iowa.

122. TOLMAN E C. Purposive behavior in animals and men [M]. New York: Appleton-Century Company, 1932.

123. TOLMAN E C. Psychology versus immediate experience [J]. Philosophy of Science, 1935, 2: 356-380.

124. TRAVIS L E, JOHNSON W, SHOVER J. The relation of bilingualism to stuttering [J]. Journal of Speech Disorders, 1937, 3: 185-189.

125. VYGOTSKY L S. Thought in schizophrenia [J]. Archives of Neurology and Psychiatry, 1934, 31: 1063-1077.

126. WARING E B, DWYER F M, JUNKIN E. Guidance: the case of Ronald [J]. Cornell Bulletin for Homemakers, 1939 (418): 1-112.

127. WEIGL E. On the psychology of so-called processes of abstraction [J]. Journal of Abnormal and Social Psychology, 1941, 36: 3-33.

128. WELLMAN B L. The effect of preschool attendance upon the IQ [J]. Journal of Experimental Education, 1932, 1: 48-69.

129. WERNER H. Comparative psychology of mental development [M]. New York: Harper & Brothers, 1940.

130. WERNER H. Perception of spatial relationships in mentally deficient children [J]. Journal of Genetic Psychology, 1940, 57: 93-100.

131. WOLF T H. The effect of praise and competition on the persistent behavior of kindergarten children [M]. Minneapolis: University of Minnesota Press, 1938.

132. WRIGHT B A. Altruism in children and the perceived conduct of others [J]. Journal of Abnormal and Social Psychology, 1942, 37: 218-233.

133. WRIGHT H F. The influence of barriers upon the strength of motivation

[J]. Contributions to Psychological Theory, 1937, 1 (3).

134. WRIGHT M E. The influence of frustration upon the social relations of young children [J]. Character and Personality, 1943, 12: 111-122.

135. ZEIGARNIK B. Uber das Behalten von erledigten und unerledigten Handlungen [J]. Psychologische Forschung, 1927, 9: 1-85.

附　录

整体、分化和统一

一、基于简单依赖的整体的分化与统一

（一）依赖概念与动态整体的分化程度

自科勒的《物理形态》（*Physische Gestalten*）出版以来，动态整体的定义就一直以各部分之间的相互依赖为基础。这一定义适用于物理学、心理学和社会学。

最近，格雷林（Grelling）和奥本海姆（Oppenheim）对功能整体的概念进行了探究，正确地区分了逻辑依赖和因果依赖。很明显，我们在这里讨论的是因果依赖。我们的讨论将尽可能局限于与动态整体的分化有关的依赖问题。

1. 依赖、独立与相互依赖的程度

应该明确指出，整体内的依赖或独立是一个程度上的问题。一个整体中的各个部分相互依赖，但通常也在某种程度上相互独立。① 换句话说，只要部分 b 的改变在一定范围内，部分 a 就不会受到影响。但是，如果部分 b 的变化超过了这个限度，部分 a 的状态就会受到影响。

我们可以更形式化地这样说：$s^1(a)$ 和 $s^2(a)$ 可以表示区域（系统）a 在时间 1 和时间 2 的状态（质量）；$ch(a) = s^2(a) - s^1(a)$ 可以表示 a 的状态变化。进一步假设两个区域（a 和 b）在开始时显示相同的状态：$s^1(a) = s^1(b)$，那么区域 a 对区域 b 的独立性（$indep \,|\, a, b \,|$）可被定义为 b 的最大变化。在变化中，a 的状态保持不变，或者变化量小于一个微小值 ϵ。

---

① 格雷林和奥本海姆提道："经验依赖的不同程度……可以通过引入概率的概念来加以考虑。"我们假定，这样一个定义将通过其规律性（以相关性 1 或"合法性"作为最高程度）来区分依赖程度。在本研究中，依赖程度并不是指依赖的规律性程度，而是指某一部分的变化量，这种变化量对另一部分没有影响。这里假定严格的"合法性"也适用于小程度的依赖。参见 K. Grelling and P. Oppenheim, "Der Gestaltbegriff in Licht der neuen Logik," *Erkenntnis*. 7 (1938)：211–224。

（13）① $indep \ (a, \ b) = ch^{max} \ (b)$，导致 $ch \ (a) < \epsilon$

不影响 a 的 b 的变化程度（$ch|b|$）对于 s 的不同值不一定相同（例如，对于低的张力水平和高的张力水平）。为了消除这个问题，我们可以参照相同的绝对初始水平，即确定的 $s^1 \ (a)$ 的值。

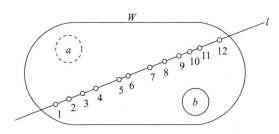

图 53　未分化的整体

W 指整体；a、b 指任意定义的整体的一部分；l 指切割整体的线；1、2、3 等指沿着直线 l 的小区域。

a 对 b 的依赖程度（$dep|a, \ b|$）可以被视为独立程度的反向指标。

（14）$dep \ (a, \ b) = \dfrac{1}{indep \ (a, \ b)}$

这种对依赖和独立的定义不限于相邻区域。它可以应用于任何共存的经验区域（一个场的组成部分）。

区域 a 和区域 b 的独立程度通常会因不同种类的变化（不同质量的变化）而有所不同。

因此，在比较不同情况时，我们总是参考相同种类的变化。区域 a 和区域 b 的独立性可以在不同方向上存在差异（$indep \ | \ a, \ b \ | \neq indep \ |b, \ a|$）。如果系统的属性使得 $dep \ (a, \ b) = dep \ (b, \ a)$，我们可以按照以下方式定义 a 和 b 的相互依赖程度（$interdep \ | \ a, \ b \ |$）。

（15）$dep \ (a, \ b) = dep \ (b, \ a)$，则 $interdep \ (a, \ b) = dep \ (a, \ b)$

2. 相邻区域的简单依赖

在接下来的讨论中，为了方便起见，我们将谈论区域 a 与相邻区域 n 之间的独立程度（$indep|a, \ n|$）。如果两个区域有共同的边界，并且在其他方面彼此无关，则区域 n 与区域 a 相邻。

---

① 为方便读者，附录有时用竖线代替副括号。在这种用法中，它们不像在卢因的一些公式中那样表示概念元素的大小。附录中的公式或命题与第五章中的公式或命题按顺序编号。

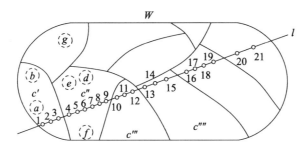

图 54　分化的整体

W 指整体；c'、c''、c'''等指整体的自然部分；a、b 等指 c 任意定义的部分；l 指切割整体的线；1、2、3 等指沿着直线 l 的小区域。

简单依赖遵循邻近原则，即如果对于区域 a 的所有邻居，其独立程度 $indep$（a，n）均相等，则可以推断出 $indep$（a，n）$\leqslant indep$（a，y），其中 n 表示 a 的邻居，y 表示与 a 无关的其他区域。可以表示为：

（16）$indep$（x，n）$\leqslant indep$（x，y）

对于任何区域，x 都可以被视为简单依赖的一种属性定义。

3. 整体内的自然部分与整体分化程度的定义

让我们根据图 53 和图 54 所展示的切割整体 W 的路径 l 来区分一系列点（小区域）1、2、3……，并确定区域 1 与该序列中每个其他区域的独立程度（$indep \mid 1$，$2 \mid$；$indep \mid 1$，$3 \mid$；$indep \mid 1$，$4 \mid$……）。

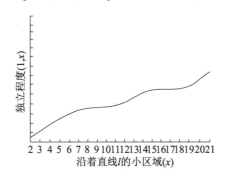

图 55　不含自然子部分的整体中各区域的独立程度

该图指的是图 53 所示整体。它表示区域 1（沿着直线）与区域 2、3、4 等的独立程度（$indep \mid 1$，$x \mid$）。

代表独立程度的曲线可能表现出如图 55[1] 所示的统一特征，也可能显示斜率（slope）的突然变化，如图 56 所示。图 55 对应于图 53。图 56 对应于图 54。如果有可能在整体上进行切割，从而产生第二种类型的曲线，则称整体为分化的，否则为未分化的。在曲线中，对应于同一平台的区域，我们称之为同一自然部分的子区域，或整体的同一细胞的子细胞。例如，1、2、3 属于一个细胞（c'）；4、5、6、7、8、9 属于另一个细胞（c''）；10、11、12 属于又一个细胞（c'''）。

图 53 和图 54 中整体的差异可以通过略微不同的方式来表示，即参考序列中每两个连续点之间的独立程度（$indep|1, 2|$；$indep|2, 3|$；$indep|3, 4|$）。图 53 将得到类似于图 57 所示的曲线；图 54 将得到类似于图 58 所示的曲线。如果正确选择点 1、2、3 等，峰值的高度则表示一个细胞与相邻细胞之间的独立程度（例如，$indep|3, 4| = indep|c, c''|$）。这个值可以被称为"边界强度"（strength of the boundary），即 bo（c'，c''）。（图 58 中峰值的高度不需要与图 56 中相应跃升的高度相同。）

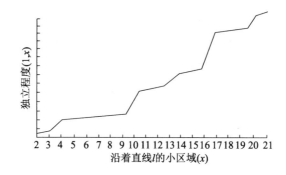

图 56　包含自然子部分的整体中各区域的独立程度

该图指的是图 54 所示整体。它表示区域 2、3、4 等与区域 1 的独立程度（$indep|1, x|$）。该曲线显示出图 55 中没有的明确步骤。

第三种方法可能是最令人满意的一种表示自然部分的方法，在数学上的表述如下。如果在一个整体中，能够以一种方式区分出区域 a 和区域 b

---

[1]　在这里，我们通过不少于二维的区域来代表整体，而不将此视为一个主要问题。通常情况下，用零维区域（点）来代表整体并不方便，因为还需要区分整体内的部分。如果希望在一个部分内区分子部分，则整体的各部分也应具有超过零维的维度。一维区域的边界通常等同于若干离散点，对于大多数心理边界来说已经足够。此外，一维区域对表示与张力相应的力来说并不完美。

等，使得在每个区域内（1^a，2^a）的任意两个子区域（1，2）之间的独立性小于一个值 k，而属于不同区域（1^a、1^b 等）的任意子区域之间的独立性大于 k（$indep\,|\,1^a$，$2^a\,|<k$ 且 $indep\,|\,1^a$，$1^b\,|>k$），则区域 a、区域 b 等为整体（W）的"自然部分"或"细胞"（c）。

（17）整体 W 的分化程度（$dif^k\,|\,W\,|$）是将 W 分割成最多数量的细胞（x、y 等），使得这些细胞之间的独立性 $indep$（x，y）$\geqslant k$。

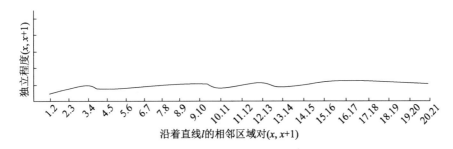

图57　不含自然子部分的整体中相邻区域的独立程度

该图指的是图53所示整体。它表示沿着直线的一个区域 x 与下一个区域（$x+1$）之间的独立程度（$indep\,|\,x$，$x+1\,|$）。

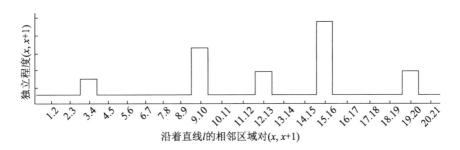

图58　包含自然子部分的整体中相邻区域的独立程度

该图指的是图54所示整体。它表示沿着直线 l 的一个区域 x 与下一个区域（$x+1$）的独立程度（$indep\,|\,x$，$x+1\,|$）。曲线上的峰值对应于整体的细胞（c^1、c^2 等）之间的边界。

尽管这些考虑因素在数学领域可能需要技术上的改进，但它们足以描述我们所考虑的关系，并使某些推导成为可能。

4. 分化的相对性和宏观功能层面、微观功能层面

在一个整体中，细胞 c 与相邻细胞 n 之间的独立程度，即我们所说的功能边界强度（$bo\,|\,c$，$n\,|=indep\,|\,c$，$n\,|$），可能会在不同整体之间和同一整体

内部存在显著差异。关于一个整体内的不同边界，可以区分出三种情况：所有的边界都同样强大；可以区分出几个明确的强度；所有边界都显示出不同的强度。

使用与图58相同的表示原则，我们可以通过图59、图60和图61来说明这三种情况。

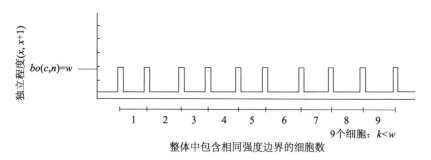

图59　整体中所有细胞的独立程度相同时相邻细胞的独立程度

bo（c，n）表示 c 和 n 的边界强度。当变化小于 w 时，可以区分出9个细胞。

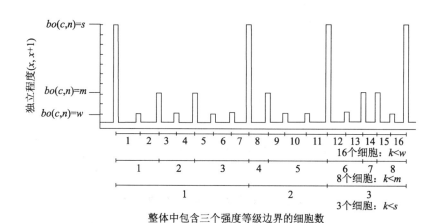

图60　独立性因细胞而异的整体中相邻细胞的独立程度

bo（c，n）=w 表示弱边界，独立程度较低；bo（c，n）=m 表示中等边界；bo（c，n）=s 表示强边界。当细胞的状态变化小于 w 时，可以区分出16个细胞。当细胞的状态变化大于 w 但小于 m 时，可以区分出8个细胞。当细胞的状态变化大于 m 但小于 s 时，可以区分出3个细胞。

这些情况有助于证明分化概念的相对性。对于一个细胞而言，其子区域的独立程度小于一个相对较小的值 k。相对于宏观视角，k 值可能是小的，但相对于微观视角，k 值可能并不小。换句话说，两个子区域是否属于同一细胞取决于 k 值的大小。对于宏观视角，大于图 60 中的 m 值的 k 值可能仍然很小。在 $s>k>m$ 的情况下，只可区分 3 个细胞。对于微观视角（$k<w$），则可以区分出 16 个细胞。

由此可见，分化程度是 k 的一个递减函数。

公式（10）dif^k（W）$= F$（$1/k$）中，F 表示递增函数。

然而，图 60 显示了一个例子，其中分化程度不一定随着 k 值的增加而持续降低。当 k 小于 w 时，整体的分化程度保持不变。当 k 从小于 w 变为大于 w 时，分化程度突然降低。当 k 大于 w 但小于 m 时，分化程度再次保持恒定。但是，当 k 接近或略高于 m 时，分化程度再次下降。最后，当 k 大于 m 但小于 s 时，分化程度保持不变。换句话说，只有超过了细胞边界强度的特定值，k 的变化才会影响分化程度（$dif^k | W|$）。这些给定的边界值 bo（c，n）$= indep$（c，n）决定了可以被称为整体的"自然微观"和"自然宏观"的范围。

图 59 显示了 $k<bo$（c，n）的 9 个细胞。然而，对于 $k>bo$（c，n），整体必须被称为未分化。

分化定义的一个含义如图 62 所示。假设边界强度（$bo|c$，$n|$）对所有细胞都相同。在这种情况下，当 $k<bo$（c，n）时，dif^k（W）$= 22$。如果 k 增加使得 $k>bo$（c，n），根据定义，整体变得未分化，因为 W 中没有符合细胞要求的区域。

然而，在 W 中可以找到七个区域，它们的独立性大于 k，如果 bo（c，n）$< k≥2bo$（c，n），则这些区域不相邻。如果对细胞的定义不那么严格，可以说 dif^k（W）$= 7$。尽管定义的意义尚未得到深入探讨，但它有可能最终被证明更具优越性。目前，这两种定义的实验意义相同。

在图 61 中，当 k 超过 bo（c，n）的下一个更高值时，分化程度会降低。也就是说，随着 k 的增加，分化程度的降低是相对连续的。

从心理学角度来看，人是一个整体，可能展现出图 60 或图 61 所示特征。

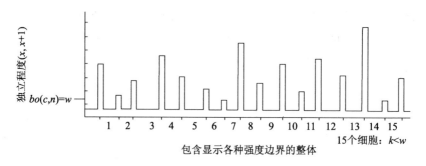

图 61　包含各种强度边界的整体中相邻细胞的独立程度

当细胞的状态变化小于 w 时，可以区分出 15 个细胞。

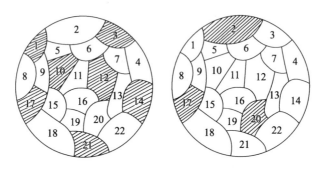

图 62　作为 k 的函数的分化程度

　　左侧图表示一个包含 22 个细胞的整体 W（$dif^k|W|=22$），如果 k 的值低于这些细胞之间的边界强度（$bo|c, n|$）所对应的值。如果 $k>bo$（c, n），同时 $k<2bo$（c, n），则可以区分出 1、3、10、12、14、17、21 共 7 个细胞。如果进一步增加 k 的值，使得 $2bo$（c, n）$<k<3bo$（c, n）（右侧图），分离的细胞数量减少到 3 个（2、17、20），即 dif^k（W）= 3。在第一种情况下，直径 dia（W）= 5，相当于任意两个细胞之间的最大距离，如 $e_{1,22}$；在第二种情况下，dia（W）= 2，相当于 $e'_{1,14}$；在第三种情况下，dia（W）= 1，相当于 $e''_{2,20}$。

　　这些考量可能有助于解决一个长期存在的争议。许多心理学家和哲学家认为，一个整体可以划分的部分的数量是完全随意的。其他心理学家则持相反观点。我们的分析表明，这两种观点在一定程度上都正确。整体中的部分数量只能根据一个特定的 k 值来确定，而这个值可以任意定义。然而，在给定 k 值的情况下，细胞的数量取决于整体自然部分边界的强度。更重要的是，整体的分化程度只随着 k 的一定值而变化，而这些值完全取决于细胞边界的强度，不是任意确定的。

（二）整体的简单统一性与分化程度

1. 整体的简单统一程度定义与自然整体的概念

可以以下述方式定义一个整体的简单统一程度（$si\ uni\,|W|$），即基于如上所述的简单依赖的统一性。我们比较 W 中每对区域 x 和 y 的依赖程度，并定义了公式（11）$si\ uni\ (W) = dep^{\min}\ (x，y)$。

其中，x 和 y 是 W 的任意两个区域。从公式（14）可以推导出，公式（11）相当于：

$$(11a)\quad si\ uni\ (W) = \frac{1}{indep^{\max}\ (x，y)}$$

对于一个给定的整体，$indep^{\max}\ (x，y)$ 可以用 Ch 来表示。从公式（11）可以看出，如果整体任何一部分的变化量大于 Ch，那么整体的每一部分都会受到影响。

（11b）如果 $ch\ (x) > Ch$，则 $ch\ (y) > \epsilon$；x 和 y 是 W 中的任意两个细胞。

整体统一性有以下含义。一个整体 W' 可以被任意定义为图 63 中区域 A 和区域 B 的总和。A 可能由高度相互依赖的区域 a、b 和 d 组成；$interdep\ (a，b) = 100$；$interdep\ (a，d) = 100$；$interdep\ (b，d) = 100$。然而，B 与 a（或 A 的任何部分）之间的相互依赖可能很低，如 $interdep\ (B，a) = 2$。在这种情况下，W' 的统一度也很低：$si\ uni\ (W') = dep^{\min} x，y = 2$。

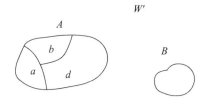

图 63　自然整体的统一程度

整个 W' 包括区域 A 和区域 B；A 包括 a、b 和 d。

第二个整体 W'' 可以被定义为图 64 中区域 A、B、C、D 的总和。这些区域之间的相互依赖程度也可能等于 2。在这种情况下，$si\ uni\ (W'') = 2$。换句话说，W' 和 W'' 的简单统一度是相等的。当然，如果去掉 W' 的区域 B（见图 63），其余区域（A）的简单统一程度会大大提高（$si\ uni\,|A| = 100$）；而在 W'' 中去掉区域 B（见图 64），其余区域（A、C、D）的统一程度保持不

变（$si\ uni\ |A,\ C,\ D| = 2$）。

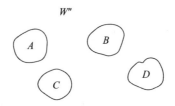

图 64　自然整体的统一度

整个 W'' 包括区域 A、B、C、D。

整体 W' 和 W'' 是任意选取的用以说明整体概念的例子。更恰当的说法是，在 W' 的情况下是两个整体（A 和 B）；在 W'' 的情况下是四个整体。我们可以以下述方式定义自然整体：

（18）如果 $dep\ (x,\ y) > dep\ (x,\ z)$，其中 x 和 y 指的是 W 内的任意两个区域（$x \subset W$；$y \supset W$），z 指的是 W 外的任意区域（$Z \cdot W = 0$），那么 W 则被称为"自然整体"。

换句话说，自然整体内任何区域之间的依赖程度大于自然整体内任何区域与整体外区域之间的依赖程度。

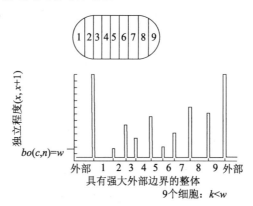

图 65　自然整体中细胞之间及与外部的独立程度

由此可知，自然整体 W 的边界和外部 Ou 之间的边界比 W 内任意子部分 p 周围的边界更强：

（18a）$bo\ (W,\ Ou) > bo\ (p,\ n)$，其中 $bo\ (p,\ n)$ 将 p 与 W 的其余部分分开。

回到由自然细胞组成的整体，我们可以根据公式（10）得出以下结论：

（19）对于一个自然整体，可以确定一个 k 的值，使得相对于 k，整体 W 是未分化的。换句话说，可以将一个自然整体视为一个细胞。这等同于以下命题：

（19a）bo（W，Ou）$>bo$（c，n），其中 bo（c，n）将任意细胞 c 与 W 的其余部分分开。

命题（19）由命题（18）得出，但要求少于命题（18）。例如，图 65 所示整体具有比任何内部边界更强的外部边界（$indep|W$，$Ou|>indep|c$，$n|$）。因此，可以很容易地确定 k 的值，以满足命题（19a）。然而，各种内部边界的强度之和可能使得细胞 1 和 9 相互依赖程度低于细胞 9 与外部的相互依赖程度（$dep|1$，$9|<dep|9$，$Ou|$）。在这种情况下，根据命题（18），该整体不能被称为"自然整体"。［然而，可以使用要求较低的命题（19a）作为自然整体的定义。我们在此不讨论这种可能性的优点。］

命题（18）和命题（19）表明，图 59、图 60 和图 61 所示整体不是自然整体。图 59 中的示例可以说由 9 个自然整体组成。图 61 中的示例不是一个自然整体，可以被认为是三个自然整体。

总之，对于自然整体来说，与外界的高度独立性和整体内部各部分的高度依赖性都至关重要。

2. 整体的统一程度与分化程度的关系

除非另有说明，以下讨论仅限于自然整体，其中：

第一，整体内所有细胞（x）与其相邻细胞（n）的独立程度相同（$indep|x$，$n|=const$）。

第二，同一细胞内的子区域之间的独立性几乎为零。

第三，细胞具有相同的动态属性［特别是由 ch（x）得到的 ch（n）对所有相邻细胞来说都相等］。

第四，依赖基于扩散过程（简单依赖）。

在这种情况下，整体的统一程度主要取决于两个因素。在其他条件相同的情况下，相邻细胞的独立性越大，整体的统一程度越小。因为如果 $indep$（c，n）变大，$indep^{max}$（x，y）也会变大。

第二个因素与细胞的数量和相对位置有关。图 12（见第五章）阐明了这样一个事实，即整体 W' 和 W'' 可能具有相同的统一程度［uni（W'）$=uni$（W''）$=indep$（c，$n+1$），其中 $n+1$ 指的是与 c 相隔两个边界（两个步骤）的细胞］，尽管细胞的数量存在很大差异［当 $k<bo$（c，n）时，dif^k（W''）$=2dif^k(W'')$］。

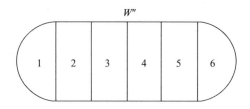

图 66　整体的分化、结构和统一

整体 W''' 与图 12 所示整体 W' 具有相同的分化程度；dif^k（W'''）$=dif^k$（W'）$=6$。然而，W' 具有更高的统一程度，因为 W' 的 $e_{x,y}^{max}=1$，W''' 的 $e_{x,y}^{max}=5$。

整个 W'''（见图 66）的细胞数量与 W'（见图 12）的相同（$dif^k|W'|=dif^k|W'''|$）。然而，W''' 的统一程度肯定小于 W' 的统一程度［uni（W'''）$< uni$（W'）$=dep$（c，$n+1$）］。如果回到细胞的独立性和整体的统一性的定义，就可以很容易理解这一点。c 与相邻细胞 n 的独立程度（$indep|c$，$n|$）被定义为 n 的最大变化（$ch^{max}|n|$），在该变化中 c 的变化小于微小值 ϵ。对于自然细胞，我们称此变化量为 bo（c，n）。如果在图 66 中将细胞 1 的状态改变到这个程度，则不会影响细胞 3 的状态。要影响 3 的状态，必须将细胞 2 的状态至少改变到 ch^{max}（n）$=indep$（3，2）$=bo$（c，n）的程度。细胞 1 的变化能否影响细胞 3？细胞 1 的变化只有足够大，才能在细胞 2 中引起等于或大于 $indep$（3，2）的变化，然后才能影响细胞 3，即 $indep$（3，1）$> bo$（c，n）。要影响细胞 4、细胞 5 或细胞 6，细胞 1 需要更大的变化。换句话说，随着越来越多的细胞位于 1 和 y 之间，W''' 中的细胞对细胞 1（$dep|1$，$y|$）的依赖性会减小。整体的统一程度是最不依赖的细胞的依赖程度，因此 uni（W'''）$=dep$（1，6）$<dep$（1，3）$=uni$（W'）。

这样的考虑足以证明，在上述条件下，一个整体中任意两个细胞 x 和 y 的依赖程度取决于从其中一个细胞到另一个细胞的路径所跨越的最小边界数。这相当于霍道罗基空间中 x 和 y 之间的距离（$e_{x,y}$）。［例如，在图 62 的左侧图中，细胞 1 和细胞 3 之间的距离等于 2，即（$e_{1,3}=2$）。］换句话说，$indep$（x，y）$=F|e_{x,y}|$，其中 F 表示单调递增的函数。

我们将 $e_{x,y}^{max}$ 称为 $W<$（$dia|W|$）的直径。

（20）dia（W）$=e_{x,y}^{max}$，其中 $x \subset W$ 且 $y \subset W$。

根据公式（11a）可知，对于给定的 $indep$（c，n），统一程度 $si\ uni$（W）$=$

$F\ (1/dia\,|\,W|)$ 。

从（11a）可得出对于给定的 $indep\ (c,\ n)$ 值，$si\ uni\ (W) = F\ (1/dia\,|\,W|)$ 。

如果考虑整体中的细胞数量、位置及边界的强度，我们就可以说整体的统一程度会随着相邻细胞依赖性的增加而增加，同时随着直径的减小而减小。

根据公式（12）$si\ uni\ (W) = F\!\left(\dfrac{1}{bo\ (c,\ n),\ e_{x,y}^{\max}}\right)$，可得 $si\ uni\ (W) = F\!\left(\dfrac{dep\ (c,\ n)}{dia\ (W)}\right)$ 。

这个公式表明一个整体的统一性并不直接取决于其分化程度，而是取决于其结构（细胞的数量和位置）。

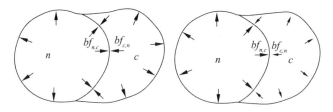

图 67　边界力和边界合力

n 和 c 是整体的相邻细胞；$bf_{n,c}$ 和 $bf_{c,n}$ 是作用在 c 和 n 之间边界上的力，分别指向 c 或 n 方向。相反的边界力的强度在左侧图中相等，在右侧图中则存在差异。

3. 边界力、分化与整体的统一性

细胞的独立程度根据一定的变化量来定义。如果这种变化是张力的变化（也可能是其他种类的变化），那么独立程度可以与细胞边界上的力的强度相关联，而这些力不会影响另一个细胞的状态。更确切地说，让我们假设存在一种平衡状态，即相邻细胞边界上的力 $bf_{c,n}$ 和 $bf_{n,c}$ 大小相等且方向相反（见图 67，左侧图）。边界力 $bf_{c,n}$ 的减小（见图 67，右侧图）会影响细胞 c 的状态，因为存在差值 $|bf_{n,c}| - |bf_{c,n}|$，我们可以称之为合力边界力 $bf_{n,c}^{*}$ 达到某个数值。$bf_{n,c}^{*}$ 会随着这些细胞的独立性（$indep\,|\,c,\ n|$）的增加而增加。因此，相邻细胞独立性的定义可以通过以下方式表达[①]：

---

①　在物理学中，$bf_{n,c}^{*\,\max}$ 的值通常与绝对张力水平无关。我们不能假设这一点总是成立。因此，我们以 $bf_{n,c}^{*}$ 某一起始水平为参照。

$(13a)$ $indep$ (c, n) $= bf_{n,c}^{*\,\max}$，此时 ch (c) $< \epsilon$

当前合力边界力的强度可以用 bf^* 来表示。显然，公式 13a 中的某些 bf^* 的值与命题（17）中某些 k 值是相等的。因此，根据公式（10）可得：

$$(10a)\ dif^{bf^*}\ (W)\ = F\left(\frac{1}{bf^*}\right)$$

也就是说，相对于弱边界力而言，独立的细胞相对于强边界力并不一定独立。分化降低所需的增加量取决于 W 中细胞的边界强度（$bo|c, n|$）。

随着合力边界力的增加，整体的分化程度通常会逐步减少，类似于 k 值发生变化的影响。

对于图 60 所代表的整体，每个 $indep$ (n, c) 值都对应着一个 $bf_{n,c}^*$ 值。假设 $indep$ $(n, c) = w$ 对应着 $bf_{n,c}^* = w'$，$indep$ $(n, c) = m$ 对应着 $bf_{n,c}^* = m'$，$indep$ $(n, c) = s$ 对应着 $bf_{n,c}^* = s'$，那么如果 $bf_{n,c}^* < w'$，则 dif^{bf^*} (W) $= 16$。如果 $w' < bf_{n,c}^* < m'$，则 $dif^{bf^*}(W)$ $= 8$。最后如果 $m' < bf_{n,c}^* < s'$，则 $dif^{bf^*}(W)$ $= 3$。

这些例子足以说明以下观点：假设出于某种原因，有必要使一个整体（如生物体）的各个部分相互独立，则独立部分的数量取决于细胞相对独立的张力差（合成边界力的强度）和处于张力中的区域的位置。特定整体的分化程度如何随着力的增加而降低，取决于整体内部自然细胞边界的强度和位置。然而，总是可以确定一个合力边界力的强度，相对于这个力，整体可以被视为未分化的自然整体；还可以确定一个力，相对于这个力，整体不能被视为未分化的自然整体。

当我们讨论变异性与分化的关系时，这些因素的含义就变得更加清晰。

（三）整体的分层

我们的讨论仅限于边界强度相同的自然整体。

可以根据细胞的功能相似性来区分整体中的某些细胞群。整体中这些更具包容性的子部分可称作"层"。"整体的分层程度"（$stra$ $|W|$）可以被定义为其层数。

1. 中心区与边缘区

我们可以通过考虑整体 W 中细胞 c 与任何其他细胞 y 的最大霍道罗基距离 $e_{c,y}^{\max}$ 来区分不同中心度（$cent|c|$）的细胞。

（21）如果 $e_{c,y}^{\max} = dia$ (W)，则 c 是边缘细胞，中心度为零（$cent|c|=0$），或者更一般地说：

（21a） 如果 $e_{c,y}^{max}=dia$（W）$-m$，则 c 的中心度为 m（$cent\,|\,c\,|=m$）。

通过这种方法，我们可以区分第一、第二、第三……中心度的细胞。整体中心度最高的细胞被称为"最中心细胞"。

中心度为 m 的细胞的总数（拓扑和）可以被称为"第 m 个中心层"。

（22） m^{th} cen lay＝细胞总数，其中 $cent$（c）$=m$。含有中心度为 0 的细胞的层被称为"边缘层"。

整体的中心度分层程度（$cen\,stra\,|\,W\,|$）比其中任何一个细胞的最高中心度都大 1。这个定义使中心度分层程度等于层数。

（23） $cen\,stra$（W）$=$（$cent^{max}\,|\,c\,|+1$）

有人可能会提出整体直径与细胞最高中心度之间的关系问题。例如，中心层是否总是一个连通的区域？我们无法在此详细讨论这些问题。不过，可以举几个例子作为说明。

图 68 中，左侧图表示一个包含 12 个细胞的整体，这些细胞都是边缘细胞。中心度分层为 1。右侧图表示的整体也是如此。尽管细胞 1 被细胞 2 包围，但细胞 1 和细胞 2 都是边缘细胞。

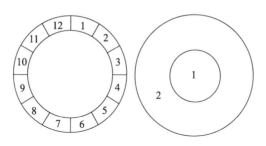

图 68　中心度

左侧图表示一个包含 12 个边缘细胞的整体；dif（W）$=12$；$cent$（x）$=const=0$；$cen\,stra$（W）$=1$；$inn\,stra$（W）$=1$。右侧图表示一个包含 2 个边缘细胞的整体，其中一个是内部细胞；dif（W）$=2$；$cent$（1）$=cent$（2）$=0$；$cen\,stra$（W）$=1$；inn（1）$=1$；inn（2）$=2$；$inn\,stra$（W）$=2$。

图 68、图 69 中，左侧图表示一个包含 19 个细胞的整体。中心度分层为 3。最中心的一层只包含两个细胞，即细胞 7 和细胞 15。这是一个不连通的中心层的例子。如果如图 69 所示，稍微改变细胞 3 的边界，那么最中心的一层只包含细胞 7。具有不同中心度的层中的细胞之间的功能差异可以表示如下：如果在任何细胞中，合力边界力 $bf^{*}>bf_{n,c+1}^{*\,max}$，最中心的细胞（如细

胞7）将受到影响；如果任何细胞的 $bf^* > bf^{*\,max}_{n,c+2}$ ，第一中心度的细胞（如细胞2）将受到影响；如果任何细胞的 $bf^* > bf^{*\,max}_{n,c+3}$ ，则边缘细胞（如细胞4）将受到影响。换句话说，一个细胞越中心，越容易受到整体内部变化的影响，并且这个细胞的变化越容易影响整体的其他细胞。

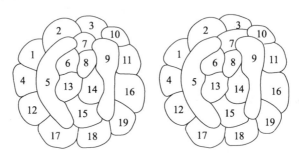

图 69　分层整体

左侧图显示了一个分层整体，其中 $dif\,(W) = 19$ ；$dia\,(W) = e^{max}_{x,y} = 4$ ；$cen\,stra\,(W) = 3$ ；$inn\,stra\,(W) = 3$ 。边缘层（ $e^{max}_{x,y} = 4$ ）包含细胞1、4、10、11、12、16、19；第一中心层（ $e^{max}_{x,y} = 3$ ）包含细胞2、3、5、6、8、9、13、14、17、18；第二中心层（ $e^{max}_{x,y} = 2$ ）包含细胞7和15。外层（ $e_{c,out} = 1$ ）包含细胞1、2、3、4、10、11、12、16、17、18、19；第一内层（ $e_{c,out} = 2$ ）包含细胞5、7、9、15；第二内层（ $e_{c,out} = 3$ ）包含细胞6、8、13、14。右侧图说明了一个细胞的变化对整体中其他细胞位置的影响。细胞3和细胞7之间边界的改变将细胞15从最中心层消除，此时最中心层只包含细胞7。

2. 内层与外层

可以通过考虑细胞 c 到整体外部区域（Ou）的霍道罗基距离 $e_{c,Ou}$ 来定义内层和外层。

我们将讨论一个度数为 m 的内部细胞：

（24）$inn\,(c) = m$ ，如果 $(e_{c,Ou}) - 1 = m$

如果 $(e_{c,Ou}) - 1 = 0$ ，c 被称为 "外部细胞"。所有外部细胞的总和是整体的 "外层"。

（25）第 m 个细胞数（$m^{th}\,inn\,lay$）= 所有细胞的总和，其中 $inn\,(c) = m$ 。一个整体的内部分层的程度对应于层数。

（26）$inn\,stra\,(W) = (inn^{max}|c|) + 1$

作为示例，我们可以再次讨论图68和图69。对于图68左侧的整体，$inn\,stra\,(W) = 1$ ；它只包含一个外层。右侧表示的整体包含一个外层和第一内层，即 *inn stra*（*W*）= 2，尽管如上文所示，*cen stra*（*W*）= 1。

图 69 左侧所示整体显示了中心层和内层的数量相同：*inn stra*（*W*）= *cen stra*（*W*）= 3。然而，这三层是由两种分层中非常不同的细胞组成的。例如，*cent*（*cell 7*）= 2，*inn*（*cell 7*）= 1；*cent*（*cell 2*）= 1，*inn*（*cell 2*）= 0。图 69 中细胞 3 的变化改变了属于最中心层的细胞数量。然而，它并不改变任何细胞对不同程度的外层或内层的归属性。

属于不同内层的细胞之间的功能差异可以用以下方式说明：一旦作用在整体边界上的合力大于 $bf_{Ou,W}^{*max}$，外层的细胞就会受到影响。影响第一内层的细胞需要更强的外部力量，影响最内层细胞的力量则更强。

作为对中心层和边缘层分层与内层和外层分层之间区别的总结，我们可以说，细胞的中心度决定了该细胞在整体内部任何地方发生变化时的受影响程度，以及该细胞发生变化时对整体其他部分的影响程度。细胞在某一内层的位置决定了细胞受整体外部变化影响的程度，也决定了该细胞的变化对整体外部变化的影响程度。

（四）整体中可以实现的模式多样性

1. 整体的同质性与异质性

即使细胞 *a* 和细胞 *b* 高度独立，它们的实际状态（质量）也可以相等 [*s*（*a*）= *s*（*b*）]。然而，两个细胞的最大差异度取决于它们的独立程度。

（27）$|s(a) - s(b)|^{max} = F[indep(a, b)]$

可以将一个整体的异质性（*inhom*|*W*|）定义为 *W* 内任何细胞状态之间的最大差异（也可以有其他定义）。

（28）在特定时间，$inhom(W) = |s(x) - s(y)|^{max}$。

这意味着，如果所有细胞处于相同状态，那么 *inhom*（*W*）= 0。同质性可以定义为：

（29）$hom(W) = F\left[\dfrac{1}{inhom(W)}\right]$

一个高度分化和分层的整体仍然可能是完全同质的。换句话说，对于任何类型的整体来说，最小的异质性 *inhom*（*W*）^{min} = 0 都成立。然而，不同整体的最大异质性可以有所不同。

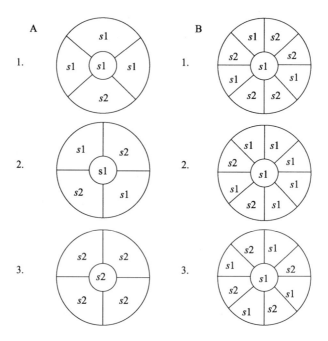

图 70　模式的多样性和分化程度

我们再次将讨论限定在一个自然整体上，在这个自然整体中，相邻细胞之间的独立程度恒定，并且有一定的绝对状态范围。

从公式（27）和公式（28）可得：

（30）$inhom^{max}$（W）$= F$（$indep^{max}|x, y|$）

结合公式（11a）、公式（12）与公式（30）可得：

（30a）$inhom^{max}$（W）$= F\left(\dfrac{1}{si\ uni\ (W)}\right) = F\left[dia\ (W),\ bo\ (c, n)\right]$

换句话说，一个整体的最大异质性是其直径和内部边界强度的函数。它是整体统一程度的反函数。

2. 模式的多样性

一个整体 A 可能包含细胞 a、b、d，如图 63 所示；两个相邻细胞状态之间的最大差异可能是 g。如果一个细胞的状态等于 u（$s|a|=u$），则其他细胞的状态也可以等于 u（$s|b|=u$；$s|d|=u$）；或者这两个细胞中的一个或两个可能有任何介于 u 和 $u\pm g$ 之间的状态（$u-g\le s|b|\le u+g$；$u-g\le s|d|\le u+g$）。在一个整体内可以实现的各种细胞状态的不同丛的数量，可以被称为 W 中的模式多样性（$var|W|$）。

模式的多样性取决于一个整体内任意两个细胞之间的最大差异，即最大的异质性程度（30）。根据公式（30a），这取决于整体的直径和内部边界的强度：$(var \mid W \mid) = F \mid inhom^{max} [W] \mid = F [dia (W), bo (c, n)]$。然而，在内部边界的强度、直径和分层程度相同的情况下，如果分化程度不同，多样性仍可能有所不同。例如，图 70 中表示的整体 A 和 B，表明：$dia (A) = dia (B) = 2$；$cen\ stra (A) = cen\ stra (B) = 2$；$inn\ stra (A) = inn\ stra (B) = 2$，$bo (c, n)^A = bo (c, n)^B$。为了简化讨论，我们可以只允许一个细胞有两种状态，分别用 S_1 和 S_2 表示。图 70 显示的（1）（2）（3）的变化清楚地表明，尽管提到的因素相等，但 $var (B) > var (A)$。这意味着分化程度是可能模式多样性的一个重要因素。

（31）$var (W) = F [dia (W), dif^k (W), bo (c, n)]$，其中 $k < bo (c, n)$。

3. 有机整体的模式多样性与保持某些部分不变的效果

如果我们考虑到生物体内的变化程度绝对有限，就有可能以一种更具体的方式来讨论模式的多样性。如果这种状态与正常状态偏差太大，细胞就会死亡。

使用一个 9 个点的刻度，我们可以用 +4 和 -4 表示上限和下限极值，用 0 表示正常状态。为了简化讨论，我们将不考虑连续变化，而只考虑与刻度上的 9 点相对应的状态。

让我们讨论与图 66 相对应的一个简单整体中的各种可能的模式。相邻细胞之间的状态差异的最大值可能是恒定的，等于我们刻度上的一个点 $[\mid s (c) - s (n)^{max} = 1]$。在这种情况下，可能的丛总数为 $var (W) = 9 \cdot 3^5 - (2 \cdot 3^4 + 4 \cdot 4^3 + 6 \cdot 3^2 + 8 \cdot 3 + 10) = 1681$。图 71 以图形的方式表示了这些可能性。

如果由于某种原因，细胞 1 保持为正常水平 0，则可能的模式数量（见图 72，上图）减少到 $3^5 - 2 = 241$。如果细胞 1 分别保持在 ±1、±2、±3 或 ±4 的水平上，则模式的多样性分别减少到 239、230、203 或 122[1]（见图 72 和图 73）。

---

[1]　在细胞 1 保持不变的情况下，这种具有简单结构的整体的一般公式为：$var = 3^{n-1} - (3^{n+a-1-2} + 3^{n+a-1-3} + \cdots + 3^0) - (3^{n-a-1-2} \div 3^{n-a-1-8} + \cdots + 3^0)$，其中 n 为细胞数，$\pm a$ 为细胞 1 与正常状态的差异，1 为细胞状态与正常状态的最大可能差异。

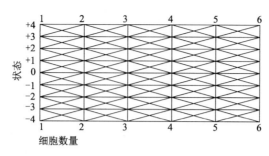

图 71　如果整体的部分保持不变，就会出现各种可能的模式

换句话说，保持在恒定水平上的细胞状态越偏离正常状态（0），可能的模式多样性就越少。从一个水平到另一个水平的变化所对应的模式种类的减少幅度越大，这个水平越接近极端。

如果两个细胞保持在恒定水平上，则模式的多样性仍然会减少。例如，如果细胞 1 和细胞 4 保持在正常水平上（见图 74），则模式数量减少到 63。如果细胞 1 和细胞 4 保持在 ±4 的水平上，则多样性从没有细胞保持恒定时初始的 1681 减少到 20。

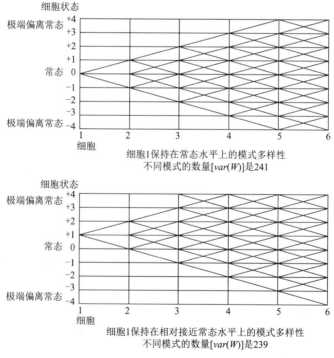

图 72　将细胞 1 限制在两个不同水平对可能的模式多样性的影响

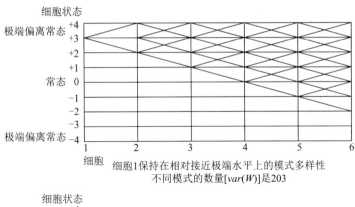

细胞1保持在相对接近极端水平上的模式多样性
不同模式的数量[var(W)]是203

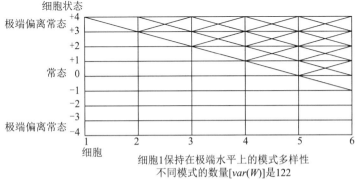

细胞1保持在极端水平上的模式多样性
不同模式的数量[var(W)]是122

图73　进一步说明将细胞 1 限制在两个不同的水平上对可能的模式多样性的影响

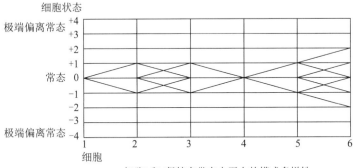

细胞1和4保持在常态水平上的模式多样性

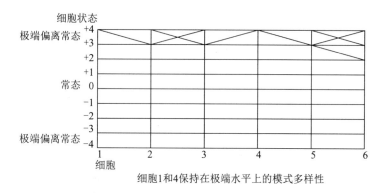

细胞1和4保持在极端水平上的模式多样性

图 74　将细胞 1 和 4 限制在特定水平对可能的模式多样性的影响

在图 74 中，上图 $var（W）$ = 63，下图 $var（W）$ = 20。

有研究表明，一个整体的其余部分的状态更多地取决于中心细胞而不是边缘细胞。因此，可以预期，如果将中心细胞而不是边缘细胞保持在特定水平上，模式的多样性会减少得更多。然而，这并不总是正确的。例如，它并不适用于图 66 的简单结构。细胞 4 比细胞 1 更为中心，但如果细胞 4 保持在正常水平上，则其余模式的多样性与将边缘细胞 1 保持在此水平上时相同，即 243。

对于更复杂的整体来说，通常情况下，如果将中心细胞而不是边缘细胞保持在与正常状态差异足够大的水平上，则模式的多样性会减少得更多。

这些例子表明，模式的多样性会随着处于特定状态的细胞数量、与正常状态的距离的增加而减少，通常也会随着处于极端状态的细胞中心度的增加而减少。在对变异性降低的条件做出一般性说明之前，需要对显示不同结构和分化程度的整体进行更详细的数学分析。这个问题对心理学、生物学及对研究各种社会群体的变异性都极其重要。

（五）模式多样性与回归

如果行为多样性的减少是回归的一种症状，如果行为多样性以整体上可实现的模式多样性为前提，那么现在就有可能陈述回归发生的某些条件。

第一，将整体中足够大的一部分固定到一个恒定状态会导致回归。

如果只有一个边缘细胞保持在正常水平上，这种多样性的减少应该非常轻微。如图 66 所示，如果整体包含的不是 6 个细胞而是 20 个细胞，那么将细胞 1 固定在正常水平上对于 $var（W'''）$ 来说几乎没有实质性影响。保持不变的细胞越多，细胞越处于中心位置，细胞的状态就越偏离正常状态，回归的幅度就应该越大。

　　个体的某些部分保持恒定状态的情境经常发生。例如，没有得到满足的需求对应于某些内在系统的相对稳定的张力状态。

　　来自环境的压力可能使个体或其一部分处于某种张力状态。个体应该执行的某些操作，往往需要将个体的某些部分保持在一定的状态范围内。

　　个体在清醒时的所有或大多数情况下，都需要把自己或多或少扩展部分的状态维持在一个有限的范围内。（在某些方面，这可能在睡眠期间最少发生。）这种情境不能被称为"回归"，因为个体实际上从未表现出更高的发展状态。但是，如果这种外部要求非常宽泛。如果个体日复一日地忙于某些例行工作，而这些工作占据了他相当大一部分精力（把这部分精力保持在一个确定的状态或顺序中），他可能会表现出某些回归的迹象。不过，只要这些被占用的区域不太广泛，仅边缘层受到影响，并且相邻细胞的独立程度（内部边界的强度）足够，这种回归就会相对较小。

　　根据我们的公式得出的这一结论与心理饱足的实验结果惊人地一致。在反复进行相同活动的情况下，也就是在个体的某些方面或多或少处于恒定状态的情况下，可能会出现饱足现象。过度饱足的显著症状很可能被称为典型的回归案例。例如，更大的单位会分化降低成越来越小的部分。实验表明，如果活动保持足够的边缘化，就不会发生饱足。与中性活动相比，合意和不合意的活动都能更快地达到饱足。事实上，在这两种情况下，更多的中心区域被触及，因此个体的更大范围内保持在固定状态。其他任何增加中心性的东西似乎都会使个体更快达到饱足。儿童的饱足速度较快；事实上，儿童的分化程度较低，细胞的独立性较差。表现出更高相邻细胞独立性的低能者（通过伴同餍足和其他症状来衡量）比分化程度相同的年幼者的饱足速度慢（见第十章）。

　　根据前面的讨论，可以预期，当情绪张力达到一定程度时，情绪张力的增加会导致明显的回归。这是登博在先前的研究中提出的理论①，该理论与本研究的结果十分吻合。

　　第二，如果边界强度降低，回归应该会出现。一个例子可能是疲劳。蔡加尼克认为，疲劳对应于一种更流动的状态。在这种状态下，个体无法

---

① T. Dembo, "Der Arger als dynamisches Problem," *Psychol. Forsch.* 15（1931）：116–120.

在张力状态下建立或保持系统。（在精神分裂症患者中，如果进行边缘活动，也会出现类似的无法保持张力状态的情况。）

当然，在所有这些案例中，除了模式的多样性之外，还有其他因素在起作用。

第三，对模式变化的限制基于两组相当不同的因素。第一组与分化程度、整体的直径及细胞边界的强度有关。第二组涉及细胞在不死亡的情况下可能具有的状态范围。

特别是考虑到某些发展趋势，应该明确区分这两组因素。就第一组因素（分化、边界强度等）而言，成年人显然比儿童表现出更大的变异性。在第二组因素方面，有迹象表明，年轻人的细胞可以更大程度地偏离正常状态，因此年轻人表现出更大的变异性。上述例子表明，如果要抵消更成熟的人的更大分化、分层和细胞边界的更大强度导致的模式多样性的增加，对偏离正常状态的更大的容忍度就必须非常突出（远远大于实际看起来的程度）。

二、组织依赖性与整体的组织统一性

我们对组织依赖性和组织统一性的讨论仅限于一些一般性考虑。

（一）组织依赖性

似乎不可能用与简单依赖相同的方式来定义区域 a 和区域 b 的组织依赖程度或独立程度，即通过参考一个区域改变另一个区域所需的变化量来定义。对于组织依赖性而言，a 的重要特征是其诱导 b 的状态变化的能力，而这种能力似乎与其影响 b 所必需的变化量没有直接关系。人们可以将 a 对 b 的组织依赖性（$org\ dep\,|\,a,b\,|$）定义为 b 在 a 中所能诱导的最大变化（$i^b ch\,|\,a\,|^{\max}$）。

（32）$org\ dep\ (a,b) = i^b ch\,|\,a\,|^{max}$

公式（32）和公式（13）之间的区别体现了简单依赖性和组织依赖性之间的区别。对简单依赖性而言，依赖区域的状态趋于一致，对组织依赖性而言则不然。

我们已经提到，社会心理学中存在类似的依赖关系。如果我们指的是诱导力而不是诱导变化，就可以将 b 对 a 的力量 $pow\ (b/a)$ 定义为 b 可以对 a 所能诱导的最大力量的商（$i^b f_{a,x}^{\max}$）与 a 能够提供的最大阻力的商

$\left(f_{a,\,x}^{\max}\right)$。($x$ 表示 a 根据 b 的意愿应该移动到的区域；$f_{a,\,\overline{x}}$ 表示与 $f_{a,x}$ 方向相反的力。)

$$(33)\quad power\ (b/a)\ =\ \frac{{}^{ib}f_{a,x}^{\max}}{f_{a,\,x}^{\max}}$$

如果我们做出合理的假设，即诱导力和诱导变化关系密切，那么公式（32）和公式（33）可能等效。

（二）头部与工具

在涉及动态整体时，我们将领导区域称为"头部"（h），将被领导区域称为"工具"（to）。可以通过以下公式定义头部和工具：

（34）$pow\ (b/to) > pow\ (to/h)$

$pow\ (b/to)$ 的值越大，头部就越容易引发所期望的工具变化。例如，让我们考虑一个包含许多子区域的工具。这些子区域彼此之间的位置是否容易改变，取决于由头部引起的力的强度与作用在与诱导力相反的工具上的约束力的强度的比。

（三）组织统一性

似乎可以用以下方式来定义整体的组织统一性：

（35）$org\ uni\ (W)\ =\ pow\ (hh/W{-}hh)$

换句话说，一个整体的组织统一性与最强大的头部（hh）对整体其他部分（$W{-}hh$）的控制力度有关。可能还需要考虑其他因素。不过，公式（35）可以作为第一近似。

如果整体由具有相同力量的细胞组成，那么整体的组织统一性就很小，因为任何一个细胞 c 相对于整体其他部分的力量（$c/W{-}c$）都很小。

如果我们面对的是一个包含一个强大头部的整体，其余部分的力量很小，那这就构成了一个组织高度统一的简单案例。如果工具区域众多，可以引用一些副头部（sh），这样可能会增强头部的有效力量。

如果整体包含两个或更多独立的头部，整体的组织统一性可能会大打折扣。当然，这两个头部是"朋友"还是"敌人"很重要。不过，如果把"最强头部的权力"理解为头部本身的权力场强度加上朋友的权力场强度（只要他们合作），那么公式（35）可能正确。

如果以这种方式理解独立的头部，可能可以说：

（36）$org\ uni\ (W) = F\left[\dfrac{1}{n\ (h)}\right]$，其中 $n\ (h)$ 表示独立头部的数量。

在个体的组织统一性程度方面，似乎存在着显著的个体差异。在某些个体中，一种或几种需求似乎强大到足以压制其他需求。在这种情况下，可能会出现相对较高的总体张力水平。如果相对等同的力量的多个头部以更加民主的方式组织起来，则可以实现一种不同类型的个体的统一性。在这种情况下，层级组织的顶层由一群头部组成，这些头部组成整体的一个决策部分（H）。如果将 H 视为一个区域，则整体的统一程度很高，尽管整体中不存在一个全能的细胞。比较随和协调的人可能会表现出这种类型的内在组织性。

（四）发展与回归中的组织统一性

发展涉及分化。如果分化导致大量具有大致相同权力的部分出现，那么根据公式（33），组织的统一程度就会降低。头部的出现则会提高组织的统一性。

如果头部区域再次分化为两个或多个独立的头部 b^1、b^2、b^3 等，每个头部相对于工具区域而言都具有较大的权力，那么 $pow\ (h^1/W{-}h^1)$ 的值应该会大幅度降低。因此，根据公式（36），组织统一性的程度也应该降低。我们已经提到（见第五章），在发展过程中，中心需求的分化增加可能会导致人的组织统一性降低。然而，如果分化进展到使得其中一个头部占主导地位，或者以这样一种方式出现一个新的更高级别的头部（hh），使以前的头部发挥副头部的作用，那么根据公式（35），整体的统一性将再次提高。在这种情况下，整体的层级组织程度也在增加。

相互对立的头部（需求）的增加可能导致以失序为特征的回归，因为根据公式（36），这样整体的组织统一性会降低。如果工具区域的不确定性降低，组织统一程度也会有所下降。总体张力水平过高，或者工具同时受到冲突力量的控制，就会出现这种情况。

人名翻译对照表

Ach, N.　阿赫

Adams, D. K.　唐纳德·K. 亚当斯

Adler, D. L.　阿德勒

Allport, F. H.　弗洛伊德·奥尔波特

Anderson, C.　安德森

Archimedes　阿基米德

Arsenian, J.　阿森尼亚

Barker, R.　巴克

Bartos, A.　巴托斯

Bavelas, A.　亚历山大·巴维拉斯

Benedict, R.　贝内迪克特

Birenbaum, G.　比伦鲍姆

Bridges, K. M.　布里奇斯

Brooks, F. D.　布鲁克斯

Brown, J. F.　布朗

Brunswik, E.　布伦斯维克

Bryan, W. L.　布赖恩

Burks, B. S.　伯克斯

Buxton, C. E.　巴克斯顿

Cameron, N.　卡梅伦

Carmichael, L.　卡迈克尔

Cartwright, D.　卡特赖特

Cassirer, E.　恩斯特·卡西尔

Cole, L.　科尔

Darwin, C.　查尔斯·罗伯特·达尔文

Davidson, H. H.　戴维森

Dembo, T.　登博

Dickson, W. J.　迪克森

Dollard, J.　多拉德

Doob, L. W.　杜布

Dresdner, I.　德雷斯德纳

Duncker, K.　邓克

Dwyer, F. M.　弗朗西斯·M. 德怀尔

Einstein, A.　阿尔伯特·爱因斯坦

Erikson, E. H.　埃里克松

Escalona, S. K.　科尔施·埃斯卡洛纳

Fajans, S.　斯特凡·法扬斯

Fales, E.　费尔斯

Farber, M. L.　梅尔顿·法伯

Fechner, G. T.　古斯塔夫·费克纳

Feigl, H.　汉斯·费格尔

Fenichel, O.　奥托·费尼切尔

Festinger, L.　费斯廷格

Fletcher, J. M.　费莱彻

Frank, J. D.　杰罗姆·弗兰克

Frank, L. K.　弗兰克

Frazier, E. F.　爱德华·富兰克林·弗雷泽

French, J. R. P. Jr.　詹姆斯·F.弗伦奇

French, T. M.　弗伦奇

Freud, S.　西格蒙德·弗洛伊德

Freund, A.　弗罗因德

Galileo　伽利略

Gardner, J. W.　约翰·W.加德纳

Gelb, A.　盖尔步

Gesell, A.　格赛尔

Goldstein, K.　戈尔茨坦

Goodenough, F. L.　弗兰克林·勒万·古迪纳夫

Gottschaldt, K.　哥特沙尔特

Gould, R.　古尔德

Gray, M.　格雷

Grelling, K.　库尔特·格雷林

Halverson, H. M.　霍尔沃森

Hartshorne, H.　查尔斯·哈特肖恩

Heider, F.　弗里茨·海德

Hicks, J. R.　约翰·理查德·希克斯

Hilgard, E. R.　希尔加德

Homburger, E.　霍姆堡

Hoppe, E.　霍庇

Horney, K.　霍尼

Horowitz, E. L.　霍罗威茨

Hull, C. L.　克拉克·伦纳德·赫尔

Humphries, L. G.　汉弗莱斯

Irwin, O. C.　欧文

Jack, L. M.　杰克

Jersild, A. T.　杰西尔德

Johnson, W.　约翰逊

Jucknat, M.　朱克纳特

Junkin, E.　琼金

Kalhorn, J.　卡尔霍恩

Kanner, L.　坎纳

Kardiner, A.　卡迪纳

Karsten, A.　卡斯滕

Katona, G.　卡托纳

Katz, D.　卡茨

Katz, E.　卡茨

Keister, M. E.　基斯特

Kephart, N. C.　凯夫特

Klisurich, D.　克利苏里奇

Klopfer, B.　克洛普弗

Kluver, H.　克卢弗

Knott, J. R.　诺特

Koepke　科普克

Koffka, K.　科夫卡

Korsch-Escalona, S.　科尔施·埃斯卡洛纳

Korzybski, A.　柯日布斯基

Kounin, J. S.　库宁

Krechevsky, I.　克雷薛夫斯基

Lange, O.　兰格

Lashley, K. S.　拉什利

Lewis, H. B. 刘易斯

Lippitt, R. 罗斯玛丽·利皮特

Lissner, K. 利斯纳

MacDonald, J. 麦克唐纳

Magaret, G. A. 马格雷特

Mahler, V. 马勒

Maier, N. R. F. 梅尔

Marquis, D. G. 马奎斯

Marquis, D. P. 马奎斯

Marrow, A. J. 马罗

May, M. A. 梅

McCarthy, D. A. 唐纳德·麦卡锡

McDougall, W. 麦克杜格尔

McGrath, M. C. 麦格拉思

McGraw. M. B. 麦格劳

Mead, M. 米德

Meyers, C. E. 迈耶斯

Miller, N. E. 米勒

Moore, E. S. 摩尔

Morgenstern, O. 摩根斯顿

Muenzinger, K. F. 穆恩辛格

Muller, G. E. 穆勒

Murphy, L. B. 墨菲

Murray, H. 默里

Oppenheim, P. 奥本海姆

Ovsiankina, M. 奥夫相基娜

Pachauri, A. R. 帕乔里

Pepitone, A. 艾伯特·佩皮通

Piaget, J. 让·皮亚杰

Porter, H. 波特

Radke, M. 拉德克

Redl, F. 弗里茨·雷德尔

Reichenbach, H. 赫尔曼·赖希巴赫

Roethlisberger, F. J. 福莱德里克·约翰·罗斯利伯格

Rosensweig, S. 罗森茨威格

Rotter, J. B. 罗特

Sait, E. M. 赛特

Samuelson, P. A. 塞缪尔森

Sandvoss, H. 桑德沃斯

Schanck, R. L. 尚克

Schlote, W. 沃尔夫冈·施洛特

Schwartz, G. 施瓦茨

Sears, P. S. 西尔斯

Sears, R. R. 理查德·西尔斯

Seashore, H. E. 哈维·埃利斯·西肖尔

Sewall, M. 休厄尔

Shacter, H. S. 沙克特

Shaw, C. R. 肖

Sheffield, A. 谢菲尔德

Shover, J. 肖弗

Skeels, H. M. 斯基尔斯

Sliosberg, S. 斯利奥斯伯格

Smith, M. E. 史密斯

Spence, K. 斯彭斯

Spencer, H. 赫伯特·斯宾塞

Stern, W. 斯特恩

Stevens, S. S. 史蒂文

Stoddard, G. D. 斯托达德

Terman, L. M. 刘易斯·梅里安·

特曼

Thomas, D. S.　托马斯

Thorndike, L.　爱德华·李·索普·桑代克

Thurstone, L.　路易斯·莱奇·瑟斯通

Tolman, E. C.　埃德温·查普曼·托尔曼

Travis, L. E.　路德维希·特拉维斯

Updergraff, R.　厄普德格拉夫

Vigotsky, L. S.　列夫·谢苗诺维奇·维果茨基

Von Neumann, J.　约翰·冯·诺依曼

Waring, E. B.　韦林

Weber, E. H.　埃尔恩斯特·海因里希·韦伯

Weigl, E.　魏格尔

Wellman, B. L.　韦尔曼

Wells, F. L.　韦尔斯

Werner, H.　沃纳

Wertheimer, M.　沃斯海默

White, R.　怀特

Wiehe, F.　维厄

Willerman, B.　威勒曼

Wolf, T. H.　沃尔夫

Wright, B. A.　芭芭拉·阿琳·赖特

Zeigarnik, B.　蔡加尼克